U0927390

服务西北地区稳定发展与国家安全研究系列丛书

XI BU DI QU ZI YUAN HUAN JING FA LÜ WEN TI YAN JIU

西部地区资源环境法律问题研究

李永宁◎著

中国政法大学出版社

2018 · 北京

图书在版编目（CIP）数据

西部地区资源环境法律问题研究/李永宁著. —北京:中国政法大学出版社,2018.7
ISBN 978-7-5620-8415-0

Ⅰ.①西… Ⅱ.①李… Ⅲ.①自然资源保护法－研究－中国②环境保护法－研究－中国 Ⅳ.①D922.604②D922.680.4

中国版本图书馆CIP数据核字(2018)第170669号

出版者	中国政法大学出版社
地　址	北京市海淀区西土城路 25 号
邮寄地址	北京 100088 信箱 8034 分箱　邮编 100088
网　址	http://www.cuplpress.com (网络实名：中国政法大学出版社)
电　话	010-58908586(编辑部) 58908334(邮购部)
编辑邮箱	zhengfadch@126.com
承　印	保定市中画美凯印刷有限公司
开　本	720mm×960mm　1/16
印　张	16.5
字　数	270 千字
版　次	2018 年 7 月第 1 版
印　次	2018 年 7 月第 1 次印刷
定　价	49.00 元

代序一

完善生态补偿制度，全面促进西部大发展

【要报要点】 我国的生态补偿实践，在补偿对象，功能目标、制度机制等方面还存着在突出问题，与现行相关法律的规定存在较大的冲突。本期《要报》提出，我国应继续开展生态补偿试点工作；明晰并确定环境功能性价值为生态补偿的对象；尽快建立生态脆弱地分级管理制度；完善并简化生态补偿程序；积极创新环境生态利益的价值实现方式，重视并发挥西部地区环境资源的比较优势，减轻政府生态补偿的压力并催生新的环境资源保护产业等建议。

西北政法大学李永宁教授主持完成的国家社会科学基金项目《生态保护与利益补偿法律机制问题研究》，对建立和完善生态补偿制度，促进西部大开发提出了一些看法和建议。

一、我国生态补偿制度存在的问题

1. 生态补偿对象规定不明确。根据原国家环保总局2007年发布的《关于开展生态补偿试点工作的指导意见》（以下简称《指导意见》），结合我国的生态补偿实践，我国现行生态补偿的对象主要包括：资源开发引起的生态破坏的治理性补偿；环境污染引起损害的赔偿性补偿；资源有偿使用引起的产权性价值补偿；环境生态保护引起的增殖性生态利益补偿。在这四类补偿对象中，针对生态破坏治理和污染损害，在现行法当中有“土地复垦”、污染物排放标准以及超标排污的赔偿性规定等；针对资源产权性价值补偿，有税法上的体现资源所有权权益的相关税收规定；只有增殖性生态利益补偿，没有被纳入现行法的规定。可见《指导意见》以及目前的实践，用生态补偿囊括

了现行法的许多规定，对补偿对象的划分存在明显的混乱。

2. 生态补偿政策的稳定性差。在生态补偿的发动机制上，以应对生态破坏的政策性补偿为主，如实施的重大生态建设工程、南水北调水源区生态补偿等。缺乏稳固、持久的生态补偿政策和法律规定，现有生态补偿政策和制度的宏观性、长远性、稳定性和可预期性明显欠缺，不足以对环境保护事业提供持久性的动力支持。

3. 生态补偿资金来源缺乏保障，群众参与不足。对生态补偿的资金来源过分依赖国家的财政投入，涉及生态环境的税费改革滞后于补偿的资金需求，税费改革的步伐甚至落后于普通民众的心理预期；未能及时创新环境生态利益的价值实现方式，如对森林碳汇价值和碳交易的漠视；补偿主体中当地居民的权利义务规定不清晰，广泛性的群众参与严重不足。补偿发动机制的合理性论证不足，以及补偿资金的欠缺，导致很容易把生态补偿与生态扶贫相互混淆。

4. 生态补偿政策未能体现西部地区环境生态的特殊功能。由于我国特有的地理、环境结构，我国西部地区环境保护对全国生态环境改善的独特功能和特殊价值，以及生态补偿在西部开发中的重要意义，未能在西部开发研究、政策以及实践中得到充分关注。西部地区环境、生态、资源的比较优势未能转化成地区的经济优势，区域经济结构恶质趋同化；环境生态破坏、土地资源浪费现象触目惊心。导致开发与保护、经济发展与发挥地区环境资源禀赋优势存在突出矛盾，国家支持与西部地区民众期待还有一定的落差。

5. 生态补偿责任主体的认定缺乏准确性。西部有些地方的生态补偿实践，以及涉及生态补偿的地方立法，在未能准确区分生态补偿责任主体的情况下，自愿承担了本应由国家或其他受益地区承担的生态补偿责任，不仅影响了地方开展生态补偿的积极性，也加重了地区的财政负担，有些地方的生态补偿规定也因此流于形式。典型的如陕西省对秦岭保护的生态补偿。

6. 生态补偿具体对象的价值评估明显滞后。西部地区对生态补偿的研究，特别是对环境生态利益以及为保护生态环境承担的经济社会发展机会成本的价值评价与测量严重落后，相对应的对地区承担的特殊环境保护义务的宣传也缺乏应有的力度，未能很好地激发全国人民乐于为环境保护贡献力量的热情和责任心。

二、完善生态补偿制度，推进西部大开发的建议

1. 把生态补偿的具体对象确定为环境功能性修复产生的环境功能性价值。从生态补偿具有的生态修复和还原的基本含义出发，与生态补偿有关的社会关系可以区分为：第一，开发者的治理性修复；第二，污染者的赔偿性修复；第三，使用者的增殖性修复；第四，使用者的功能性修复四种关系形态。其中，第一种关系在《矿产资源法》《森林法》《草原法》等法律中均有反映；第二种关系在现行污染防治法中有明确规定；第三种关系中形成的增殖性利益，如土地地力的提高，一般会通过提高的地租或增加的产量来获得，而且《土地承包法》第26条对土地承包期满，其中的增殖性投入应予补偿也有明确的规定；只有第四种关系未被纳入现行法的调整范围。因此，生态补偿法律调整的社会关系仅限于使用者的功能性修复关系。补偿的具体对象应该是由功能性修复产生的环境功能性价值。环境功能性价值，法学上的表现即环境生态利益或环境生态效益。生态补偿即生态利益或生态效益的补偿，绝非污染或损害的赔偿。

2. 应继续深化生态补偿研究，扩大生态补偿试点。目前，《生态补偿条例》正在加紧制定当中，但现有政策和法律实践以及生态补偿的理论研究，尚不足以为制定一部相对完善的生态补偿法律法规提供比较成熟的理论和实践支持，有必要继续深化生态补偿的理论研究，对生态补偿的本质、涵义、范围等理论问题逐步达成共识；同时，应持续推动和加强生态补偿试点，通过实践，进一步明晰生态补偿与生态治理、污染防治、资源有偿使用等现行法律规定的区分和衔接工作；通过深化环境资源税费改革，理顺环境资源产权结构和利益关系，减轻政府生态补偿的压力，避免法律法规仓促出台有可能导致的环境法制混乱和更多的认识谬误。

3. 要把加强和完善生态补偿制度建设作为新一轮西部大开发的重要政策举措。因为我国西部地区在我国环境生态保护中的特殊地位，在新一轮西部开发中，应加强环境资源方面的制度建设，特别是要有针对性地加强水源地、自然保护区、生态林建设、荒漠化土地等生态脆弱区的生态补偿制度建设和立法工作，要把生态补偿制度建设当作推动我国西部开发的重要举措，使再造山川秀美新西部的伟大任务能早日实现。

4. 实行生态脆弱地分级管理制度，强化政府生态移民的责任和义务。建

议把生态移民作为加强环境保护和生态补偿的重要手段，对全国的生态脆弱地进行地理普查，建立生态脆弱地地理档案，实现生态脆弱地分级管理制度。对纳入不同强度级次的生态脆弱地，确定不同的生态补偿政策；并根据生态脆弱地强度级次的不同，确定生态移民的先后顺序和时间规划；从制度建设上切断生态移民和政府扶贫政策的勾连，把生态移民变成为各级政府义不容辞的责任和义务。建议在进行生态移民的同时对生态脆弱地试点国家征收制度，解决移民迁出地权属不明朗的法律问题，确保移民移得出、留得住，并能走向富裕之路。

5. 建立生态补偿基金，简化生态补偿程序，明确补偿款的分配。生态补偿立法不能仅仅局限于特定环境功能区的改善，还要体现对人的补偿和对地区的补偿等内容。应明确生态补偿标准的认定办法，特别是关于生态补偿的程序性规定，考虑私人补偿中主体的复杂性，应尽量设置科学、合理、方便群众的具体程序，最大限度地降低补偿实现的制度（程序性）成本，使参与环境保护的广大群众能真正得到实惠。在地区补偿中，设置的专项财政转移支付制度，应具有长期性和稳定性，建议在开征生态税后可以提取特定比例设立生态补偿基金，在专项转移支付不足的情况下，可以动用补偿基金弥补其缺额，做到补偿不拖延、不欠账，使补偿制度发挥持久作用。

6. 生态补偿立法应与现行《退耕还林条例》做好衔接。生态补偿立法应充分考虑与现行《退耕还林条例》的配套问题，特别是因为《退耕还林条例》具有严格的时效性，当退耕周期完结后，如何巩固与持续推动退耕成果，应该是生态补偿立法重点要考虑的问题之一，在具体进行生态补偿立法时，应与《退耕还林条例》的衔接留有余地，明确“适用《退耕还林条例》的退耕地，在退耕周期完结，经验收合格后，应当适用《生态补偿条例》关于补偿的规定”。如此，将能有效地避免退耕周期完结后，对退耕地可能存在的法律保障的空当问题，确保环境保护工作的持续进行。

7. 重视并发挥西部地区环境资源保护的比较优势，通过生态补偿，在西部地区催生新的环境保护产业。在新一轮西部开发中，应清醒认识西部地区环境生态对全国环境生态的特殊功能，重视西部地区环境资源保护对全国的作用，明确西部地区环境资源保护事业在全国产业结构中的比较优势，并通过生态补偿，实现西部地区环境资源比较优势的经济价值，使西部地区从环境资源保护中真正取得经济实惠，避免单纯追求 GDP 增长的传统发展模式，甚至接受落后产业转移对环境生态造成更大的破坏。与此同时，应积极推动并组织环境科学、经济学方面的专家对西部地区的环境生态价值（如森林碳汇、水土保持、荒漠化土地治理等的价值）、保护环境的机会成本进行准确测算，为生态补偿的全面开展、为新一轮西部大开发的顺利进行摸清家底、打好基础。

●本文为国家社会科学基金项目《成果要报》2011 年第 30 期（总第 721 期），2011 年 4 月 14 日印刷。

代序二

建立和完善生态补偿制度
促进西部经济社会又好又快发展

【要报要点】我国的生态补偿到底补什么？生态补偿对新一轮西部大开发起什么作用？需要尽快制定生态补偿法律吗？目前的政策和制度在很大程度上混淆了生态补偿与生态治理、污染损害赔偿、资源有偿使用等现行相关法律规定的区别，未能充分展现我国西部地区特有的环境资源禀赋和对全国生态环境的特殊功能，没有发挥出对西部大开发应有的促进作用，如何解决这些问题？本期《要报》提出了一些看法和建议。

西北政法大学李永宁教授主持完成的国家社会科学基金项目《生态保护与利益补偿法律机制问题研究》，对建立和完善生态补偿制度，促进西部经济社会又好又快发展提出了一些建议。

一、我国建立生态补偿制度的现状

1. 法律层面。我国 1998 年修改《森林法》时，第一次加入了“森林生态效益补偿”的内容，2008 年修订的《水污染防治法》提出国家建立健全水源区和流域上游地区的“水环境生态保护补偿机制”。但截至目前，尚没有一部全国性的生态补偿法律。仅在一些省、市，针对水源区和上下游水环境保护制定了一些地方性生态补偿法规，如《河南省水环境生态补偿暂行办法》。还有一些地方性法规也包含了生态补偿的内容，如《陕西省秦岭生态环境保护条例》等。

2. 政策层面。2005 年 12 月 3 日《国务院关于落实科学发展观加强环境保护的决定》提出“要完善生态补偿政策，尽快建立生态补偿机制”。《国务院2007年工作要点》将“加快建立生态环境补偿机制”列为抓好节能减排工作的重要任务。国家《节能减排综合性工作方案》（国发［2007］15号）也明确要求改进和完善资源开发生态补偿机制，开展跨流域生态补偿试点工作。2007年8月24日，原国家环保总局《关于开展生态补偿试点工作的指导意见》，全面阐述了生态补偿的意义、指导思想、原则、目标、生态补偿的范围和机制等。

3. 实践层面。近10年来，我国先后启动了退耕还林、退牧还草、天然林保护、京津风沙源治理、西南熔岩地区石漠化治理、青海三江源自然保护区、甘肃甘南黄河重要水源补给区等重大生态建设工程。在自然保护区、重要生态功能区、矿产资源开发、流域水环境保护等领域开展了生态补偿试点。对青海三江源、南水北调中线水源区以及部分天然林保护加大了中央财政转移支付的力度。许多地方也进行了形式多样的生态补偿试点。

二、我国生态补偿制度存在的问题

1. 从政策制定、立法准备和理论研究的现状和趋向看，我国的生态补偿政策及制度实践，比较广泛地接受了环境科学对生态补偿的认识，缺乏对生态补偿社会关系独特性的分析和展现；存在把生态补偿与现行生态治理、污染赔偿和自然资源有偿使用等相关规定严重混淆的趋势；存在对生态补偿的本质认识不清，补偿范围定位不准，补偿概念、方式、原则、分类、机制归纳不科学等实践和认识上的谬误。

2. 在生态补偿的发动机制上，以应对生态破坏的政策性补偿为主，如实施的重大生态建设工程、南水北调水源区生态补偿等。缺乏稳固、持久的生态补偿政策和法律规定，现有生态补偿政策和制度的宏观性、长远性、稳定性和可预期性明显欠缺，不足以对环境保护事业提供持久性的动力支持。

3. 对生态补偿的资金来源过分依赖国家的财政投入，涉及生态环境的税费改革滞后于补偿的资金需求，税费改革的步伐甚至落后于普通民众的心理预期；未能及时创新环境生态利益的价值实现方式，如对森林碳汇价值和碳交易的漠视；补偿主体中当地居民的权利义务规定不清晰，广泛性的群众参与严重不足。补偿发动机制的合理性论证不足，以及补偿资金的欠缺，导致很容易把生态补偿与生态扶贫相提并论。

4. 由于我国特有的地理、环境结构，我国西部地区环境保护对全国生态环境改善的独特功能和特殊价值，以及生态补偿在西部开发中的重要意义，未能在西部开发研究、政策以及实践中得到充分关注。西部地区环境、生态、资源的比较优势未能转化成地区的经济优势，区域经济结构恶质趋同化；环境生态破坏、土地资源浪费现象触目惊心。导致开发与保护、经济发展与发挥地区环境禀赋优势存在突出矛盾，国家支持与西部地区民众期待还有一定落差。

5. 西部有些地方的生态补偿实践，以及涉及生态补偿的地方立法，在未能准确区分生态补偿责任主体的情况下，自愿承担了本应由国家或其他受益地区承担的生态补偿责任，不仅影响了地方开展生态补偿的积极性，也加重了地区的财政负担，有些地方的生态补偿规定也因此流于形式。典型的如陕西省对秦岭保护的生态补偿。

6. 西部地区对生态补偿的研究，特别是对环境生态利益以及为保护生态环境承担的经济社会发展机会成本的价值评价与测量严重落后，相对应的对地区承担的特殊环境保护义务的宣传也缺乏应有的力度，未能很好地激发出全国人民乐于为环境保护贡献力量的高度热情和责任心。

三、完善生态补偿制度，推进西部大开发的建议

1. 目前，《生态补偿条例》正在加紧制定当中，但现有政策和法律实践以及生态补偿的理论研究，尚不足以为制定一部相对完善的生态补偿法律法规提供比较成熟的理论和实践支持，有必要继续深化生态补偿的理论研究，对生态补偿的本质、涵义、范围等理论问题逐步达成共识；同时，应持续推动和加强生态补偿试点，通过实践，进一步明晰生态补偿与生态治理、污染防治、资源有偿使用等现行法律规定的区分和衔接工作；通过深化环境资源税费改革，理顺环境资源产权结构和利益关系，减轻政府生态补偿的压力，避免法律法规仓促出台有可能导致的环境法制混乱和更多的认识谬误。

2. 因为我国西部地区在我国环境生态保护中的特殊地位，在新一轮西部开发中，应加强环境资源方面的制度建设，特别是要有针对性地加强水源地、自然保护区、生态林建设、荒漠化土地等生态脆弱区的生态补偿制度建设和立法工作，要把生态补偿制度建设当作推动我国西部开发的重要举措，使再造山川秀美新西部的伟大任务能早日实现。

3. 建议把生态移民作为加强环境保护和生态补偿的重要手段，对全国的

生态脆弱地进行地理普查，建立生态脆弱地地理档案，实现生态脆弱地分级管理制度。对纳入不同强度级次的生态脆弱地，确定不同的生态补偿政策；并根据生态脆弱地强度级次的不同，确定生态移民的先后顺序和时间规划；从制度建设上切断生态移民和政府扶贫政策的勾连，把生态移民变成为各级政府义不容辞的责任和义务。建议在进行生态移民的同时对生态脆弱地试点国家征收制度，解决移民迁出地权属不明朗的法律问题，确保移民移得出、留得住，并能走向富裕之路。

4. 生态补偿立法不能仅仅局限于特定环境功能区的改善，还要体现对人的补偿和对地区的补偿等内容。应明确生态补偿标准的认定办法，特别是关于生态补偿的程序性规定，考虑私人补偿中主体的复杂性，应尽量设置科学、合理、方便群众的具体程序，最大限度地降低补偿实现的制度（程序性）成本，使参与环境保护的广大群众能真正得到实惠。在地区补偿中，设置的专项财政转移支付制度，应具有长期性和稳定性，建议在开征生态税后可以提取特定比例设立生态补偿基金，在专项转移支付不足的情况下，可以动用补偿基金弥补其缺额，做到补偿不拖延、不欠账，使补偿制度发挥持久动力。

5. 生态补偿立法应充分考虑与现行《退耕还林条例》的配套问题，特别是因为《退耕还林条例》具有严格的时效性，当退耕周期完结后，如何巩固与持续推动退耕成果，应该是生态补偿立法重点要考虑的问题之一，在具体进行生态补偿立法时，应与《退耕还林条例》的衔接留有余地，明确“适用《退耕还林条例》的退耕地，在退耕周期完结，经验收合格后，应当适用《生态补偿条例》关于补偿的规定”。如此，将能有效避免退耕周期完结后，对退耕地可能存在的法律保障的空当问题，确保环境保护工作的持续进行。

6. 在新一轮西部开发中，应清醒认识西部地区环境生态对全国环境生态的特殊功能，突显西部地区环境资源保护对全国的意义，明确西部地区环境资源保护事业在全国产业结构中的比较优势，并通过生态补偿，实现西部地区环境资源比较优势的经济价值，把发展环境保护事业作为新一轮西部大开发的重要内容，变成西部地区的重要经济支柱之一，使西部地区能从环境资源保护中真正取得经济实惠，避免单纯追求 GDP 增长的传统发展模式，甚至接受落后产业转移对环境生态造成更大的破坏。与此同时，应积极推动并组织环境科学、经济学方面的专家对西部地区的环境生态价值（如森林碳汇、水土保持、荒漠化土地治理等的价值）、保护环境的机会成本进行准确测算，为生态补偿的全面开展、为新一轮西部大开发的顺利进行摸清家底、打好基础。

●本文为陕西省委宣传部社科规划办《成果要报》2010 年第 13 期（总第 37 期），2010 年 11 月 19 日印刷。

目 录
CONTENTS

PART1

西部地区主要生态环境问题及其治理

第一节 西北地区的主要生态环境问题及其治理[1]

我国1999年开始实施“西部大开发”战略，“西部大开发”本质上是要促进西部地区经济社会的全面发展，提高地区人民的收入水平，缩小与中东部地区的发展差距。但在传统的发展思路下，经济社会发展与增加人民收入不可避免地造成了一系列环境问题、资源问题和生态问题。特别是我国西北地区资源富集，但区域生态环境又极度脆弱。因此，大开发的同时，客观上就形成了“开发”与“破坏”、“增长”与“污染”的双重矛盾，如2013年12月西安市历史上持续时间最长、污染指数最高、全国居冠的雾霾天气，就充分反映了伴随西部大开发的进程，我国西北地区生态环境所遭受污染破坏的严重程度。面对如此窘境，如何从环境法制建设上解决西北地区出现的生态环境问题，持续推动“西部大开发”，实现西北地区经济社会的全面发展，就成为本文要探讨的问题。

一、西北地区存在的主要生态环境问题

关于西北地区的生态环境问题，有许多学者都进行了专门的研究和归纳。

---

〔1〕 本部分由李亚菲博士根据李永宁教授2015年为博士研究生开设的“西北地区环境法治建设的几个问题”整理而成，在此对李博士的智慧和付出的辛勤劳动表示感谢。

如认为西北地区“水土流失严重、土地沙漠化加剧、土壤次生盐渍化蔓延”[1]，或者“水土流失严重；河道断流；内陆河流域湖泊萎缩、矿化度升高；湖库淤积；森林、草场消失退化，土地大面积沙化，水资源涵养能力降低；农灌用水浪费严重，农区土壤发生严重的次生盐碱化；水质污染严重；重要城市水源地遭到破坏”[2]等观点。综合学者的论述，考虑西北地区生态环境的实际情况，本文认为西北地区存在的生态环境问题可以归纳为以下几个主要方面：

第一，荒漠化问题。荒漠，意指植被稀疏的荒凉之地。沙漠是其中最主要的部分。我国荒漠化土地为 262 万平方公里，占整个国土面积的 27.3%，是全国耕地面积的 2.5 倍，其中沙漠面积达 160.7 万平方公里，超过全国耕地面积的总和。西北地区是我国沙漠化土地主要分布区，几乎集中了我国 90%以上的沙漠化土地。据统计，中国每年因荒漠化造成的直接经济损失达 540 亿元，相当于 1996 年西北五省区财政收入总和的 3 倍，平均每天损失近 1.5 亿元。1993 年 5 月 5 日在西北地区发生的特大“黑风暴”就造成数十人死亡和 5 亿多元的直接经济损失。研究资料表明，整个西北地区沙漠化土地面积目前仍以每年 2000 平方公里~3000 平方公里的速度在增加。[3]

第二，水土流失问题。我国水土流失严重，水土流失面积占国土面积的 38%。每年流失土壤 100 亿吨，相当于流失 1000 万亩耕地 30 厘米厚的耕作层。我国七大水系，即长江、黄河、珠江、淮河、松花江、海河、辽河，由于水土流失，泥沙淤积，垫高河床，均成“悬河”，其中黄河高出郑州 20 米，永定河高出天安门 10 米。我国西北地区是水土流失最严重的地区之一，“黄河流域的水土流失在全球稳居榜首，每年流失泥沙就达 16 亿吨，可堆成宽高各 1 米的土墙绕地球 27 圈”![4]一般流失 1 厘米表土只需 1 年，而形成 1 厘米表土却要 120 年~200 年的时间。[5]

---

[1] 吴新年：“西北地区生态环境的主要问题及其根源”，载《干旱区资源与环境》1998 年第 4 期。

[2] 张学锋等：“西北地区水资源与生态环境问题及对策”，载《人民黄河》2001 年第 3 期。

[3] 段世林、刘浦泉：“我国土地沙漠化告急，每年以 3000 多平方公里速度扩展”，载《人民日报》2002 年 5 月 28 日。

[4] 孙太旻：“黄河生态启示录”，载 http://www.mwr.gov.cn/slzx/slyw/200503/t20050328_148282.html，2015 年 3 月 28 日访问。

[5] 徐清华：“生态文明的考量——瞩目黄土高原水土流失治理”，载《黄河报（生态周刊）》2009 年 7 月 4 日。

第三，水资源和干旱问题。中国工程院《西北地区水资源配置、生态环境建设和可持续发展战略研究》报告指出：西北地区水资源量多年平均为1635亿立方米，仅占全国总量的5.84%，人均多年平均1781立方米，为全国当年人均量的80.5%。西北地区土地面积约为全国的35%，年降水总量7318亿立方米，仅占全国总量的11.8%。西北大部分地区年降水量400毫米以下，新疆大部及甘肃、青海、宁夏部分地区在200毫米以下，但蒸发量却在1800毫米以上。新疆塔里木盆地、吐鲁番盆地和柴达木盆地不足50毫米，盆地中心不足20毫米。远远低于全国平均年降水630毫米。西北地区各省区对水资源的开发利用率一般都在53%以上，[1]远超过国际公认的合理开发利用率40%的警戒线。

第四，土壤盐渍化问题。盐渍化是指易溶性盐分在强烈蒸发作用下，在土壤表层积累的现象或过程，也称盐碱化。西北旱地区盐渍化面积已达200多万公顷，占全国盐渍化土地的1/3以上。[2]造成土壤盐渍化的原因除气候干燥、蒸发强烈、地势低洼、排水困难、地下水位高等自然因素外，还与管理不善，排水不配套，灌溉没有严格执行定额等有关。据1979年~1985年宁夏第二次土壤普查资料显示，引黄灌区12市县耕地面积中，轻、中、重盐渍化面积占41.5%，尤以银北地区（含银川市郊区）最为严重，盐渍化面积高达64%。新疆土地盐渍化也很严重，据1985年统计，全疆盐渍化土地面积已达125万公顷，占其总耕地面积的30.6%；而南疆地区次生盐渍化面积已达32万公顷多，占其总耕地面积的48.8%。

第五，森林资源危机问题。中国历史上曾是森林资源丰富的国家，西周时西北地区森林覆盖率50%以上。[3]全国第六次森林资源清查（从1999年开始，到2003年结束）结果显示：我国森林覆盖率18.21%，仅相当于世界平均水平的61.52%，居世界第130位；人均森林面积0.132公顷，不到世界平均水平的1/4，居世界第134位。另外，我国森林资源分布不均：东部地区森林覆盖率为34.27%，中部地区为27.12%，西部地区12.54%，而占国土面积32.19%的西北5省区森林覆盖率仅有5.86%，是我国森林覆盖率的1/3多一

〔1〕 刘家河：“西北更要节水”，载《人民日报（海外版）》2005年1月24日。

〔2〕 李豫新等：“西部地区农业结构调整优化的原则和支撑保证”，载《农业经济问题》2001年第8期。

〔3〕 张传玖：“大西部呼唤绿色”，载《科技日报》2000年11月21日。

点，是世界平均森林覆盖率 30. 54%的 1/6 多一点。[1]

第六，滑坡、泥石流等地质灾害问题。我国西北地区生态环境十分脆弱，自然灾害频发。我国有大型崩塌、滑坡、泥石流灾害点近 8000 处，中小型地质灾害点不计其数，其中西部地区约占 80%以上。据《全国地质灾害通报》(7-9) 的统计数据显示，2007 年、2008 年、2009 年我国分别发生泥石流 1215 次、443 次、1426 次，每年由泥石流造成的直接经济损失 20 亿元，死亡 300 人~600 人。2010 年 8 月 7 日甘肃舟曲发生的新中国成立以来最大的泥石流灾害，造成舟曲全县 2/3 被水淹没，1510 人遇难，255 人失踪，直接经济损失高达 14. 15 亿元。[2]

二、西北地区生态环境问题治理的主要对策

面对西北地区如此严重的生态环境问题，人们不仅要问，产生这些生态环境问题的原因是什么？本文认为，西北地区生态环境问题的产生，除了西北地区自身地理、气候条件复杂，自然环境恶劣等客观原因外，也存在一些主观上的原因。这些主观上的原因诸如传统发展理念及发展战略未能充分关照地区特点、经济发展方式包括生活方式的短期化效应，以及环境资源立法上的疏漏与不完善等方面。所以，解决这些问题的关键就在于让西北地区的环境资源开发与利用、经济社会发展和人民生活都能顺应自然并满足地区特殊的地理及生态环境特征。因此，本文认为解决西北地区的生态环境问题应主要采取以下几个对策。

(一) 发展理念的转变与发展战略的调整

1964 年第三届全国人民代表大会第一次会议上，周恩来总理根据毛主席的建议在《政府工作报告》中首次提出了实现“四个现代化”的目标；1979 年 12 月 6 日，邓小平在接见外宾时，把四个现代化更具体表述为“到 20 世纪末，争取国民生产总值达到人均 1000 美元，实现小康水平”的“中国式的四个现代化”。[3] 在 21 世纪之前的历史背景下，现代化的核心就是“工业化”，因此，“1000 美元”的“小康水平”应是对工业化时代“现代化”程

[1] “我国森林覆盖率居世界第 130 位，林地流失依然严峻”，载 http://www.people.com.cn/GB/huanbao/1072/3127573.html，2004 年 12 月 30 日访问。

[2] 刘冰等：“舟曲泥石流经济损失评估”，载《农业科学与技术》2012 年第 5 期。

[3] 《邓小平文选》(第 2 卷)，人民出版社 1994 年版，第 237 页。

度的准确判断。但进入21世纪以后，工业化造成的全球生态环境问题越来越尖锐，可持续的发展理念逐步被人们所接受。所以，党的十八大报告明确提出了“要更加自觉地珍爱自然，更加积极地保护生态，努力走向社会主义生态文明新时代”的号召，这就决定了在发展理念上不能再单纯以GDP的增长作为评价的标准，而应兼顾环境资源的可持续利用、兼顾人与自然的和谐相处，从而形成新的发展理念。

与传统发展理念相对应，改革开放以来，我国在发展战略上采取的是“不平衡发展战略”，也叫“倾斜”或“梯度”“发展战略”，核心就是在优先发展东南沿海的基础上，再通过产业转移，“梯度”推进中西部的发展，从而实现全国的发展。可见，这种发展战略有个核心就是“产业转移”，但在经历改革开放30多年的高速发展之后，“产业转移”在当下历史条件与环境资源约束下，是否仍然适合被西北地区所“续接”？是否能够推动实现西北地区的“生态文明”呢？本文认为：首先，我国西北地区属于生态极度脆弱地区，而“转移产业”一般都是被发达地区淘汰的高污染落后产业，把这种产业转移到西北生态脆弱区，其对地区生态环境的危害肯定会大于所能带来的好处。其次，“转移产业”大多为传统的制造工业和重化工工业，这些行业基本上都属于“用水密集型”的行业，把用水密集型的行业转移到水资源短缺的西北地区，必然会造成水资源短缺的西北地区的“虚拟水”〔1〕向区外流动，会导致地区用水更趋紧张，这显然也是不合理的。最后，“产业转移”必然会造成不同地区的产业趋同（只在发达程度上会有差异）；并扼杀各地的比较优势。这会让这些地方的产业几乎都是一个模式，抹杀了地区优势，分工协作将无从开展，最终必然引起地区间更恶性的竞争，环境污染和生态破坏将会更加剧烈。所以，传统发展理念及发展战略必须作必要的调整，起码应该体现如下几点：(1)应重视地区的环境资源特点，保养脆弱的生态环境，在发展与环境的关系上，把环境保护放在优先考虑的位置上；(2)应坚持并发展地区比较优势，也就是坚持从实际出发，不能单纯以工业化作为评判发展的标准，应增加生态维护、绿色GDP等环境保护标准；(3)应根据地区特点培养并扶持新的产业，如与环境保护对应的新的环保产业等，并形成各具特色的地区产业结构。

---

〔1〕 虚拟水：是指生产和运输产品所需要的水资源数量。

（二）建立符合区域特色的生态补偿法律制度

“生态补偿是指对个人或组织在森林营造培育、自然保护区和水源区保护、流域上游水土保持、水源涵养、荒漠化治理等环境修复和还原活动中，对环境生态系统造成的符合人类需要的有利影响，由国家或其他受益的组织和个人进行价值补偿的环境法律制度。”[1]生态补偿最早出现在1998年修改后的《森林法》中，2005年国务院颁布了《关于落实科学发展观加强环境保护的决定》，其中的第23条规定“要完善生态补偿政策，尽快建立生态补偿机制。中央和地方财政转移支付应考虑生态补偿因素，国家和地方可分别开展生态补偿试点”。在这之后，各地方按照《决定》的要求制定了一些生态补偿的地方立法，如《浙江省人民政府关于进一步完善生态补偿机制的若干意见》（2005年）、《江苏省环境资源区域补偿办法（试行）》（2007年）、《河南省沙颍河流域水环境生态补偿暂行办法》（2008年）、《陕西省渭河流域生态环境保护办法》（2009年）等地方立法，但能体现西北地区特点的、国家层面的生态补偿法律法规尚未出台，需要结合西北地区特点积极试点推动相关立法活动的开展。

根据前述生态补偿的定义，可以看出生态补偿对西北地区生态环境保护有着更加特殊的意义。[2]这是因为：(1)生态补偿的对象为“对环境生态系统的有利影响”，这种有利影响也就是由环境正外部性产生的对整个生态系统积极的“环境功能性价值”，[3]如陕西秦岭作为我国南方和北方的地理分界线，被称为“中国之肺”，[4]保护秦岭所产生的对我国总体气候的改善、生物多样性的增强、流域水资源数量的增加以及流域水质的提高等都必然产生积极的“环境功能性价值”，这种特殊性显然是“中国之肺”赋予西北地区的一种特殊价值。(2)从生态补偿的范围看，包括了“森林营造培育、自然保护区和水源区保护、流域上游水土保持、水源涵养、荒漠化治理等环境修复和还原活动”，这也是西北生态脆弱区最具普遍性的人类活动，如前文述及的

[1] 李永宁：“论生态补偿的法学涵义及其法律制度完善”，载《法律科学》2011年第2期。

[2] 吴建国、何莉环：“构建区域生态补偿机制 促进西部地区可持续发展”，载《当代经济》2007年第22期。

[3] 吴建国、何莉环：“构建区域生态补偿机制 促进西部地区可持续发展”，载《当代经济》2007年第22期。

[4] 王帅、刘锦：“守护‘绿肺’——秦岭保护与开发的双重使命”，载《陕西日报》2009年9月30日。

西北地区仅荒漠化面积就占到了全国荒漠化面积的90%以上。所以，生态补偿的活动将在西北地区人类活动中占有重要的比重，补偿的实现对持续推动地区环境保护也将产生重要的意义。(3)从补偿主体看，主要为国家或受益的东中部地区，被补偿主体的西北地区因此得到了由自己的环境正外部性活动所创造的环境生态价值。

所以，推动建立有地区特色的生态补偿制度，对西北地区无疑将会产生重要的意义：(1)对传统发展战略的影响。传统发展战略以实现“工业化”为主要特色，但在西北地区进行“工业化”必然会导致原本就很脆弱的生态环境遭受更剧烈的破坏，并经由“中国之肺”对全国的生态环境产生不利的影响。所以，相对于“工业化”，生态环境保护对西北地区将有更加重要的现实意义，由此衍生的环保产业显然应该成为西北地区发展战略的重要内容之一。(2)创造西北地区的绿色GDP。当西北地区的发展战略更倾向于环境保护，更多的转移到“森林营造培育、自然保护区和水源区保护、流域上游水土保持、水源涵养、荒漠化治理等环境修复和还原活动”时，地区的大量经济活动将因此被纳入“生态补偿”的范畴，地区经济活动的利益将通过国家或受益地区的“补偿”得以实现，就自然实现了西北地区的绿色GDP。因此，西北地区的产业发展也就不再需要走东部地区的发展老路。(3)实现西北地区的生态文明。在生态补偿制度保护之下，由于将西北地区的发展战略更多的调整到了“可持续”发展之路，并成功创造出地区的绿色GDP，那么地区的环境保护事业无疑会走向繁荣，必将实现西北地区的山川秀美、生态文明和美丽中国之梦。

（三）修改并完善《地质灾害防治条例》

《中华人民共和国地质灾害防治条例》（以下简称《条例》）是2003年11月经国务院通过并公布，2004年3月1日起开始施行的一部行政法规，至今已经实施十多年了。该行政法规的实施，对于预防和治理地质灾害，保护人民生命财产起到了重要的作用。但因为该法实施至今已经十多年，随着实施条件的变化，也逐步显现出存在的一些问题和不足，需要修改和完善。主要有：(1)缺乏明确的危险信息公开制度。《条例》在第17条规定了地质灾害“预报制度”，第19条规定了地质灾害危险区“公告制度”。但这两项制度主要针对的是“地质灾害可能发生的时间、地点、成灾范围和影响程度”的预报，以及“出现地质灾害前兆、可能造成人员伤亡或者重大财产损失的区域和地段”

的公告。所以，这种“预报”和“公告”，显然排除了在这两种情况之外的有可能发生地质灾害但又不能确定“可能发生时间”的地点，以及未出现灾害前兆的危险区，也就是该两项规定并未将所有地质灾害风险全部纳入信息公开的范围。所以，有必要增加地质灾害危险区信息公开制度，只要是某地质结构具有“危险性”，而不管能否确定“可能发生的时间”以及是否“出现灾害前兆”，都应予以信息公开，让群众了解所有存在危险性的地质构造，以增强群众的防范意识。(2)对灾害易发区没有日常调查、动态监测制度。《条例》对灾害预警，设置了“建立监测网络”“群测群防”“巡回检查”等项制度。但实际工作中，“监测网络”很难覆盖到所有危险点；而“群测群防”与“巡回检查”更多地带有政策性、倡导性和鼓励性，与强制性规范存在较大距离，这样，就使得这几项具体制度很难得到完全落实，实施效果被大打折扣。所以，应结合区域特定，在地质灾害易发区的乡级人民政府增设专业的地质灾害调查员，对乡镇范围的危险区进行日常排查、动态监测，形成完整的危险区监测档案，以强化地质灾害风险的积极预防。(3)缺乏灾害易发区预防性工程建设的明确责任制度。《条例》只在第19条规定了“县级以上人民政府应当组织有关部门及时采取工程治理或者搬迁避让措施，保证地质灾害危险区内居民的生命和财产安全”；但具体怎么组织，组织哪些主体参与工程建设，由谁来承担工程建设的资金投入，都未有明确的规定。特别是当基层政府财力缺乏时，该预防性工程怎么建设，也未作进一步的规定。而这一点恰恰是舟曲特大泥石流发生的祸根之一，“由于后续资金不足，三眼村防治工程1999年一期完工时，只修建了10座拦渣坝，而排导工程一直未能实施。而8月7日的泥石流正是从这里倾泻而下”。[1]所以，对预防性工程的建设主体、资金来源、工程建设的程序要求及时间进度安排，都有必要进行更详细的规定，才可能避免因预防性工程建设不到位而导致地质灾害的发生，从而切实保护人民的利益。

---

〔1〕 翁洹：“甘肃舟曲泥石流防治因缺钱未完工”，载《南方周末》2010年8月10日。

第二节　西北内陆区农业生态问题治理的宏观策略与政策法规

一、西北内陆区农业生态问题综合治理的宏观策略

西北内陆区农业生态问题严重，其中的原因是多方面的。除了环境恶劣、生态脆弱等自然原因以外，在长期的开发过程中不注重环境与生态的保护、缺乏长期的开发规划、无节制的资源开采与利用，以及对经济开发和社会发展的政策法规支持不够是造成目前状况的主要原因。西北内陆地区农业生态问题的综合治理不能“头痛医头，脚头医脚”，只简单着眼于解决具体存在的农业生态问题，更重要的是制定适合西北内陆区农业发展特点并能体现西北内陆区农业生产条件的经济、社会和法律政策，从根本上解决已经出现的农业生态问题，确保西北内陆区农业的可持续发展。

（一）进行农业结构调整，因地制宜压缩种植业比重

我国西北内陆区农业生产条件复杂，各地水源、地貌、气候及耕作条件各异，天然形成有不同特征的宜林、宜农（种植业）、宜牧的农业生产小环境。但在传统“以粮为纲”农业生产政策的影响下，过分强调农业中种植业的发展，不顾地区农业生产条件，滥砍滥伐，无节制垦荒，导致地区农业生产趋同化，不同农业生产环境遭受人为破坏，产生大量农业生态问题。20世纪90年代末以来，虽然国家全面推行了“退耕还林”“退耕还草”等生态环境保护政策，但并未结合西北内陆区农业生产环境的特殊性，有针对性地进行农业生产结构的调整和农业生产观念的更新，真正确立起生态农业的农业发展观，缩小种植业比重，因地制宜的发展林业和牧业。因而，在政策配套及政策执行上还缺乏适合西北内陆区农业生产特点的政策支持和激励，譬如在压缩种植业生产面积的基础上如何解决地区粮食、油料等农作物的供给问题，尚无确定性的解决方案。由于政策缺乏深层的和长期的目标，也影响了“退耕还林”“退耕还草”的实施效果和政策的可持续性。在有些局部地区，甚至出现退耕地的“返耕”现象。因此，20世纪90年代末以来的农业环境保护政策，并未从根本上遏制西北内陆区农业生态环境恶化的问题。有必要结合区域农业生产条件，更新西北内陆区农业发展战略和农业生产观念，并在政策、法规的制定和配套上给以正确引导与激励。

（二）加大中央财政对西北内陆区农业发展的支持力度

我国西北内陆区属我国最贫穷落后地区之一，全国贫困县的接近60%分布在西北、西南地区。西北内陆区的人民收入、经济积累能力和自我发展能力都远远落后于全国其他地区。但是，我国西北内陆区因其独特的区位及地理特征，又是影响全国气候的一道天然屏障，是我国大江大河的主要源头。西北内陆区还是一个多民族聚居的区域，拥有我国最长的陆上边界线，对于全国的经济社会发展、民族团结和国防安全承担着独特的全局性责任，具有举足轻重的影响。而且，单就西北内陆区的农业生产来看，农业的生态化发展不仅有助于改善内陆区的生态环境，也有助于在江河源头涵养水源，调节水量，净化空气，减少沙尘，增加江河中下游的水利便利，改善全国的气象条件，提高内陆区乃至全国人民的生活质量。西北内陆区的农业发展，惠益的不仅仅是内陆地区，全国其他地区也可以从中受益。[1]因此，对西北内陆区的农业发展，除了西北内陆区负有不可推卸的责任外，全国其他地区也应承担必要的责任。全国其他地区对西北内陆区的农业发展可以采取各种灵活的方式加以帮助、扶持，如对口支援、转移项目、培训人才、交流干部等。但主要的经济责任则应该由国家来承担。国家对西北内陆区农业发展的支持，除了制定必要的倾斜性优惠政策，授益于西北内陆地区，更重要的应该是加大中央财政对西北内陆区农业的支持力度，对内陆区农业水利工程、农作物改良、耕地维护、生态林建设、江河源头植被修复、牧区环境保护、内陆区农业科学研究、良种引进等提供直接的财政支持。在这一方面，现有的财政转移支付制度的支持力度明显有限，需要拓宽财政支持的渠道，对西北内陆区农业发展提供更为有效的财力支持。

（三）加快西北内陆区农村城镇化建设，适当集中区域人口

我国西北内陆区国土面积占全部国土面积的近1/3，人口仅占全国人口的7.3%，人口分布极为分散，平均人口密度约为每平方公里29.73人，远远低于东部地区的386.74人。特别是许多不宜人居的内陆山区、绿洲和沙漠戈壁的边缘区等生态脆弱区也散居着一定数量的地区人口。如陕西的陕南山区和陕北的黄土高原区。生态脆弱地区的居民要解决生存问题，必然要和恶劣的

〔1〕 李永宁、黄河："外部性损害与国家补偿制度研究——兼论西部开发的法律对策"，载《中国法学》2000年送法下乡与西部大开发专刊。

自然环境进行抗争，抗争的结果可能会改善生态脆弱区的农业生产环境，但更多的是会破坏生态脆弱区的自然生态系统。“20 世纪 50 年代，青海柴达木盆地陆续发现了盐湖、石油天然气等资源，大批人员开进，仅为解决吃饭、取暖的燃料，全洲 3000 万亩沙生植被就被破坏了 66%多。当时该省开垦 500 多万亩粮田，而今 60%因无灌溉条件弃耕。青藏高原的土层是岩石分化而成，100 年才能增加 1 厘米，一次失策的开垦就毁掉大自然几千年的苦功。”〔1〕在这些生态脆弱区，生存环境恶劣，交通及通讯条件也很差，许多当地居民祖祖辈辈都不能走出居住地 1 次，与外界完全隔离，处于封闭、半封闭状态。因此，对西北内陆区许多不宜人居的生态脆弱地区的居民应有计划的迁移、集中至生态优良区。选择生态优良区，科学规划，合理布点，加快建设一批农村小城镇，适当集中区域人口，减少人为活动对生态脆弱区的生态干扰，保护生态脆弱区的农业生产环境，也为这些区域人口的生活环境及生活质量的改善创造更多便利条件。

二、西北内陆区农业生态问题综合治理中现有政策法规的不足

20 世纪 50 年代至现在，我国曾于“一五”期间、“三线”建设时期和 20 世纪 90 年代末以来，对西北地区进行过三次大的有组织开发。历次开发均把着眼点主要放在西北地区丰富的自然资源上。西北开发在很大程度上就是资源开发。为解决开发期间新增人口的生活需要，西北内陆区的农业发展也因此受到了一定程度的重视，但伴随资源开发而发展的西北内陆区农业，更多地表现为一种开发性农业。如为扩展耕地，大量的毁林造田、毁草造田、围湖造田等。因此，针对西北内陆区农业发展的政策，开发性政策居多，很少有生态保护与生态治理的农业政策。20 世纪 90 年代中期以来，由于黄河断流、长江洪水以及日益肆虐的沙尘暴影响，我国社会才开始转向关注西北内陆区农业的生态治理问题，国家也因此出台了一系列针对西北内陆区农业生态问题综合治理的政策法规。总的来看，这些政策法规对遏止西北内陆区农业生态问题的进一步恶化起到了一定的作用，但也存在一定的不足。

（一）农业生态问题综合治理的政策法规缺乏系统性

农业生态问题的综合治理，涉及对系列生态问题中的每一个具体生态问

〔1〕 李瑞芝：“关于开发大西北几个问题的探讨”，载李永宁等主编：《西部大开发：理论、制度、法律》，陕西人民教育出版社 2001 年版，第 35 页。

题的治理政策，也涉及对每一个具体生态问题的不同的治理政策。治理政策应该是综合的、系统的。但现有农业生态问题治理政策，在综合性与系统性方面与生态问题综合治理的实际要求之间显然存在较大差距。这表现在：一是应急性政策和临时性政策居多。特别是大多时候某项生态问题只有在引起全国性危害时，才会引起治理的紧迫感。如在长江、黄河发生水害（包括断流）危机时，才比较快地催生了江河源头的生态治理政策。二是政策法规的协调性差。由于我国存在较为庞大的行政管理体系，各行政部门基于本部门的权责分工，对同一问题可能存在争相管理、交叉管理、多头管理的现象。而且，部门规章“法律化”的倾向进一步加深了这种趋势。三是政策法规存在“一事一议”的弊病。政策法规的制定往往侧重于解决已经发生的问题，有时候是出现某种问题而引出一个部门规章，这样政策的效果往往只限于某一特定问题，缺乏宏观性和前瞻性。

（二）农业生态问题综合治理的政策法规缺乏稳定性

政策法规的稳定性就其形式而言，表现为政策法规的相对不变性，也就是不会出现“朝令夕改”的情况。事实上，由于政策法规的制定往往具有极强的针对性，当所指向的特定事实不存在时，或原来的事实发生了某种变化，政策法规的适应性就显得比较僵硬，很难对变化了的情况作出解释。因而，许多政府主管部门经常进行部门规章的调整、更改，就是为了应付这种情况。政策法规的稳定性就其实质而言，还表现为政策法规效果的持续性和长期性。政策（包括法律政策）的持续性与长期性的意义在于可以为当事者的经济活动提供一个长期预期，并使这种活动能由理性支配有计划的向前发展。如在2000年以前，我国农村的土地承包政策，因对土地承包期没有明确的规定，自然助长了承包户对地力的无节制掠夺，这无疑也是造成目前农业生态问题的原因之一。再如我国现行的退耕还林（草）政策，只规定了5年的（粮食）补贴期限，但林木成材用5年显然是不够的，特别是在生态脆弱区，林木的成活率要远远低于正常水平。因此，退耕农民可能会更多地考虑在5年期满时再毁林复耕。这些都充分显示了政策法规的稳定性不足及其所带来的危害。

（三）农业生态问题综合治理的政策法规缺乏全面性

政策法规的全面性表现为政策或法规的普遍约束力。有两个具体表现：一是一项政策或一项法规对同一事实行为，不管它发生的时间、地域以及行为人的区别都具有普遍的适用性。如果政策法规不具有这样的性质就是不全面的。如我国的退耕还林（草）政策，对退耕面积有指标的限制，只有经过中央林业主管部门确认的退耕地，方可享受到政策优惠。那些超计划的退耕地则享受不到退耕政策优惠，导致出现相邻的两块退耕地，一块地能享受政策，另一块地却享受不到政策的不合理现象。政策法规的全面性的另一个具体表现就是政策法规的覆盖面应该是完整的，没有漏洞，不存在政策法规的缺位问题。相反，则应该是不全面的。如我国现行的生态补偿政策，只规定了对生态公益林的生态补偿制度，但对具有同样生态功能的非生态公益林、流域上游地区以及种植业却没有规定相应的生态补偿办法，这里明显存在政策法规的缺位问题，是不合理的。这也是目前生态问题解决起来困难重重的原因所在。所以，对农业生态问题的综合治理一定要强调政策法规的全面性。只有这样，才能真正彻底解决目前存在的问题。

三、西北内陆区农业生态问题综合治理的政策建议

前面我们分别对西北内陆区农业生态问题综合治理的宏观策略以及农业生态问题综合治理中现有政策法规的不足进行了分析探讨。在此基础上，我们本着宏观策略的实现途径，以及政策法规不足的克服手段的角度，对当前西北内陆区农业生态问题综合治理最紧迫需要的一些政策提出如下建议：

（一）进一步完善生态补偿制度，扩大其适用范围

我国学术界自 20 世纪 90 年代中后期，特别是西部大开发以来，对生态补偿制度进行了广泛的探讨，形成了许多共识。全国许多省区在此期间也进行了许多卓有成效的补偿试点工作。在此基础上，财政部、国家林业局于 2005 年 9 月 1 日联合下发了《中央森林生态效益补偿基金管理办法》，使生态补偿制度正式纳入国家生态环境保护政策体系。但就已经实施的生态补偿政策法规来看，我国现有的生态补偿政策最起码还存在以下两个方面的突出问题：一是补偿政策的适用范围过于狭窄。现有生态补偿政策仅适用于森林生态效益补偿，对于非森林生态效益，如生态农业的效益补偿则并未纳入其中。同时，在森林生态效益补偿中则仅仅强调了对生态公益林的生态效益补偿，对其他非公益林的生态效益补偿也未纳入其中。二是补偿的标准偏低。按我国《中央森林生态效益补偿基金管理办法》的规定，生态公益林的生态效益补偿标准仅为每亩每年 5 元钱。我们认为现行生态补偿政策的这两个方面与生态补偿的实际需要之间还存在较大差距，需要进一步扩大补偿的范围，将

补偿范围扩大至非公益林及其他具有生态功能的农业领域，再就是要参考国际上的生态补偿标准，结合我国的生态效益创造实践，从生态效益而非维护成本的角度确定生态效益补偿，适当提高生态补偿标准。

（二）发挥市场功能，推动建立流域上下游补偿机制

长江洪水与黄河断流，给我国流域水资源管理提出了一个尖锐的研究课题。过去我们谈及流域问题时，很少涉及流域上下游的权责关系，以为上游保护水源，下游享用水利是天经地义的事情。但是，流域水资源问题的日益尖锐，这种原本看来天经地义的事情，已经开始受到人们越来越多的质疑。流域水资源问题的难点是上下游不同地区之间的关系，许多研究者为了回避这一问题，往往对这一关系视而不见，只单纯强调流域上游的水源保护义务和国家在流域管理中的责任，更有甚者，甚至认为流域上下游之间互为外部性，下游对上游也有积极影响。[1] 这些观点显然都是无益于流域水资源管理的。我们认为，流域水资源管理除强调国家的责任以外，也应充分发挥市场功能，推动建立流域上下游补偿机制。在这方面已经有一些积极的实践，如香港特别行政区为确保饮用水源，为广东省支付了数量可观的水源保护费，北京、天津为河北支付的饮用水源补偿费等。这种通过市场途径进行的水源保护实践完全可以推广到流域上下游之间，积极促成流域上下游不同地区之间通过公平协商，实现水源保护的补偿机制。我们的建议是可以由一个权威的专家机构对流域中下游地区享用水利的经济价值进行测算，并从中拿出一个上下游均可接受的比例，支付给上游地区用于水源保护。只有这样，流域水资源保护问题才有可能得到根本解决。

（三）持续推行生态移民工程，减少对生态脆弱区的人为干扰

关于生态移民，一直是近几年积极谈论的一个话题，也进行过一些试点。但不管是理论还是实践都存在一些问题。一是关于生态移民的动因，大多把生态移民作为扶贫工程的一种形式，并未从农业生态问题治理的高度认识生态移民。这就导致生态移民的推动力明显不足。既然是扶贫，形式可以是多样的，移民仅是可选择的方案之一，如果有其他替代的形式，“移民”这种费钱不省力的工作必然被束之高阁。二是移民的资金来源，没有明确的规定。

〔1〕 钱水苗：“论流域生态补偿制度的构建——从社会公正的视角”，载《中国地质大学学报》2005 年第 5 期。

一些地方从扶贫帮困的角度推动移民，资金自然有地方财政负担。而需要移民的地区一般又是贫困省份，自然也没那么大的财力进行移民，移民更多的变成了纸上谈兵。三是移民的原则，现在比较流行的是所谓“就近移民”，就近移民固然可以节省资金，但问题是移入地往往也是贫困地区、生态非优良区，因而移民生活很难有大的改善，也就很难留住移民。四是移民后的管理缺乏规范性。很多时候会有“某地方人移民后又回来了”的情况，移民“移”得很不彻底，经常是虽然人移走了，但还留有宅地或承包田。所以，生态移民必须从减少生态脆弱区人为干扰的角度进行认识，从农业生态问题综合治理的角度进行认识，从国家的整体利益的角度进行认识。对移民范围的划定、费用支出，以及移民安置，包括移后管理，国家都应该承担起主要的责任。使得生态移民能移得出、留得住，生活更幸福，这样的生态移民才能真正发挥生态保护的作用。

（四）国家财政单列预算，用于内陆区劣质土地改造

西北内陆区土地结构复杂，土地荒漠化面积不断扩大，土壤盐渍化严重，草地退化，绿洲、河湖萎缩。如果不对这些问题加以有效解决，那么不仅仅是西北内陆区，整个国家的经济利益、社会稳定、民族团结甚至国防安全都会受到影响。对这些问题如果仅靠西北内陆区各有关省份自行解决，显然会力不从心。国家应进行详细的国土普查，掌握类似劣质土地的详细信息，制定长短期治理规划，并将其纳入国民经济发展计划，由国家预算单列专项资金，按年度拨付，专款专用，由各有关省份负责实施。相信在国家的大力支持下，西北内陆区农业的生态问题一定可以得到有效解决。

●本部分为李永宁教授应邀为李佩成院士承担的中国工程院调研课题撰写的相关内容。

第三节　西北内陆区农业生态问题治理的法律对策

摘要：我国西北内陆区农业生态问题严重，除了西北内陆区农业生态环境差等自然原因以外，在长期的开发过程中不注重对环境的保护，也是重要的原因之一。发展西北内陆区农业，关键是要加强西北内陆区农业生态环境的保护，完善相关政策和法律，特别是要制定出与西北内陆区农业生态环境

相适应的生态环境保护法律制度，才能确保西北内陆区农业的可持续发展。

西北内陆区是指我国陕西、甘肃、宁夏、青海、新疆五省区所辖区域。西北内陆区位居我国西北内陆腹地，简称“西北内陆区”。我国西北内陆区人口稀少，水资源短缺，自然环境差。新中国成立以后，我国政府对西北内陆区进行了几次大的开发，西北内陆区的经济社会发展和人民生活有了很大程度的改善。在长期的开发过程中，由于不注重对自然生态环境的保护，也导致西北内陆区产生了比较严重的农业生态问题。西北内陆区的农业生态问题主要表现为：土地荒漠化面积扩大，草地退化，绿洲萎缩；植被破坏，水土流失面积不断增加；土壤盐渍化，耕地土壤污染严重；河湖萎缩，干涸断流，地下水超采；滑坡、崩塌、泥石流等地质灾害问题严重等。这些生态问题不仅制约着我国西北内陆区农业的可持续发展，也严重影响了西北内陆区乃至全国的生态环境建设。如何解决这些问题，一直是近年来社会各界积极探讨的热点问题之一。本文试图从法律需求与法律对策的角度谈点儿看法。

一、西北内陆区农业生态问题治理的法律需求

西北内陆区农业生态问题严重，其中的原因是多方面的。除了环境恶劣、生态脆弱等自然原因以外，在长期的开发过程中不注重环境与生态的保护、缺乏长期的开发规划、无节制的资源开采与利用，以及对经济开发和社会发展的法律需求重视不够是造成目前现状的主要原因。西北内陆区农业生态问题的治理不能“头痛医头，脚头医脚”，只简单着眼于解决具体存在的农业生态问题，更重要的是深入研究西北内陆区农业生态化发展的法律需求。我们认为西北内陆区农业生态化发展的法律需求主要有以下几个方面。

（一）西北内陆区农业生产结构生态化的法律需求

农业生产结构生态化，具体是指农业的内部生产结构不单纯以经济效率为导向，而是充分考虑农业的生产环境和生态条件，因地制宜的发展种植业、林业或牧业的农业生产结构。我国西北内陆区农业生产条件复杂，各地水源、地貌、气候及耕作条件各异，天然形成有不同特征的宜林、宜农（种植业）、宜牧的农业生产小环境。但在传统“以粮为纲”农业生产政策的影响下，过分强调农业中种植业的发展，不顾地区农业生产条件，滥砍滥伐，无节制垦荒，导致地区农业生产结构趋同化，不同农业生产环境遭受人为破坏，产生

大量农业生态问题。20世纪90年代末以来，虽然国家全面推行了“退耕还林”“退耕还草”等生态环境保护政策，但并未结合西北内陆区不同农业生产区域的特殊性，有针对性地进行农业生产结构的调整和农业生产观念的更新，真正确立起生态农业的农业发展观，因地制宜地发展林业和牧业。因而，在政策、法规的配套及执行上还缺乏适合西北内陆区农业生产特点的政策法规支持和激励，譬如在实施退耕还林、还草政策，压缩种植业生产面积的基础上，仅给出很短期间的粮食补贴政策，对于长期内如何解决地区（特别是大面积退耕地区）粮食、油料等农作物的供给问题，尚无确定性的解决方案。由于政策缺乏深层的和长期的目标，也影响了“退耕还林”“退耕还草”的实施效果和政策的可持续性。在有些局部地区，甚至出现退耕地的“返耕”现象。因此，20世纪90年代末以来的农业生态环境保护政策法律，并未从根本上遏制西北内陆区农业生态环境恶化的问题。有必要结合区域农业生态化的制度需求，更新西北内陆区农业发展战略和农业生产观念，调整农业生产结构，并在政策、法规的制定和配套上给以正确引导、激励与保障。

（二）财政资金投入专门化、常态化的法律需求

我国西北内陆区属我国最贫穷落后地区之一，全国贫困县的接近60%分布在西北、西南地区。西北内陆区的人民收入、经济积累能力和自我发展能力都远远落后于全国其他地区。但是，我国西北内陆区因其独特的区位及地理特征，又是影响全国气候的一道天然屏障，是我国大江大河的主要源头。西北内陆区还是一个多民族聚居的区域，拥有我国最长的陆上边界线，对于全国的经济社会发展、民族团结和国防安全承担着独特的全局性责任，具有举足轻重的影响。而且，单就西北内陆区的农业生产来看，农业的生态化发展不仅有助于改善内陆区的生态环境，也有助于在江河源头涵养水源，调节水量，净化空气，减少沙尘，增加江河中下游的水利便利，改善全国的气象条件，提高内陆区乃至全国人民的生活质量。西北内陆区的农业发展，惠益的不仅仅是内陆地区，全国其他地区也可以从中受益。[1]因此，对西北内陆区农业的生态化发展，除了西北内陆区负有不可推卸的责任外，全国其他地区也应承担必要的责任。全国其他地区对西北内陆区的农业发展可以采取各

〔1〕 李永宁、黄河：“外部性损害与国家补偿制度研究——兼论西部开发的法律对策”，载《中国法学》2000年送法下乡与西部大开发专刊。

种灵活的方式加以帮助、扶持，如对口支援、转移项目、培训人才、交流干部等。但主要的经济责任则应该由国家来承担。国家对西北内陆区农业发展的支持，除了制定必要的倾斜性优惠政策，更重要的应该是加大中央财政对西北内陆区农业的支持力度，对内陆区农业水利工程、农作物改良、耕（草）地维护、林业建设、公益林养护、江河源头植被修复、牧区环境保护、内陆区农业科学研究、良种引进等提供直接的财政支持。在这一方面，现有的财政转移支付制度的支持力度明显有限，需要拓宽财政支持的渠道，增加专项财政支持，并确定各专项财政支持在总预算中所占比例，对西北内陆区农业生态化发展提供更为有效和持续的财力支持。

（三）减少生态脆弱区人为干扰，推行生态移民的法律需求

我国西北内陆区国土面积占全部国土面积的近1/3，人口仅占全国人口的7.3%，人口分布极为分散，平均人口密度为每平方公里29.73人，远远低于东部地区的386.74人。特别是许多不宜人居的内陆山区、绿洲和沙漠戈壁的边缘区等生态脆弱区也散居着一定数量的地区人口。如陕西的陕南山区和陕北的黄土高原区。生态脆弱地区的居民要解决生存问题，必然要和恶劣的自然环境进行抗争，抗争的结果可能会改善生态脆弱区的农业生态环境，产生诸如“人进沙退”的积极效果，但更多的是会破坏生态脆弱区的自然生态系统。如“20世纪50年代，青海柴达木盆地陆续发现了盐湖、石油天然气等资源，大批人员开进，仅为解决吃饭、取暖的燃料，全洲3000万亩沙生植被就被破坏了66%多。当时该省开垦500多万亩粮田，而今60%因无灌溉条件弃耕。青藏高原的土层是岩石分化而成，100年才能增加1厘米，一次失策的开垦就毁掉大自然几千年的苦功”。[1]在这些生态脆弱区，生存环境恶劣，交通及通讯条件也极为不便，许多当地居民祖祖辈辈都不能走出居住地1次，与外界相隔离，处于封闭、半封闭状态。因此，对西北内陆区许多不宜人居的生态脆弱地区的居民应有计划的迁移、集中至生态优良区。选择生态优良区，科学规划，合理布点，建设一批农村小城镇，适当集中区域人口，减少人为活动对生态脆弱区的生态干扰和破坏，保护生态脆弱区的农业生产环境，也为这些区域人口的生活环境及生活质量的改善和提高创造更多的便利条件。

---

〔1〕 李瑞芝：“关于开发大西北几个问题的探讨”，载李永宁等主编：《西部大开发：理论、制度、法律》，陕西人民教育出版社2001年版，第35页。

二、西北内陆区农业生态问题治理法律法规存在的问题

20世纪50年代至现在，我国曾于“一五”期间、“三线”建设时期和20世纪90年代末以来，对西北内陆区进行过三次大的有组织开发。历次开发均把着眼点主要放在西北地区丰富的自然资源上。西北开发在很大程度上就是资源开发。为解决开发期间新增人口的生活需要，西北内陆区的农业发展也因此受到了一定程度的重视，但伴随资源开发而发展的西北内陆区农业，更多地表现为一种开发性农业。如为扩展耕地，大量的毁林造田、毁草造田、围湖造田等。因此，针对西北内陆区农业发展的政策，开发性政策居多，很少有生态保护与生态治理的农业政策。20世纪90年代中期以来，由于黄河断流、长江洪水以及日益肆虐的沙尘暴影响，我国社会才开始转向关注西北内陆区农业的生态治理问题，国家也因此出台了一系列影响西北内陆区农业生态问题综合治理的政策法规。总的来看，这些政策法规对于遏止西北内陆区农业生态问题的进一步恶化产生了一定的影响，但也存在一定的不足。

（一）农业生态问题治理的法律法规缺乏系统性

农业生态问题的治理，涉及对系列生态问题中的每一个具体生态问题的治理政策，也涉及对每一个具体生态问题的不同的治理政策。治理政策应该是综合的、系统的。但现有农业生态问题治理政策，在综合性与系统性方面与生态问题治理的实际要求之间显然存在较大差距。这表现在：一是应急性政策和临时性政策居多。特别是当某项生态问题引起全国性危害时，才会引起治理的紧迫感。如在长江、黄河发生水害（包括断流）危机时，才比较快的催生了江河源头的退耕还林（草）等生态治理政策。二是政策法规的协调性差。由于我国存在较为庞大的行政管理体系，各行政部门基于本部门的权责分工，对同一问题可能存在争相管理、交叉管理、多头管理的现象。而且，部门规章“法律化”的倾向进一步加深了这种趋势。如对水资源的管理，水利、环保、资源等部门存在一定的职责交叉，在很大程度上影响了水资源的有效治理。三是政策法规存在“一事一议”的弊病。政策法规的制定往往只注重解决已经发生的问题，经常是出现一个问题就会引出一个部门规章，政策规章的效果只限于某一特定问题，缺乏宏观性和前瞻性。

（二）农业生态问题治理的法律法规缺乏稳定性

政策法规的稳定性就其形式而言，表现为政策法规的相对不变性，也就

是不会出现“朝令夕改”的情况。事实上，朝令夕改的情况也是不存在的。但由于政策法规的制定往往具有极强的针对性，当所指向的特定事实不存在时，或原来的事实发生了某种变化，政策法规的适应性就显得比较僵硬，很难对变化了的情况作出解释。因而，许多政府主管部门被迫经常进行部门规章的调整、更改，就是为了应付这种情况。如国家虽然制定了一系列有关退耕还林及鼓励林业发展的政策，但对诸如牛玉琴、石广银等人身上反映出的治沙植林现象[1]却显得束手无策。政策法规的稳定性就其实质而言，还表现为政策法规效果的持续性和长期性。政策（包括法律法规）的持续性与长期性的意义在于可以为当事者的经济活动提供一个长期预期，并使这种活动能由理性支配有计划的向前发展。如在2000年以前，我国农村的土地承包政策，因对土地承包期没有明确的规定，自然助长了承包户对地力的无节制掠夺，这无疑也是造成目前农业生态问题的原因之一。再如我国的退耕还林（草）政策，只规定了5年的（粮食）补贴期限，但林木成材用5年时间显然是不够的，特别是在生态脆弱区，譬如荒漠地区，林木的成活率要远远低于正常水平。因此，退耕农民可能会倾向敷衍应付退耕政策，或者会更多地考虑在5年期满时再毁林复耕。这些都充分显示了政策法规的稳定性不足及其所带来的危害。虽然从2007年开始，国务院下发了《关于完善退耕还林政策的通知》，规定退耕还林（草）再延长一个周期，但新一个周期完成之后，类似的问题仍然会出现。

（三）农业生态问题治理的法律法规缺乏全面性

政策法规的全面性表现为政策或法规的普遍约束力。有两个具体表现：一是一项政策或一项法规对同一事实行为，不管它发生的时间、地域以及行为人的区别都具有普遍的适用性。如果政策法规不具有这样的性质就是不全面的。如我国的退耕还林（草）政策，对退耕面积有指标的限制，只有经过中央林业主管部门确认的退耕地，方可享受到政策优惠。那些超计划的退耕地则享受不到退耕政策优惠，导致出现相邻的两块退耕地，一块地能享受政策优惠，另一块地却享受不到政策优惠的不合理现象。政策法规的全面性的

〔1〕 牛玉琴、石广银是全国著名的治沙劳模，在陕北沙漠植树造林，所植林木成材后被划定为生态林，其所期望的林木经济价值因此无法实现，但现有政策有不能兑现其林木的经济价值。截至现在，也只能比照退耕还林和公益林补偿办法给予一定补贴。

另一个具体表现就是政策法规的覆盖面应该是完整的，没有漏洞，不存在政策法规的缺位问题。而我国现行的生态补偿政策并不全面，只规定了对生态公益林的生态补偿制度，但对具有同样生态功能的非生态公益林、流域上游地区以及种植业却没有规定相应的生态补偿办法，这里明显存在政策法规的缺位问题，是有待完善的。这也是目前生态问题解决起来困难重重的原因所在。所以，对农业生态问题的综合治理一定要强调政策法规的全面性。只有这样，才能真正、彻底地解决目前存在的问题。

三、西北内陆区农业生态问题治理的法律对策

前面我们分别对西北内陆区农业生态问题治理的法律需求以及农业生态问题治理中现有政策法规的不足进行了分析探讨。对法律需求的分析，一方面反映了西北内陆区农业生态化发展的一些内在规定性，另一方面也为农业生态问题治理的法律对策设计给出了一个方向。对现行政策法规存在不足的分析，将为我们在法律对策的设计上，包括对现行法律政策如何进一步完善上建构一个思路框架。以此为基础，我们以为西北内陆区农业生态问题的治理至少需要以下几个方面的法律对策。

（一）进一步完善生态补偿法律制度，扩大其适用范围

我国学术界自 20 世纪 90 年代中后期，特别是西部大开发以来，对生态补偿法律制度进行了广泛的探讨，形成了许多共识。全国许多省区在此期间也进行了许多卓有成效的补偿试点工作，一些省还先行进行了生态补偿的立法工作。如广东省于 1998 年制定了我国第一个森林生态补偿的地方性法规《广东省生态公益林建设管理和效益补偿办法》。在此基础上，财政部、国家林业局于 2005 年 9 月 1 日联合下发了全国性的《中央森林生态效益补偿基金管理办法》，使生态补偿法律制度正式纳入国家生态环境保护政策（法律）体系。[1]但就已经实施的生态补偿政策法规来看，我国现有的生态补偿政策法规最起码还存在以下几个方面的突出问题：一是生态补偿的适用范围过于狭窄。现有生态补偿政策仅适用于森林生态效益补偿，对于非森林生态效益，

〔1〕 1998 年《森林法》修改时增补一款："国家设立森林生态效益补偿基金，用于提供生态效益的防护林和特种用途林的森林资源、林木的营造、抚育、保护和管理。" 2000 年《森林法实施条例》又进一步明确："防护林和特种用途林的经营者，有获得森林生态效益补偿的权利。" 2005 年《中央森林生态效益补偿基金管理办法》的出台意味着该项制度被完全确立。

如生态农业的效益补偿则并未纳入其中。同时，在森林生态效益补偿中则仅仅强调了对生态公益林的生态效益补偿，对其他非公益林的生态效益补偿也未纳入其中。二是补偿的标准偏低。按我国《中央森林生态效益补偿基金管理办法》的规定，生态公益林的生态效益补偿标准仅为每亩地每年 5 元钱。而根据有关专家测算，公益林合理的生态效益补偿标准大约为每亩地每年 29 元。〔1〕实际补偿标准与合理补偿标准之间存在很大差距。三是补偿的依据存在偏差。虽然我们主张的是森林“生态效益”补偿，《中央森林生态效益补偿基金管理办法》在名称上也作了这样的定位，但补偿的实际依据则是“森林的营造、抚育、保护和管理”费用，也就是对公益林的营造、养护成本的补偿。效益补偿与成本补偿其实是完全不同的两种情况，这也是导致补偿标准偏低的主要原因。针对上述情况，我们认为(1)需要进一步扩大生态补偿的范围，将补偿范围扩大至非公益林及其他具有生态功能的农业领域。(2)需要参考国际上的生态效益补偿标准，结合我国森林营造、抚育、保护和管理的实际情况，考虑国家的财政能力，确定一个各方均可接受的相对合理的生态补偿标准。(3)改变单纯的按成本进行补偿的原则，应兼顾森林生态效益，结合森林的生产、养护费用进行生态补偿，使生态补偿更具科学合理性。

（二）落实水资源流域管理规定，建立流域水效益补偿机制

2002 年颁布的新《水法》第一次明确了流域管理的法律地位。〔2〕新《水法》规定实行“流域管理与行政区域管理相结合”的水资源管理体制，流域管理机构可以“在所管辖的范围内行使法律、行政法规规定的和国务院水行政主管部门授予的水资源管理和监督职责”，新《水法》对流域管理机构职责的规定，涉及水资源规划、水资源宏观配置、取水许可管理、水资源保护、执法监督检查和实施处罚等，基本涵盖了开展流域管理所应具备的职责。流域管理就其任务而言既要实现流域水资源的统一调配，保护流域水环境，也要体现国家的水资源所有权。关于流域水资源的统一调配，主要是协调好流域管理和行政区域管理的关系。流域水环境保护目前最重要的是对流域上游的水源保护，要实现流域上游的水源保护，应主要通过落实水资源有偿使用

〔1〕 王翊：“生态公益林经营补偿标准测算”，载《求索》2005 年第 5 期。

〔2〕 长期以来，除在 1998 年实施的《防洪法》中确定流域管理机构具有一定的防洪协调和监督管理的职责外，其他涉水法律均未明确规定流域管理机构在流域管理中的法律地位和具体职责。

制度，构建流域上下游水效益补偿机制来实现。过去我们谈及流域问题时，很少涉及流域上下游的权责关系，以为上游保护水源，下游享用水利是天经地义的事情。但是，流域水资源问题的日益尖锐，这种原本看来天经地义的事情，已经开始受到人们越来越多的质疑。流域水资源问题的难点是上下游不同地区之间的关系，许多研究者为了回避这一问题，往往对这一关系视而不见，只单纯强调流域上游的水源保护义务和国家在流域管理中的责任，更有甚者，甚至认为流域上下游之间互为外部性，下游对上游也有积极影响。[1] 这些看法显然都是无益于流域水资源管理的。我们认为，流域水资源管理除强调国家的责任以外，也应充分发挥市场功能，推动建立流域上下游水效益补偿机制。在这方面已经有一些积极的实践，例如北京向河北承德、张家口每年支付 2000 万元水源涵养林保护费和水土保持费用；广东每年向东江上游江西省寻乌、安远和定南三县支付 1.5 亿元水源保护费；浙江义乌市一次性出资 2 亿元购买东阳横锦水库每年 4999.9 万立方米水的永久性使用权。这种通过市场途径进行的小流域水源保护实践完全可以推广到大流域范围，积极促成流域上下游不同地区之间通过公平协商，实现水源保护的补偿机制。可以由一个权威的专家机构对流域中下游地区享用水利的经济价值进行测算，并从中拿出一个上下游均可接受的比例，支付给上游地区用于水源保护。只有这样，流域水资源保护问题才有可能得到根本解决。

（三）制定生态移民法律法规，持续推行生态移民工程

生态移民一直是近几年被积极谈论的一个话题，相关部门也进行过一些试点，但不管是理论还是实践都存在一些问题。一是关于生态移民的动因，大多把生态移民作为扶贫帮困工程的一种形式，并未从农业生态问题治理的高度认识生态移民。这就导致生态移民的推动力明显不足。既然是扶贫帮困，形式可以是多样的，移民仅是可选择的方案之一，如果有其他替代的形式，“移民”这种费钱不省力的工作必然被束之高阁。二是移民的资金来源，没有明确的规定。一些地方从扶贫帮困的角度推动移民，资金除由迁移者自己承担一部分外，其他的则由地方财政负担。而需要移民的地区一般又是贫困省份，自然也没那么大的财力进行移民，移民更多的变成了纸上谈兵。三是移

---

〔1〕 钱水苗：“论流域生态补偿制度的构建——从社会公正的视角”，载《中国地质大学学报》2005 年第 5 期。

民的原则，现在比较流行的是所谓“就近移民”，就是把移民就近安置在临近的人口集中区域。“就近移民”固然可以节省资金，有利于集中散居人口，但问题是与生态脆弱区紧邻的移入地往往也是贫困地区、生态非优良区，因而移民移后生活往往很难有大的改善，也就很难留住移民。四是移民后的管理缺乏规范性。很多时候会有“某地方人移民后又回来了”的情况，移民“移”得很不彻底，经常是虽然人移走了，但还留有宅地或承包田。另外，对移民后的生活安置与生产自救也没有持续地给以关照、扶持，也导致移民对移后生活缺乏持久规划。所以，生态移民必须从减少生态脆弱区人为干扰的角度进行认识，从农业生态问题综合治理的角度进行认识，从国家的整体利益的角度进行认识。要认识到“生态移民属于公共产品范畴”，[1]并不是单纯的移民问题。因此，有必要制定专门的生态移民管理办法，对生态移民的有关问题作出明确的规定。(1)关于生态移民的范围。需要明确移民区应具备哪些条件，并根据生态脆弱程度进行分级，确定移民先后顺序，制定生态移民的长期规划。(2)关于生态移民的费用支出。应根据移民区分级，确定由国家、地方政府、迁移者个人分担原则。对于生态最脆弱区由国家承担移民成本的主要部分，免除迁移者个人承担的费用。(3)关于移后管理。目标是尽快促成移民融入当地社会。应规定适当期间，由国家、当地政府给予扶持。因此，应明确规定国家、当地政府和迁移者个人在此期间的责任和义务，确保移后管理目标的实现。通过采取以上措施，生态移民才有可能移得出、留得住，生活更幸福，这样的生态移民才能真正发挥生态保护的作用。

●本部分李永宁、黄河教授共同撰写，发表于《理论导刊》2011 年第 3 期。

第四节　西北地区水安全法律保障研究

我国西北地区地处亚欧大陆内陆，行政区划上包括陕西、甘肃、宁夏、青海、新疆五省区和内蒙古西部，与俄罗斯、哈萨克斯坦、吉尔吉斯斯坦和

〔1〕张军：“建立生态效益补偿机制，筹集生态移民经费，推动生态移民发展”，载《中国发展》2003 年第 3 期。

塔吉克斯坦相邻，是我国的西北边陲，也是我国最主要的多民族聚居区。在气候特征上属于干旱和半干旱的温带大陆性气候，冬冷夏热，年温差、日温差大，干旱少雨，降雨主要集中在夏季，大部分地区6月~8月降水量占全年降水量的40%~70%。地形以高原，山地为主；地表以荒漠、荒漠草原为主；西北地区多大风天气，是我国生态最脆弱的区域之一。囿于特殊的自然和地理原因，西北地区的水安全对地区经济社会发展和生态环境保护有着至关重要的价值和意义。

一、水安全概念辨析

水安全是传统国家安全观的一种发展，是一种“拓宽安全”。传统安全观主要“被定义为研究军事力量威胁、使用和控制”。[1]但冷战结束之后，军事和国防进入一个相对平静期，军事和国防安全不再是人们关注的唯一焦点，其他的经济问题、能源问题、环境问题反而成为影响国家发展和社会生活的重要问题，因而，安全观也随之发生了变化，人们开始讨论经济安全和环境安全。在环境安全中，水安全是最主要的内容之一。

水安全一词最早出现在2000年斯德哥尔摩举行的水讨论会上。对水安全一词至今并无普遍公认的定义。[2]本文认为，安全本质上是一种状态，是一种有利益的、正能量的，能产生积极价值的状态。而且，这种状态在社会科学的意义上，应该是以人为中心，从人的角度谈的，是对人的一种有益的状态。同时，这种对人有益的状态的对象物应该是“水”，——或者是与水有关的“水环境”。但是，如果考察的只是单纯的“水”，所着眼的就应该主要是“水”的分子结构，以及水本身的构成成分，譬如人们谈论的“水质”安全，这应该是狭义上的水安全的涵义。

因而，一般所说的水安全，应该从整体上和更广泛的意义上加以理解，即应该是广义的水安全。这里所谓整体，应该包括水资源安全、用水安全、与水有关的生态系统安全三个方面。(1)水资源安全。主要应该体现在水资源

---

〔1〕郑先武：“全球化背景下的‘安全’：一种概念重构”，载《国际论坛》2006年第1期。

〔2〕目前对水安全的研究极其有限，水安全的概念也不统一。我们在百度搜索发现比较多的人认为：“水安全是指在一定流域或区域内，以可预见的技术、经济和社会发展水平为依据，以可持续发展为原则，水资源、洪水和水环境能够持续支撑经济社会发展规模、能够维护生态系统良性发展的状态即为水安全。”我们认为该定义并未能涵盖水安全应有的内容。

的可持续性使用方面，包括针对水资源使用的代内和代际公平等；(2)用水安全。主要是指水资源在数量上的充足性，在质量上的可使用性，均能够满足人类需求的方面；(3)与水有关的生态系统安全。主要是把水当作生态系统的血液，维持生态系统的正常运转以及和其他生态系统因素之间存在的有机及共生共荣关系等。所以，“水资源安全”“用水安全”“以水为中心的生态系统安全”的有机结合，可以归纳简称为“水文生态系统”〔1〕安全，也即整体或广义的水安全应是从水文生态系统的角度来理解的水安全。因此，广义的水安全可以定义为：是指水文生态系统对人类有益的一种状态。如果水文生态系统受到自然或人为因素的干扰，对人类产生不利的影响，就是水不安全。

正确理解水安全，应把握以下几层意思：(1)“对人类有益”包括了对经济社会发展的积极影响和对人类生活的积极影响；(2)从水文生态系统整体角度的理解，主要是按照系统论的观点，认为水安全或不安全必然是由某种水因素，影响到水文生态系统，进而影响到人的经济社会生活和人类自身的。如旱灾，就是因为降水短缺对工农业造成不利的影响进而影响到经济社会发展和人类生活的；(3)具有动态性。对水文生态系统自然的或人为的外在干扰始终存在，只有当对人类的经济、社会生活和人本身产生不利影响时才是不安全的；(4)具有区域性。因为不同区域的水文生态特征具有差异性，因此，不同地区的水安全也有其不同的特征。

二、西北地区水安全存在的问题

要实现西北地区水安全的法律保障，关键是要明确我国西北地区水安全存在哪些问题，导致西北地区水不安全的影响因素有哪些，只有明确了这些问题或因素，找到导致水不安全的根源，并采取有针对性的、具体的措施来解决这些问题，才能克服这些不利因素的消极影响，最终实现西北地区水安全。本文认为我国西北地区水安全存在的问题主要有以下几个方面：

第一，缺水。西北地区国土面积占全国的44%，而年均水资源总量仅占全国总量的8%。西北地区正常年份缺水约50亿立方米。西北大部分地区年降水量在200毫米以下，沙漠地区甚至只有20毫米左右，但西北地区平均年

---

〔1〕 李佩成、李启磊：《干旱半干旱地区水文生态与水安全研究文集》(二)，陕西出版传媒集团2013年版，第192页。

蒸发量却在1800毫米以上。红军当年爬雪山过草地时候的雪山、草地现在基本消失得无影无踪了。所以，在西北许多地区有“吃水贵如油”的说法，因为西北地区人畜用水主要通过三条途径解决：一是微量的地下水，如泉水。一般远离村庄，靠车拉驴驮解决；二是吃坝水，通过打坝集储雨水沉淀后运回家中过滤食用；三是吃窖水，主要是在自家院内或房舍周围挖掘水窖，引储雨水后经沉淀、发酵、腐烂杀菌等程序后食用。〔1〕

第二，干旱及旱灾。西北地区荒漠化土地147平方公里，占全国荒漠化面积的56%；占国土面积32.19%的西北5省区森林覆盖率只有5.86%；西北地区退化草场面积达到草原面积的75%；西北地区最大的咸水湖新疆的艾比湖面积从20世纪50年代的1200平方公里缩小到现在的500平方公里左右。从1628年~2000年，近400年时间里，中国发生了12次大的旱灾，每次旱灾西北地区的陕西、甘肃、宁夏和内蒙古几乎都未能幸免。1928年~1929年的关中大旱，关中地区死亡人数约250万，仅次于1942年~1943年的河南大旱（死亡人数约300万）。

第三，水土流失。水土流失是全球性环境问题，目前，全球水土流失面积达30%，有70%的国家和地区受到水土流失的危害，每年流失有生产力的表土250亿吨。中国水土流失面积占国土面积的38%。每年流失土壤100亿吨，相当于流失1000万亩耕地30厘米厚的耕作层。我国七大水系，即长江、黄河、珠江、淮河、松花江、海河、辽河，由于水土流失，泥沙淤积，垫高河床，均成“悬河”，其中黄河高出郑州20米，永定河高出天安门10米。西北地区是我国水土流失最严重的地区，黄河流域的水土流失在全球稳居榜首，每年流失泥沙就达16亿吨，可堆成宽高各1米的土墙绕地球27圈!〔2〕据科学研究，一般流失1厘米表土只需1年，而形成1厘米表土却要120年~200年。〔3〕

第四，水污染。由于西北地区水资源短缺，水资源开发利用率一般都在43%以上，远远超过40%的开发利用率国际警戒线，〔4〕高强度的开发利用导

〔1〕 邢懋业：“多策并用，切实解决西北干旱缺水问题”，载《民族经济与社会发展》2006年第2期。

〔2〕 孙太旻：“黄河生态启示录”，载 http://www.mwr.gov.cn/slzx/slyw/200503/t20050328_148282.html，2005年3月28日访问。

〔3〕 徐清华：“生态文明的考量——瞩目黄土高原水土流失治理”，载《黄河报》2009年7月4日。

〔4〕 “利用率超过国际警戒线，河西走廊水资源告急”，载《中国环境报》2003年5月12日。

致西北地区水污染严重。有数据显示：在我国西北地区，生活在水环境严重污染地区和中度污染地区的人口数量，占西北地区总人口的79.1%。[1]其中，严重污染的地区包括黄河干流、渭河干流、石羊河流域、疏勒河流域以及伊犁河流域21个城市（地区）所在的主要河段，水质已属于V类或劣于V类，已不能满足农业灌溉用水的标准。污染严重河段的流域面积虽然仅占西北地区总面积的13%，但这些地区是城镇工矿集中、人口稠密区域，受影响人口达到西北地区总人口的55.2%。

第五，用水效率低。2010年，新疆万元GDP用水量约为全国平均水平的6.6倍。2012年，甘肃在最严格水资源管理制度实施办法当中提出的2014年万元GDP用水量的目标是235立方米以下，而2012年全国平均水平的万元GDP用水量才是225立方米。用水效率低还表现在农业灌溉方面，我国传统上的灌溉以“大水漫灌”为主，不仅造成大量水资源浪费，用水效率低，而且也是导致我国许多地方土壤盐碱化的主要原因之一。

第六，边界水冲突。西北地区国际河流众多，最主要的有三个流域，即额尔齐斯河、伊犁河及阿克苏河流域，都在新疆境内。流经的国家主要有哈萨克斯坦、吉尔吉斯斯坦、俄罗斯等。西部开发带动的地区经济社会发展以及人口的增加，对水资源的需求量也显著增加，这就造成围绕国际河流的水资源使用产生各种各样的矛盾。如20世纪90年代我国在新疆进行的调水工程，就在下游哈萨克斯坦国少数不了解事实的民众中出现了“中国水威胁”的言论。[2]另一方面，中国作为上游国对流域保护的特殊贡献如何得到承认也是需要解决的问题。

三、实现西北地区水安全的机制与手段

面对以上问题，本文认为试图通过某项立法或单一的政策都不可能从根本上解决西北地区存在的水安全问题，而应该分门别类，分别采取针对性法律对策和各种切实的制度手段，对症下药、综合治理，形成合力，才能解决存在的问题，确保西北地区水安全。主要有以下几个方面。

---

〔1〕 涂斌：“呼唤环境审计风暴的来临”，载《审计与理财》2006年第2期。

〔2〕 陈继辉等：“对跨境河流利用不多，中国水力开发没威胁邻国”，载《环球时报》2006年9月19日。

1. 建立并完善流域生态补偿制度

生态补偿，不是对生态本身的补偿，而是对生态价值或生态效益进行补偿，是生态效益受益方对创造生态效益的一方进行的补偿。流域生态补偿则是指流域上下游之间，因流域上游在水源涵养、水土保持、水量水质保障等方面的贡献，包括上游因保护生态而牺牲的原本应得工业利益的“机会成本”损失，因此让中下游得到的航运、水产养殖、工农业用水等便利。中下游对所获得的这种便利向上游地区所进行的利益补偿，就是流域生态补偿。[1]

完善和建立流域生态补偿制度，对实现西北地区水安全有特殊重要的意义，这是因为：(1)地处西北地区的青藏高原是我国最重要的三条河流——长江、黄河、澜沧江的源头，即三江源。三江源素有“中华水塔”美誉，长江总水量的25%，黄河总水量的49%和澜沧江总水量的15%都来自三江源。三江源地区承担着繁重的水源涵养和水生态环境保护任务，只有通过合理的流域生态补偿才能持续维护与推动三江源地区水生态环境保护的积极性。(2)三江源生态破坏严重。据1998年统计，三江源的退化草地占可利用草场面积的37.8%，其中近10%的退化草地已沦为裸地，即“黑土滩”。每公顷高原鼠兔平均洞口1624个，每公顷有鼠兔120只，每年消耗的牧草相当于286万只羊一年的食草量。[2]因此，三江源保护的任务任重道远，没有流域中下游的支持，将很难完成三江源的水生态环境保护。(3)黄河流经的大半地区在中国西北，也凸显了西北地区作为黄河上游的独特性。有健全的流域生态补偿制度，上游的贡献才能得到承认，利益才能实现。因此，完善流域生态补偿制度对西北地区的意义要远远大于其他地区。

2. 强化生态修复责任，推进山川秀美建设

西北地区的生态修复，主要包括荒漠化土地的修复、自然灾害土地修复、采矿区（包括塌陷地）土地修复。前两类修复更多体现的是对原生性生态破坏的修复，后一类则主要是对次生性（主要是人为）破坏的修复。针对这两类修复，在修复的法律手段上也应该有一定区别，以确保生态修复的效果。

荒漠化（含盐渍化、沙漠化）的形成，有自然原因、历史欠账，也有累

〔1〕 李永宁：“论生态补偿的法学涵义及其法律制度完善——以经济学的分析为视角”，载《法律科学》2011年第2期。

〔2〕 国家林业局三北防护林建设局：《三江源生态考察报告》，2009年12月28日。

积的原因，要明确荒漠化的责任主体有很大的难度。因此，这几种具体生态修复更接近于原生性生态修复。所以，对荒漠化和自然灾害的修复，就修复行为的性质以及产生的后果而言，与生态补偿当中的“创造生态效益”的环境正外部性行为类似。针对该类修复，应明确并重点强化国家或受益人对修复者的补偿责任，才能确保公正并保障修复活动的持续进行。

采矿区（包括塌陷地）土地修复。根据《矿产资源法》《土地管理法》《森林法》《草原法》等法律法规关于“土地复垦”的规定，应属于采矿权人的法定责任和义务。因此，矿区复垦带有明显的赔偿性质，是采矿权人对其造成的土地损害的恢复性治理义务。目前，在这方面存在的问题主要是执法不力，现行法律规定并不完善，导致生态破坏严重。所以，应严格执行土地复垦法律规定，强化企业复垦责任，才是解决问题的正确思路。

生态修复带来的植被增加、森林覆盖率增加，以及水文生态系统的功能强化，对于涵养水源，保护水资源，实现水安全会产生重要的意义。

3. 加强生态功能区法律规制，严格产业限制

生态功能区划是指根据区域生态环境要素、生态环境敏感性与生态服务功能空间分异规律，将区域划分成不同生态功能区，以生态功能区规范区域生态环境保护与建设规划、资源合理利用、工农业生产布局、区域生态环境保育等活动。[1]2008年7月18日，环境保护部发布了我国第一个《全国生态功能区划》（以下简称《区别》）。其中主要将我国全国生态功能区划分为3类3个等级：一级区共有3类31个区，包括生态调节功能区、产品提供功能区与人居保障功能区。二级区共有9类67个区。其中，包括水源涵养、土壤保持、防风固沙、生物多样性保护、洪水调蓄等生态调节功能，农产品与林产品等产品提供功能，以及大都市群和重点城镇群人居保障功能等功能区。三级区共有216个具体分区。

《区划》对于保障西北地区水安全有重要作用。但《区划》所作的分级基本是“下一级”对“上一级”内容的具体化，并不能反映不同层级功能区生态重要性的程度差异，因而很难归纳出体现层级差异的功能区保护措施和手段；再有，《区划》主要是对不同生态功能区域进行界分，并未有详细的、

〔1〕 杜群：“我国生态综合管理的政策与实践——生态功能区划制度探索”，载《2007年中国环境资源法学研究会年会论文集》。

针对不同功能区的保护规定。因此，对于具有特殊生态价值和意义的西北地区而言，应在《区划》的基础上，结合各自功能区内的生态脆弱程度划定不同生态保护等级，像《陕西省秦岭生态环境保护条例》所作出的“限制开发区”和“禁止开发区”等规定一样，并规定不同等级保护区域的行为规范，产业发展规划等，制定适于不同等级功能区的产业发展名录，设置准入限制；对已有产业进行调整，严格淘汰对特定等级保护区域有害的产业和技术，从而达到两个目标：一是保护西北地区水资源环境；二是减少水污染物排放，最终实现区域水安全。

4. 加大“节水”与“治污”力度，从质和量两方面促进水安全

《水法》第 8 条把节约用水规定为一项义务，第 11 条规定了对节约用水有成绩的由政府给予奖励。2011 年的中共中央“1 号文件”对节水奖励也作出了很多政策性规定。近 10 年来许多地方也都先后出台了地方性的《节水奖励办法》，但从目前执行的效果看，节水奖励措施落实的并不到位，全社会也并未形成节约用水的良好风尚，浪费水资源的现象还普遍存在。因此，应加大对节约用水奖励法律规定的执行力度，除了推行用水定额管理、超额使用累进收费制度外，对于单位产值（包括农业灌溉）用水量显著减少、地区 GDP 增加额用水量降低的单位和个人都应依法给予奖励；还应鼓励节水设施开发、耐旱植物研发与推广，提高用水效率等行为。要把奖励和惩罚结合起来，对超标用水、浪费水资源、用水效率低下的则应采取必要的惩罚性措施。

在区域水污染治理方面，结合西北地区特点，应加大水污染防治地方立法和采取各种有效的防治政策，主要有：(1)降低水资源开发利用率。普遍性的水污染原因之一就是超警戒线过度使用水资源破坏水的自净能力。因此，应加大水源保护力度，划定特殊保护区域，预留足够水资源用于生态环境用水。同时，对工农业用水要严格用水标准，提高用水效率。最终降低水资源开发利用率。(2)推行农村集中式供水和垃圾的集中管理。导致西北农村水污染的原因无非是：分散式供水形成的多污染源，既增加了水污染强度，也增加了水污染控制的难度。同时，农村垃圾的随意处置也是导致面源污染的主要根源，在面源污染情况下，必然影响到水生态，水污染也将难以避免。因此，应加快集中式供水的推行进度，实现农村垃圾的统一收缴和储运，解决农村水污染问题。(3) 严格农村小型企业管理，严防地下水污染。城市化的发展，以及城市环境治理的加强，让许多小企业（包括五小企业）搬离了城市，

转移到了农村。在这些企业周边，"晴时满天灰蒙蒙，夏天满街黑道道，两耳藏下灰和沙，鼻孔常是黑鼻涕"。[1]这些企业不仅污染地上环境，而且随意堆放工业原材料、排放工业废水，导致农村地下水污染严重。因此，应加强监管，严格执法，杜绝五小企业，让合法企业守法经营，才能让西北地区的人民喝上放心水、安全水。

5. 退耕还林草补贴制度

延长退耕还林草补贴，2003 年通过了《退耕还林条例》，具体补贴有"国务院实施意见"（2002 年）；2007 年有国务院"完善通知"——继续补贴生态林 8 年、经济林 5 年、草地 2 年；标准南方 105 元、北方 70 元。

按 2007 年完善通知，退耕还林草补贴已经基本到期，后续的补贴怎么进行，老百姓经常要问退耕还林补贴还有没有？显然说明政策的可预期性和持久性还是比较差的。2008 年实行了林权改革，明晰产权、落实 70 年承包期，似乎是针对后续补贴问题的，但森林砍伐是受限制的，即使有了林权，权益实现仍有障碍。所以，后续的退耕还林补贴怎么进行？政府政策应该有稳定性和可预期性。

●本部分为李永宁教授为 2013 年"干旱半干旱地区水文生态与水安全国际学术会议（中国西安）"撰写的大会发言论文，论文经李永宁教授修改后发表于由李佩成院士主编、2014 年出版的《干半干旱地区水文生态与水安全国际研究文集》（三）。

第五节　虚拟水理论对西北地区环境法制的启示

一、虚拟水的定义及特征

（一）定义

虚拟水的概念是由英国学者安东尼·艾伦（Tony Allan）教授于 1993 年首次创造性提出的。所谓虚拟水，是指生产商品和服务所需要的水资源数量。虚拟水包括嵌入水和外生水，嵌入水是指特定的产品中隐含的水，如生产 1

[1] 蔡雷飙："五小企业的战略大转移：从城市到农村"，载《人民政协报》2007 年 2 月 5 日。

吨稻谷所需要的水，这是在产品背后看不见的虚拟水；外生水则暗指进口虚拟水的国家或地区使用了非本土的水这一事实。

这一概念认为，人们不仅在饮用和淋浴时需要消耗水，在消费其他产品时也会消耗大量的水。比如，1 台台式电脑含有 1.5 吨虚拟水，1 条斜纹牛仔裤含有 6 吨虚拟水，1 千克小麦含有 1 吨虚拟水，1 公斤鸡肉含有 3 吨到 4 吨虚拟水，1 公斤牛肉含有 15 吨到 30 吨虚拟水。

（二）虚拟水的基本特征

第一，非真实性。虚拟水不是真实意义上的水，而是以“虚拟”形式包含在产品和服务生产过程中的“看不见”的水。

第二，社会交易性。虚拟水是通过商品贸易来实现的，没有产品和服务的贸易就不存在虚拟水。

第三，转移的便捷性。实体水贸易通常是不经济的，而虚拟水寄存在便于转移的商品中，其便于运输的特点，使贸易成为一种可以缓解水资源短缺的有用工具。

（三）虚拟水交易理论

虚拟水贸易是指一个国家（或地区）通过商品贸易的形式，从另一国或地区购买水资源密集型产品，达到进口（虚拟）水资源的目的，并实现节约水资源，提高水资源安全和粮食安全的目标。虚拟水贸易可以缓解进口国（或地区）的水资源压力，为贫水国（或地区）提供一种替代水资源供给的经济有效的途径。对干旱国家（或地区）来说，可以通过出口高效益低耗水产品，进口本土没有足够水资源生产的粮食产品，以贸易的形式最终解决水资源短缺和粮食安全问题。对参与虚拟水贸易的国家或地区来说，通过贸易能增强这些国家和地区粮食安全的相互依赖性，减轻国家（或地区）之间因为水或粮食问题而引起的直接冲突。而虚拟水贸易主要表现在农产品贸易上，国家（或地区）之间的农产品贸易从一定意义上来说，是以“虚拟水”的形式在进口或出口水资源。虚拟水贸易从系统研究出发，运用系统思考的方法从问题范围之外找寻解决内部问题的应对策略，提倡出口高效益水资源商品，进口本地没有足够水资源生产的粮食产品，通过贸易的形式最终解决水资源短缺和粮食安全问题。

（四）虚拟水的理论沿革

虚拟水概念是逐渐派生出来的。虚拟水贸易其实并不是新生的事物，它伴随人类贸易活动而产生，其历史同粮食贸易一样悠久，而且数量也随贸易的增长一直在稳定地增长。虚拟水的发展大致可分为三个阶段：

第一阶段，虚拟水含义的酝酿阶段。早在 20 世纪 80 年代，以色列经济学家就从经济学的角度论证了出口有限的水资源的不合理性：生产 1 吨粮食则消耗 1000 立方米水，如果这一吨粮食被运送到缺水的国家（或地区），则可以缓解进口国家（或地区）提供 1000 立方米水的经济甚至是政治压力。从而明确表态修改政策，减少耗水量大的产品，特别是农作物的出口，进而有意识的促进虚拟水的进口，放弃水资源自给自足的想法，将虚拟水作为经济增长的重要水来源。1999 年以色列出口 7×108 立方米虚拟水而进口 6.9×109 立方米的虚拟水。

第二阶段，虚拟水含义的正式提出阶段。虚拟水是由英格兰伦敦大学非洲和东亚研究学院艾伦教授于 1993 年创造性地提出，指生产农产品所需要的水。虚拟水概念可扩展到生产非农产品所需的水资源量，但艾伦仅用于农业。此前，艾伦教授已使用“嵌入水”（embedded water）这个术语，但并没有引起水管理机构的重视。哈代安（Haddadin）称虚拟水为“外来水”（exogenous water），这种定义源于虚拟水进口对进口国家来说是外来的这种事实。哈代安的定义只是对进行了事实的描述，但没有揭示出虚拟水更为深刻的影响。

第三阶段，虚拟水发展与完善阶段。20 世纪 90 年代后期，随着对虚拟水理解的深入，人们逐渐认识到地区的严重缺水可以通过全球经济过程得到有效改善，虚拟水研究得到长足发展。艾伦教授于 1996 年界定了虚拟水：生产商品或服务所需要的水资源量，当你消费 1 千克的粮食，实际上你一并消费了生产这些粮食所需要的 1000 升水资源，消费 1 千克牛肉，便消费了 13 000 升用来生产这 1 千克牛肉的水资源。这些体现在国际粮食作物贸易中的水就是虚拟水，因为粮食商品的生产需要消耗水资源，粮食贸易的背后隐藏着看不见的水资源交易，这一部分水被称为虚拟水。布维尔（Bouwer）将虚拟水概念用于分析其他生产活动用水。他认为一些商品在生产过程中耗水量远远超过其他商品生产用水，缺水国家可以通过进口高耗水型商品、出口低耗水商品来突破自身自然资源（水）禀赋的制约，扩大对外贸易并促进经济发展。2002 年 12 月在荷兰举行了一次国际虚拟水贸易专家会议，在 2003 年 3 月日本举行的第三届世界水论坛上对虚拟水贸易问题展开了特别讨论。两次国际会议肯定了虚拟水贸易在解决全球水安全方面的作用，标志着虚拟水贸易研究的成熟。

表1　虚拟水理论国际研究三阶段

发展阶段	主要活动及研究进展	发展特点
酝酿萌芽阶段（1993年以前）	以色列提出虚拟水贸易的思想 艾伦提出嵌入水的概念	具体概念并未提出，启迪未来发展
正式提出阶段（1993年~2001年）	艾伦提出虚拟水的概念 艾伦提出虚拟水贸易战略； 第二次水世界论坛在荷兰举行； 哈代安对外生水进行研究； 麦卡拉（McCalla）研究水、粮食、贸易结合体； 实证研究局限于中东	初步研究，但成果有限；奠定基础，意义重大
发展与完善阶段（2002年以后）	霍克斯特拉（Hoekstra）提出了水足迹的概念； 第一次虚拟水贸易国际专家会议举行； 第三次世界水论坛会议在日本举行； 世界水论坛组织电子会议； 霍克斯特拉等人研究荷兰茶、咖啡虚拟水； 霍克斯特拉等人研究国家水足迹的计算； 斯坦福大学建立两个相关工作站 德国发展学会建立虚拟水贸易的工作站； 霍克斯特拉等人研究国际贸易的水节约； 第四次世界水论坛在墨西哥举行 ISOE建立虚拟水贸易工作站； 世界水资源周探讨虚拟水理论； 实证研究范围不断扩大	广泛关注，国际活动增加，研究范围、深度较大进展

（五）虚拟水研究进展

1. 虚拟水量化研究

荷兰国际水文和环境工程研究所（IHE）为虚拟水定量分析提供了一套较为全面的方法体系。目前计算农产品虚拟水含量的方法主要有两种，一种是查帕盖（Chapagai）和霍克斯特拉提出的研究不同产品生产树的方法，另一种是齐默和雷诺基于对不同产品类型进行区分的计算方法，齐默和雷诺将农产品类型分为初级产品、加工产品、转化产品、副产品、多重产品及低耗水或不耗水产品六种主要类型。雷诺推荐用该产品的替代品的虚拟水含量来衡量或运用营养物均衡规则，用同样营养价值的替代产品中的虚拟水来替代非耗水产品。如通过计算提供同样能量和蛋白质的替代动物虚拟水含量，估计得到海鱼的虚拟水含量为 0.5×104 立方米。在国内，虚拟水的概念被引入我国以后，很多学者：如王新华、张志强、龙爱华、徐中民、李新文、陈强强、方卫华等分别对虚拟水的理论、方法和计算模型进行了系统的介绍，项学敏等人提出了一个工业产品虚拟水的计算方法，并计算中虚拟水含量。

2. 虚拟水与水安全研究

虚拟水理论已经在水资源短缺的国家和地区得到了一定的应用，有效地缓解了水资源短缺的矛盾。约旦和以色列等一些干旱国家已经有意识地制定了规划政策以减少高水分产品的出口，特别是农作物的出口。实际上这些国家已将虚拟水视为非常重要的、增加的水资源，他们以虚拟水形式进口的水量已经远远超过了其出口的虚拟水量。据有关专家估算，中东地区每年靠粮食贸易购买的虚拟水数量相当于整个尼罗河的年径流量。因此，通过增加虚拟水，可以平衡区域水资源，缓解缺水国家和地区水资源短缺，保障当地水资源安全。我国研究人员曹建廷、李原园、张文胜等报道了 1992 年~2001 年间年平均虚拟水进为 40×109 立方米/年，同期年均虚拟水出口量为 9×109 立方米/年，因此平均年进口虚拟水为 31×109 立方米/年，整个农业用水的 8%，得出了虚拟水对我国水安全发挥了重要作用的结论。

3. 虚拟水与粮食安全研究

王红瑞、董艳艳等提出每年“北粮南运”的粮食约 1400 万吨，若按 1 立方米的水产 1 千克粮食计，则相当于 140 亿立方米的水从北方运到南方，并对这种“南水北调”工程与“北粮南运”的粮食生产布局和配置之间的矛盾提出了质疑。柳长顺、陈献、刘昌明等研究表明虚拟水交易是解决中国水资源短缺与粮食安全的新选择，并认为未来 30 年，中国水资源短缺对粮食生产的制约作用将更加显著，中国要在 30 年左右的时间增加 1.5×108 吨粮食生产能力难度比较大，采用传统的方法不能完全解决粮食缺口，虚拟水交易成为解决此缺口的一种选择。

二、虚拟水理论在我国的应用现状

自1990年以来，传统的“南粮北运”转变为“北粮南运”，打破了我国多年来“湖广熟，天下足”的历史现象。自1951年~1990年，由南方向北方所调运的粮食，相当于年均由南方向北方输送虚拟水量约108.3亿立方米，而1991年~2010年，由北方向南方输送的粮食，相当于年均由北方向南方输送虚拟水量约384.2亿立方米。2011年中国北方向南方输送了752.8亿立方米的粮食虚拟水，北方地区粮食虚拟水输出比率为24.84%，南方输入比率为18.61%，粮食虚拟水输出区中东北地区比率最大，西北地区较小，虚拟水输出率为0.09%，西北地区无虚拟水输入，输入区中，东南地区输入比率最大，为60.84%，这样尽管节约了南方的水资源，但是这无疑给北方带来了严重的用水压力。

（一）我国区域间虚拟水交易的应用

典型案例：张掖市虚拟水交易应用。

张掖市是黑河流域中游的绿洲农业区。2011年的人均水资源量1190立方米，仅占全国平均水平的57%。长期以来，水资源短缺不仅限制着张掖市的社会经济发展，而且影响着下游额济纳的生态环境。为了防止下游额济纳旗的生态环境进一步恶化，张掖市开始了节水型社会建设。但当地政府主要将着眼点放在农业节水上，结果，尽管张掖市节水型社会建设成绩显著，水是预留了下来，但因为工业基础薄弱，为工业发展预留的水量一直是预留水量。另外，张掖原本与工业短板相伴随的生态优势，因没有找到让生态保护有利可图的途径，未形成引导水流向生态的作用机制。因此，农业节约下来的水除了满足分水需要外，大多只能倒灌扩大的耕地面积。农业的生产效率本身就比较低，费了很高的成本节约下来的水又用来进行灌溉，如此张掖市显然是走进了为了节水而节水的陷阱。后来张掖采用一种“存水于生态”的虚拟水战略，而且构建起了新的正反馈环，赋予了“存水于生态”以驱动机制。让更多的农业节水流向生态，生态环境会越来越好。如此下去，自然农业生产的相对规模会越来越小，现在一边节水、一边输出虚拟水的格局自然会慢慢改变，整个水—生态—经济系统就会步入一种良性循环状态。张掖市实践的虚拟水战略，主打的生态旅游是一种变相的贸易形式，通过自己创造条件请外地消费者到本地来消费生态虚拟水。这种模式因自己的生活必需品不需要依赖其他地方，另外，生态旅游的运输成本要由消费者承担，自己产出的是资源和环境的收益，这样的虚拟水战略不仅解决了水资源短缺的问题，而且还起到了保护生态的作用。

（二）我国在国际贸易中虚拟水交易的应用

在1980年至2000年，平均每年有10 152×109立方米虚拟水和116×106公顷虚拟土地从小麦和玉米进口中转移过来，转移的虚拟水量相当于南水北调每年调水的23%，虚拟土地相当于2000年全国农耕地的19%。在1998年至2007年我国粮食对外贸易中净进口虚拟水量逐年增加，由1998年的-7.95亿立方米上升到2007年的654.71亿立方米，累计净进口虚拟水量为3305.85亿立方米，相当于2007年整个松辽流域总用水量（605亿立方米）的5倍多。其中，大豆属于高耗水作物，而且主要生长于水资源短缺的北方，因此以进口为主，以此缓解我国北方水资源短缺的压力；而玉米属于我国的优势作物，故长期以出口为主。由此可见，我国粮食贸易格局还是比较符合虚拟水战略的。此外，这些隐含在进口粮食中的虚拟水量在农业和社会总用水量中的比重也在不断增加，到2007年，净进口虚拟水量已达到农业用水的18.2%，总用水量的11.3%。从1998年到2007年，平均每年通过粮食贸易节省的虚拟水量占农业用水的9.13%，占总用水量的5.87%。

三、虚拟水理论对西北环境法制的启示

（一）对传统发展战略的启示

一个出发点：

2013年8月18日，李克强在考察兰渝铁路木寨岭隧道施工现场时说："西部铁路开发意义重大，这不仅是人民翘首以盼的，再者，中西部正在接收东部的产业转移。铁路的建设对扶贫，以及产业的发展有意义，西部发展是中国最大的回旋余地所在。"

——关于"西部接受东部产业转移"，笔者最近在思考，西部环境如此之脆弱，似乎并不适宜接受东部产业转移。此一说法似乎需要深入研究、细化和区分。

1. 理念

根据西北生态脆弱的实际情况，考虑到"转移产业"基本上都属于"用水密集型产业"，从而必然引起水资源稀缺的西北地区大量"虚拟水"向区外

转移。因此，改革开放以来形成的“倾斜发展理论”“梯度发展理论”“先富后富理论”应做深入的检讨，形成新的政策及立法理念。

2. 战略

战略主要是政策层面的。“产业转移”的危害是：(1) 不同地区的产业趋同（只在发达程度上会有差异）；(2) 扼杀各地的比较优势；(3) 地区差距难以克服，原因是落后地区始终会“续接”在发达地区之后。

所以，在战略上(1)应坚持并发展地区比较优势，也就是坚持从实际出发，不能单纯以工业化作为评判发展的标准；(2)应根据地区特点培养并扶持新的产业，如与环境保护对应的新的环保产业等，并形成各具特色的地区产业结构。

（二）对环境法原则的启示

《水法》第 4 条规定：“开发、利用、节约、保护水资源和防治水害，应当全面规划、统筹兼顾、标本兼治、综合利用、讲求效益，发挥水资源的多种功能，协调好生活、生产经营和生态环境用水。”

根据虚拟水原理，不同地区可通过农产品和工业品贸易实现水资源的时空流动，进而平衡不同地区的水资源实际使用量。因而，在水法中应加入时空平衡原则。

有了时空平衡原则，就可以通过扶持与推动地区间的特定贸易实现水资源在全国范围的时空平衡，各地即可发展具有比较优势的特色产业。因而，劳神费力的调水工程就不一定是必须的了（因为西北原本就是干旱半干旱区，试图把它变成湿润区的努力有可能是违背自然规律的）。

（三）对国家重大政策——如南水北调工程的启示

中国南涝北旱，为了缓解北方水资源严重短缺问题。20 世纪 50 年代毛泽东提出了南水北调的设想，后经过科研人员几十年勘察、测量和研究，最终确定南水北调的总体布局为：分别从长江上、中、下游调水，以适应西北、华北各地的发展需要，即南水北调西线工程、南水北调中线工程和南水北调东线工程。

东线工程：利用江苏省已有的江水北调工程，逐步扩大调水规模并延长输水线路。东线工程从长江下游扬州抽引长江水，利用京杭大运河及与其平行的河道逐级提水北送，并连接起调蓄作用的洪泽湖、骆马湖、南四湖、东平湖。出东平湖后分两路输水：一路向北，在位山附近经隧洞穿过黄河；另一路向东，通过胶东地区输水干线经济南输水到烟台、威海。东线工程开工最早，并且有现成输水道。

中线工程：从丹江口大坝加高后扩容的汉江丹江口水库调水，经陶岔渠首闸（河南淅川县九重镇），沿豫西南唐白河流域西侧过长江流域与淮河流域的分水岭方城垭口后，经黄淮海平原西部边缘，在郑州以西孤柏嘴处穿过黄河，继续沿京广铁路西侧北上，可基本自流到终点北京。中线工程主要向河南、河北、天津、北京4省市沿线的20余座城市供水。中线工程已于2003年12月30日开工，计划2013年年底前完成主体工程，2014年汛期后全线通水。

西线工程：在长江上游通天河、支流雅砻江和大渡河上游筑坝建库，开凿穿过长江与黄河的分水岭巴颜喀拉山的输水隧洞，调长江水入黄河上游。西线工程的供水目标主要是解决涉及青、甘、宁、内蒙古、陕、晋等6省（自治区）黄河上中游地区和渭河关中平原的缺水问题。结合兴建黄河干流上的骨干水利枢纽工程，还可以向邻近黄河流域的甘肃河西走廊地区供水，必要时也可及时向黄河下游补水。截至目前，还没有开工建设。

规划调水规模 规划的东线、中线和西线到2050年调水总规模为448亿立方米，其中东线148亿立方米，中线130亿立方米，西线170亿立方米。整个工程将根据实际情况分期实施。

南水北调成本已经高于现有的海水淡化成本，目前最低的海水淡化成本约为3元，南水北调目前成本约为10元，另有报道称已经达到18元。

（四）对财政转移支付的启示

财政转移支付是以各级政府之间所存在的财政能力差异为基础，以实现各地公共服务水平的均等化为主旨，而实行的一种财政资金转移或财政平衡制度。

中央对地方转移支付由财力性转移支付和专项转移支付构成。

财力性转移支付是指为弥补财政实力薄弱地区的财力缺口，均衡地区间财力差距，实现地区间基本公共服务能力的均等化，中央财政安排给地方财政的补助支出，由地方统筹安排。财力性转移支付包括一般性转移支付、民族地区转移支付等。专项转移支付是指中央财政为实现特定的宏观政策及事业发展战略目标，以及对委托地方政府代理的一些事务或中央地方共同承担事务进行补偿而设立的补助资金，需按规定用途使用。

专项转移支付重点用于教育、医疗卫生、社会保障、支农等公共服务领域。

2009年起，进一步规范财政转移支付制度。将中央对地方的转移支付，简化为一般性转移支付、专项转移支付两类。一般性转移支付，主要是中央对地方的财力补助，不指定用途，地方可自主安排支出；而专项转移支付，主要服务于中央的特定政策目标，地方政府应当按照中央政府规定的用途使用资金。为缩小地区间财力差距，逐步实现基本公共服务均等化，中央财政设立均衡性转移支付，包含在一般性转移支付中，不规定具体用途，由接受补助的省级政府根据本地实际情况统筹安排。

从专项转移支付的对象看，主要针对的是教育、医疗卫生、社会保障、支农等公共服务，就西北地区而言，如果考虑虚拟水的作用而减少地区的农业生产，则转移支付部分显然应该增加地区人民的购粮补贴，作为结构调整初期一种激励手段，同时满足地区人民的基本生活需要。所以，转移支付出发点和目标都应当作相应调整。

（五）与现行相关法律制度的结合问题

比如在强化地区生态保护、减少地区农业生产的基础上，地区水资源将从农业节省下来大量使用到生态保护方面，从而减少地区的虚拟水输出。但因为生态保护短期内并不能产生经济效益，因此应该配合生态补偿制度，对于西北地区的生态保护活动由国家层面大尺度的生态补偿来予以补贴，补偿的部分即可作为购粮收入的一部分，由此增加东中部地区的虚拟水输入。所以虚拟水理论与生态补偿制度将产生某种衔接问题。

（六）虚拟水理论对解决西北干旱的作用

1. 平衡水赤字，保障水资源安全和粮食安全

对水资源短缺的西北地区而言，水资源安全和粮食安全始终休戚相关，水资源短缺影响粮食安全，片面追求粮食安全下的水资源过度开发利用不仅威胁西北地区脆弱的生态环境，而且对水资源带来很大的安全隐患。虚拟水贸易可以作为一种调节工具，可间接增加水资源紧缺地区的水资源供应，从而维护区域或国家的水资源安全和粮食安全。由于进入社会经济系统流通的虚拟水可以通过贸易的方式相互调剂，考虑到当前社会经济一体化趋势的加强，西北地区可以通过从富水省份进口虚拟水来平衡区域水资源利用赤字，缓解区域水资源压力。

区域粮食安全与国家粮食安全是有差别的。但就一个国家内部地区的粮

食安全而言，由于生产条件、生产效率的差异较大，则没有必要完全自给。区域经济一体化为地区间粮食安全和供需平衡提供了新途径，自从国家提出实施以退耕还林草工程为核心的生态环境建设以来，西北地区大面积的退耕对西北地区粮食生产有较大的影响。虚拟水战略为从全国粮食的供求状况格局中解决地区粮食安全问题提供了可能。依靠虚拟水战略，从国内粮食生产富足的省份进口粮食，实现地区粮食供给平衡，有效地利用外部资源，可以更好地保证区域内农业生产条件较好地区的粮食生产，缓解自身水资源的紧缺压力，平衡区域水资源开发利用赤字，实现区域水资源的可持续利用。

2. 提高资源利用效益的调节工具

根据国际贸易理论，一个国家或地区应该出口自身有相对比较优势的产品，而进口自身存在比较劣势的产品来谋求自身效益的最大化。通常富水国家或地区水资源比较富足，降水丰富，生产单位产品所需要的灌溉水量比贫水国家或地区要少，从经济角度看，富水国家或地区提供水密集型产品给贫水国家或地区不但可以实现缺水地区实体水资源的节约，同时还会提高全球和国家（地区）间的水资源利用效率。西北水资源紧缺地区运用虚拟水战略，从国内粮食生产富足的省份进口粮食实现地区间粮食的供给平衡，将挤占的生态用水释放还给生态环境建设的用水需求；将有限的水资源从生产效益低的粮食生产行业转移到效益较高的工业或其他特色行业的生产，可以更好地保证区域内农业生产条件较好地区的粮食生产，不但可以缓解缺水地区自身水资源的紧缺压力和生态压力，而且从区域角度，虚拟水战略提高了单位水资源的利用效益；从全国角度，也必将促进全国水资源的充分利用和利用效率的提高。

3. 有助于西北脆弱生态的保护

水资源短缺是我国西北地区 21 世纪面临的最主要的生态环境和社会经济问题之一。2003 年程国栋等关于国家自然科学基金重点项目/环境变化条件下干旱区内陆河流域水资源可持续利用研究（40235053）专题项目/虚拟水的研究报告表明，水资源越紧缺单位农产品需要的水资源越多，水资源的机会成本越大。实证计算表明，在大部分生产条件恶劣、农业生产力并不发达的西北地区社会经济系统中，存在着和消费了大量的产品虚拟水，产品的可流通性和地区生产条件的差异性为西北地区应用虚拟水战略提供了可能。虚拟水战略关键是粮食问题，对西北干旱地区而言，其核心是水资源在经济系统和生态系统间的可持续利用问题。西北地区水资源紧缺、生态环境脆弱，尤其是甘肃、青海等省份农业生产能力较低，片面追求区内粮食自给会进一步加大生态环境的压力，威胁水资源安全。因此虚拟水理论非常适合作为西北地区水资源紧缺地区的一项现实战略措施，即通过贸易的形式实现缺水地区水资源和粮食的安全。

●本部分为李永宁教授给博士研究生开设的“法学前沿问题研究”的讲稿内容之一。虚拟水作为科学界研究的一个概念及理论，对于法学研究有重要的意义，但是，与社会科学的结合，目前仍处于初步阶段，基本上未见有深度的专门研究成果。关于虚拟水定义及介绍参考了相关著作和成果，在此对有关专家表示感谢。

第六节　西部地区资源优势不能转化为经济优势的法律障碍

一、研究的出发点

西部地区的资源优势不能有效地转化为经济优势，是长期困扰西部发展的主要障碍。西部地区资源优势究竟“优”在哪儿，“转化”为经济优势的着力点在哪里，哪些资源禀赋特性依赖何种制度创新会催生新的经济增长点，“转化”的途径和机制是什么，如何在“经济发展-资源-环境-生态”协调并可持续利用的基础上凸显资源的比较利益，实现“转化”需配置的外部因素和条件又有哪些？本课题将以深入分析这些问题为突破口，在理论和实践上建构西部“资源优势”背景下加速发展的制度体系，为推进新一轮西部大开发提供体制与政策建议。

从2010年7月开始的西部开发第二阶段：加速发展阶段（2010年~2030年）已经过去了近2年时间。需要研究的是：(1)破解制约西部开发的资源难题，落实“加速发展”上“三个大台阶”的总体目标；(2)寻找“转化”不力的制度根源，在体制和政策上提出符合我国宪政文明和制度文化特色的解决该“制度根源”的合理方案；(3)推动提升西部多民族人民的收入和生活水平，巩固边疆，实现区域间及不同民族在中华大家庭的友爱、和睦与共荣；(4)为西部大开发的持续推动，为国家正在进行的西部开发决策，提供理论依据和具体的政策思路。

本研究总体目标是为“加速发展阶段”的西部开发提供理论依据和政策思路。具体为:(1)创新能体现当地及地区人民利益的资源开发利用税费结构，提出合理配置资源产权的“资源赋存地用益权专享制度”;(2)提出适合“五大重点生态区”各自特性的普遍及个性化的“环境功能性价值”生态补偿制度;(3)从西部环境功能的独特性意义出发，论证西部环境资源保护在全国经济结构中的比较优势，推进生成西部地区特殊的新的经济增长点;(4)从产业相关性、地区经济关系等角度，推演出符合产业发展规律，并符合历史文化传统以及国家发展规划的资源开发及产业带动格局、开发步骤、体制机制和具体政策等内容。

二、研究的主要内容、途径和方法

(一)课题主要内容:

本课题拟研究的主要内容包括三部分。

第一部分，西部地区资源优势不能有效转化为经济优势的症结分析。

第一，现行资源税费收入的构成及功能分析。包括现行资源税费的种类、结构以及资源税费收入由国家、资源所在地区、所在地区人民各自分享的比例及其与世界主要国家资源税费的构成及税费收入分配方面的差异，以及在维护国家所有权前提下，资源税费及税费收入分配改革的合理方向、构成比例、级次设计及数量边界等。

第二，新资源税试点改革的利弊分析。在新疆率先推行的由“从量计征”向“从价计征”的改革试点，其利弊是什么，“从价计征”增加的收入实际以及合理分配的模式怎样，国际资源产品的价格波动以及新的替代资源的出现会否影响以“从价计征”推动地区发展及完善收入分配的改革初衷，“从价计征”实践的效果以及进一步发展的方向是什么等问题。

第三，资源开发与生态环境保护的关系问题。主要涉及地区资源禀赋、开发利用规划、环境影响评价、资源可持续利用等局部与全局、长期与短期、经济发展与环境保护等关系问题，还包括资源开发造成的生态足迹、历史欠账的合理解决等问题。

第四，资源开发利用中的公众参与问题。包括开发占用耕地的合理补偿与复垦、土地发展权维护、资源开发及相关产业发展创造当地就业机会问题，因开发引起的当地区域及人民参与利益分享等问题。核心在于现状分析、存在的不足、取得的经验等方面。

第五，西部典型资源优势地区的经济结构分析。包括经济结构、产业构成的现状，与地区资源开发利用相关产业的关联性，现有产业构成相比当地资源优势存在的问题等。在排除环境及人文等方面的客观不利因素后，当地资源优势发挥产业带动作用的方向、空间和可能性等。

第二部分，西部地区资源优势转化为经济优势的路径及政策分析。

第一，传统产业结构在西部地区的适用性问题。涉及西部特定的产业发展条件（基于西部地区的人文及自然环境），世界各国特定资源性地区（城市）及产业发展的经验及教训，以及如何避免西部开发与全国产业结构的趋同甚至在产业续接口号下的落后产业转移等对策问题。

第二，资源开发中“资源赋存地用益权专享制度”的实证化研究（该观点是我于 2010 年“新一轮西部大开发与环境资源法制建设研讨会”上提出来的，见相关新闻）。其具体定义、内涵、法理上的合理性及可行性、与现行资源开发利用制度的区别及其优点、能否以及如何政策化、政策化后可能的效果及其评价等，将是本课题路径分析的重要内容之一。

第三，环境资源保护的产业化问题。将论证环境资源保护的经济功能以及价值功能，从而凸显西部环境资源保护产业在全国产业结构中鲜明的比较优势，进而论证西部经济结构应以资源开发、环境保护和环境服务业为比较特色的结构布局。

第四，西部生态补偿制度的具体化问题。将结合“环境功能性价值补偿”（见笔者撰写的中央宣传部社科规划办《成果要报》2011 年第 30 期）。

着重研究西部“五大重点生态区”的生态功能特征、生态价值指标体系及数量测算、当地社会经济结构特点、当地人民与该生态功能价值创造的对应关系、生态补偿对利益分配的平衡作用、该生态功能价值对全国环境改善的意义、“发展绿色优势产业”的条件及推动力、生态补偿的具体制度设计及政策化等具体内容。

第五，与资源优势转化为经济优势对应的就业及利益分配机制研究。将以“资源赋存地用益权专享制度”、新资源税制度、“五大重点生态区”生态补偿制度为核心，探讨生成新的经济增长点及如何带动就业包括就业培训、边疆及民族地区的政策倾斜与社会发展、各项社会保障制度的完善以及由资源经济优势中合理分成适当财力，建立利益调整机制并支持辅助产业及衍生产业发展等内容。

第六，区域碳权分配及交易制度研究。比照《京都议定书》，在国土范围内，是否应依据区域人口、国土面积、碳足迹等影响因子，公平分配区域碳容量权；对西部工业经济落后地区，因保护和改善环境增加的碳容量以及因减排或工业相对落后而剩余的碳排放权，是否应建立相应机制，开展区域间包括东部重点污染企业与西部地方间的碳排放权交易；对碳排放交易所得收入的使用应明确使用方向和范围以及相关的监管制度等。

第三部分，西部地区资源优势转化为经济优势的体制问题分析。

第一，中央层面的体制问题。西部开发是事关国家长治久安的全局性问题、系统工程，西部地区的资源优势转化为经济优势，也仰赖于国家的集中领导、统一规划、统筹安排，国家发改委作为国家重要的综合经济管理部门，应承担发展西部资源经济优势的具体领导工作，建议适时出台《关于西部地区资源优势转化为经济优势的指导意见》。具体包括：(1)“转化”工作的意义。(2)“转化”工作的指导思想、原则和目标。原则应包括资源利益共享与公众参与原则、资源收益财政统收统支原则、资源环境保护产业化原则、严格复垦与带动相关产业原则、资源产业可持续发展原则等。(3)“转化”的制度机制。应包括体现改革内容的资源税费制度、用益权专享制度、生态补偿制度、资源开发利用严格规划制度、民族地区倾斜优惠制度、特定产业扶持（财政支持、无息贴息贷款、用地优惠、税收减免等）制度等。(4)组织实施（如组织机制、人才培养、对口支援、政府部门责任、行业及社会组织参与）等。

第二，西部地区地方层面的体制问题。县级以上地方人民政府在推动“转化”的过程中，核心是明确(1)不同层级地方政府及其职能部门包括地方综合经济管理部门、财政税收、环境保护、资源能源等部门的职权和责任；(2)为实现“转化”所需要的相关配套、监管、优惠、就业促进、增收保障等政策；(3)在地区资源利益明显增加情况下，对资源利益的分配、收入调整以及带动相关产业等具体实施机制问题；(4)中央和地方推动“转化”各相关政府部门的纵向关系，包括预算体制问题；西部资源优势地区与中东部地区地方政府的横向关系问题等内容。

（二）研究途径及方法：

1. 研究途径

将通过对西部地区资源优势不能转化为经济优势的症结分析，凸显阻碍“转化”存在的问题，明确(1)资源优势所展现的利益格局，区域整体及各阶层人民源自资源的利益分布；(2)现有来自资源的利益的分配去向、动态趋势、对相关产业的影响、存在的问题等；(3)资源开发对环境生态的危害，当下及未来生态治理费用的预测；环境保护产业的前景等；(4)五大重点生态区的（资源）生态价值评价，与之相关的产业的发展前景等；(5)由资源利益分配调整以及新增产业对就业促进、群众增收、经济社会发展的影响等。

以此为基础，将得出体制及政策的大致设计，将主要包括(1)实现上述问题的帕累托改进需要的政府领导、监管等方面的组织体系建设或应进行的适应性调整；(2)课题主要内容论证“第二部分”中涉及的制度及政策方面的具体设计；(3)条件允许情况下，将起草《关于加快西部地区资源优势转化为经济优势的指导意见》的专家建议稿。

2. 研究方法

研究方法主要有以下两种：

实证调查方法：将选择云南、新疆两个地方及相关资源企业，对“研究途径”所列问题，以及对拟定的政策改进方向进行实际调研，组织相关专家和职能部门同志进行论证，听取意见。

理论推演与抽象归纳方法：将对调研所得资料，运用经济学、管理学、政策学、环境科学、立法学、环境资源法学等学科的理论和方法进行分析、归纳与抽象，总结出政策思路及具体政策设计。

●本文为2012年国家发改委西部司的课题申请论证报告，撰写该报告时充满雄心，因为课题名称及论证报告设想的好多方案，都是我们平常研究过的问题，本来期望借课题对这个问题作一次归纳，但遗憾的是最终没能取得课题，也就没有继续这个研究，但我们的思路现在依然有可取之处，收入本书做了个别文字修改，希望对后来者有所裨益。

第七节　关于西部退耕还林还草工程可持续性推进问题的几点思考——基于相关现实案例分析

摘要：西部退耕还林还草工程已经启动并取得初步成效，但也存在诸多矛盾和问题。基于对现实相关案例的分析，生态补偿应以农业的生态价值为依据，同时应进行更适宜的制度创新来解决西部农业的生态问题推进退耕还林还草工程的可持续性发展。

西部开发自2000年全面启动以来，国家围绕西部地区的环境保护和生态农业发展，先后出台了一系列政策和措施。应该说，这些政策和措施对遏制西部地区不断恶化的农业生态环境已经产生了积极的作用。但同时还有许多问题并未纳入政策调整的范围内，一些出台的政策在具体实施时也还面临许多障碍和难题。本文基于对相关现实典型案例的观照分析，着重就退耕还林还草可持续性推进问题进行讨论，以期进一步彰显西部农业外部经济的客观性及在解决农业外部性时应采取更切合实际、并符合农民利益的具体措施。

一、两则案例发人深思：退耕还林还草工程面临现实困惑与难题

案例一：“我种的树为啥不能砍”

《检察日报》2003年3月5日报道了全国人大代表牛玉琴的法律难题：“我种的树为啥不能砍”。牛玉琴代表的难题正好契合本文所要解决的问题，也为本文研究提供了实践层面的理论切入点。那么，牛玉琴代表的难题到底是什么呢？

（1）牛玉琴是陕西省靖边县的一个普通农家妇女，同时也是一位有名的治沙劳模。从1985年开始，她带着3个孩子种树治沙，承包治理荒沙11万亩。治理后，林草覆盖率达60%，一家八口人一共植树11万株。用牛玉琴的话说：“我一家人从1985年开始治沙，3年后男人累死了，我把他埋在沙里，带着孩子继续种树，到现在共治理沙漠11万亩，林草覆盖率达到60%以上。如今荒漠变绿了，家里却背了几十万元的欠款。”

（2）牛玉琴说：“当时没有资金，……连买树苗的钱都没有。我把家里能卖的东西都卖了，买不起好树苗，就买最便宜的。”孩子病了，狠狠心煮了两

个鸡蛋，孩子不吃，说要卖了鸡蛋买树苗。为了筹集买树苗的钱，牛玉琴又开始种草养羊。“种了草之后，我就开始养羊，每年收入几千元呢，再用这钱种树。”

(3)牛玉琴一家千辛万苦种的树，现在好多都成材了，“最高的杨树现在都蹿到8米高了”。牛玉琴说：“平时大伙儿都说我富，因为我有价值几百万元的林子。但这林子却当不了‘生态存折’，变不了现。18年了，有的树已经成材，儿子结婚要砍几棵用，跑了一个部门又一个部门，都说国家有政策，生态林一棵也不能砍。从大道理上讲，我也懂。但不能砍树，国家、地方政府能不能花钱把我的林子买下来，或让有钱愿买的个人、公司买，让我也享受到‘生态银行’的实惠’”

(4)2002年人大会上，牛玉琴曾提出这个问题，结果当地政府比照“退耕还林”标准，每亩地给她补助了10元钱。但作为人大代表的牛玉琴想得更长远，村里还有别的人种树治沙，他们的利益如何得到保障’牛玉琴认为，国家应出台一项法律，让那些为了社会公益而去种树的人得到适当的补偿。

案例二：守着“绿色银行”取不出钱来

中央电视台2002年8月10日《新闻调查》节目以“石光银的选择”为题报道了中国历史上第一个“治沙英雄”石光银的先进事迹及面对的法律难题。

(1)石光银是陕西定边县的一位普通农民。1984年，他成立了治沙公司并与当地有关部门签订荒沙承包治理合同。18年过去了，他所治理的荒沙已经成材近20万亩，林木经济价值高达3000多万元。但是直到今天，石光银不仅没有拿到一分钱，反而在治沙的过程中欠了银行几百万元的贷款还不上。

(2)石光银的治沙公司起先有127户村民入股，1989年，第一批种下的树苗已经长大成林，石光银提出间伐部分树木，遭到拒绝。1997年，定边县组织专家对石光银治沙公司的6万多亩荒沙进行了踏查，认定治理区内有各种林木700多万株，总价高达3000多万元。从1989年开始，石光银年年提出间伐申请，均遭拒绝。1998年，原先入股的127户村民纷纷退股，退股户最多只分得5000多元的“劳务费”。石光银说，他比这些人还亏，什么也没得到，反倒欠了一身的债。

(3)1998年，石光银种下的林子被国家划成了生态林，石光银向林业主管部门提出了移交6万多亩林木的申请，并希望林业部门能对他十几年来的投入作出相应的补偿，但申请遭到了拒绝。一段时间，石光银提出把林子交给县上，也遭到了拒绝。

（4）石光银治沙的资金来源之一是贷款。贷银行360多万元，欠个人的100多万元，总共500多万元。石光银治沙公司的砖厂、养羊场、食品加工厂等企业，加上种植牧草和多种经营每年能有近百万的收入，但是这笔钱仅够维持他治沙的投入和支付银行贷款的利息。

（5）石光银名义上是个千万富翁，但从1984年筹借10万多元治沙开始，石光银投入在治沙方面的资金越来越多，他不仅卖掉了自己几乎全部的家当，甚至还欠了别人上百万的债，按石光银的话说，治理狼窝沙时，“那真是受的骡马的苦，吃着猪狗的食”。石光银说别人叫他“石灰锤”，就是“二杆子，脑子不够用”的意思。20多年治沙“要是拿我个人来讲，我干了件傻事；可按人活一生的人生价值来讲，我做了件好事。因为给后代人造下福来了，而且咱社会效益、生态效益有了。”

二、几点启示与思考

上述两个案例，带给我们的是一种震撼、一种激动。我们震撼的是社会对农民某些利益的忽视竟如此之严重！激动的是西部农民朴实而执着的奉献精神！在这里，我们不仅看到了希望，看到了江泽民同志“再造西部山川秀美之河山”的光明前景，看到了艰苦奋斗的延安精神依然闪耀着光芒，也看到了西部问题的最终解决需要创造良好的人文和社会法制环境。特别是当我们冷静地面对案例中所反映的问题时，会产生如下几个方面的启示与思考。

第一，西部农业的生态价值远远大于农业本身的经济价值。当我们考察农业的经济价值时，所采用的依据往往是生产了多少斤粮食，多少斤瓜果、蔬菜，以及成材林木的数量是多少，然后再根据市场价格来计算其经济价值。就譬如石光银的成材林，人们可以评估出其经济价值为3000万元。但是，这个成材林不允许采伐，因为采伐以后会带来危害，显然这个危害的经济损失要大于3000万元成材林木的经济价值。如果不是这样，对采伐的限制就是不必要的。那么，这个生态价值究竟是多少，我们可能永远也没有办法算出来。也许可以假定，对西部地区的生态不加任何保护，让西部生态完全破坏，这时候给全国带来的危害，由此造成的经济损失就可以看成是西部农业的生态价值。有一个数据，就是 1998 年的长江特大洪水，造成的直接经济损失是 1600 亿元，这仅是洪水一项，如果再加上沙尘暴，加上环境质量降低对工农业生产、对人的生活质量的综合影响，最后的数字肯定要远远大于 1600 亿元。这个损失，显然其中的主要部分可以看成是西部农业的机会成本，如果西部农业改善了其生态环境，就不再会有这个损失。因此，所有这些也就可以看成是西部农业的生态价值。按牛玉琴的理解“1 元钱可以买 10 棵树苗”，但是，为了种下这 1 元钱的树苗，“我背着树苗要走 15 里沙路”。这里，生态价值和经济价值的区分就比较明显了。1999 年、2000 年和 2001 年国家用于退耕还林还草的资金总共 36.5 亿元，年均 12 亿元多一点，这个 12 亿元也就是当年退耕还林还草的经济价值。与退耕还林还草的生态价值相比，这个 12 亿元显然就是杯水车薪。所以，西部农民的收益与其实际贡献相比简直是太少了。

第二，国家补偿的依据，是生态价值还是经济价值。前面的分析，我们已经对生态价值和经济价值作了区分，也明确了农业的生态价值要远远大于经济价值。那么在进行生态补偿时，到底是选择生态价值，还是选择经济价值作为补偿的依据/就实践操作层面看，我们以退耕还林还草工程为例，可以看出，现有的补偿是以经济价值为补偿标准的。

具体的补偿标准有：(1)向退耕户无偿提供粮食。目前实施的标准依流域划分，长江上游地区每亩地每年补助原粮 300 斤，黄河上游地区每亩地每年补助原粮 200 斤。每斤粮食按 0.7 元折算，由中央财政承担。(2)向退耕户提供现金补贴。在补贴年限内，现金补贴标准按每亩退耕地每年补助 20 元安排，用于补贴农民的医疗、教育等方面的必要的开支。(3)向退耕户无偿提供种苗。退耕还林（草）所需种苗，由林业部门负责组织供应。经费标准是每亩地 50 元。(4)实行个体承。(5)实行“退一还二、还三”甚至更多，即农民除了负责每退一亩耕地造林，还要承担两亩或两亩以上宜林荒山荒地造林种草任务。(6)实行报账制，即农户按规定数量和进度进行退耕还林（草），林业部门组织检查验收退耕还林（草）的进度、质量及管护情况，农户凭发放的退耕任务卡和验收证明，按报账制办法领取粮食和现金补助。

以经济价值为补偿标准，存在的问题是：(1)补偿的范围过于狭窄。也即只对确定为退耕还林还草工程的项目进行补偿，对具有同样生态价值的非退耕项目没有列入需要进行补偿的范围。而且即使同样是退耕还林还草，但未列入工程项目内的也不予补偿。如截至 2001 年春季，陕西安塞县两年退耕的土地只有 30%多一点得到认可，获得补偿。其余近 70%的退耕地仍在争取认可的过程中。这样做，不仅违背公平、公正原则，而且对于非退耕地，由于其生态价值未获确认，也有可能发生复耕，导致新的生态问题出现。(2)补偿的幅度过小。关于补偿的具体办法前已述及，从这些政策当中，我们明显感到实际补偿与应得补偿之间还有一定的距离。如甘肃定西，退耕前的人均纯收入为 2022. 14 元，退耕后的人均纯收入为 1486. 74 元；贵州大方退耕前的人均纯收入为 1484 元，退耕后的人均纯收入为 1197. 12 元。一些退耕后收入有所增加的地区，其增加的收入多源于非农产业。如四川天全，退耕前后人均纯收入分别为：1026. 93、1765. 46 元，但是农业收入所占份额则由退耕前的 63. 68%，降低到退耕后的 37. 82% 。农业劳动如此快速的转移，应该说是喜中有忧。因为退耕并非停止耕作，而是要进行生态化耕作。如果退耕不能大幅度强化退耕地的生态化耕作水平，退耕还林还草的效果必然会受到影响。所以，有必要在退耕还林还草的补偿幅度上有适当的增加，着重增加退耕的货币收入，这也是对退耕的生态价值的必要的补偿。(3)补偿期限缺乏理论根据。按现有政策，补偿期限为 5 年~8 年。这里面存在以下问题：一是 5 年~8 年退耕到底能达到什么效果。有些退耕地 5 年~8 年以后可能会成为成熟林草地，但有些退耕地未必能实现退荒、退沙。如案例中的牛玉琴和石光银，历经近 20 年治沙，治理区域内林草覆盖率也仅达到 60% 。二是退耕激励以市场交易为基础，能否确保退耕持续也是问题。因为在确定交易价格时，是以现行的经济价值为基础的，明显小于农业本身的生态价值，退耕户随时有可能转移至非农高收入产业，造成退耕过程中断。三是 5 年~8 年退耕过程完结后，所形成林草的权益如何认定，以及在林草不得任意采伐情况下，如何进一步补偿等问题都不确定。

因此，笔者认为在确定退耕的补偿标准时，应以生态价值为退耕的补偿标准。在退耕的初始阶段，为了鼓励退耕，可以免费提供所需种苗等必要生产资料。在退耕完成后，确定退耕者对退耕成果的个人所有权，并确定一个公平合理、社会各方都可接受的生态价值补偿额标准，按确定的生态补偿额对退耕者进行持续补偿。

第三，需要新的制度保障，关键是建立国家补偿法律制度。综合上面的分析，笔者可以得出一个重要的结论，就是生态补偿从本质上说应该是农业外部性克服的问题。关于外部性克服，传统法更注重解决的是外部非经济性影响，特别是私权相互之间，在非经济性影响存在时，受侵害一方也容易提起侵权之诉。但在公共领域，对于外部经济性影响，更容易从公共物品的角度加以理解，并滋生普遍的"搭便车"消费心理。因而，外部经济性的解决基本上未被纳入公共政策领域或传统法的框架之内。所以，现行的制度将无助于解决农业的外部经济性影响。这就为针对外部影响的制度创新产生了需求，提供了机会。

所以，本文的一个重要的对策性结论就是创建适于外部性解决的国家补偿法律制度。其重要性就在于：通过新的制度安排，将需要补偿的原因——农业的生态价值确定化，避免针对农业经济价值的不确定性交易。从而，使得对农业生态价值的创造和张扬纳入法律的规则体系当中，并为农业的生态化发展提供持久的动力。这对于社会公平以及西部大开发的顺利发展也会产生积极的推动作用。但是，这一制度的创建无疑是一个新问题，一件新事物。其中存在诸多需要解决的问题，如这一制度的理论依据、补偿的机制安排，包括主体权利义务的区分与界定，补偿的具体执行等一系列问题。关于补偿制度的具体内容我们将另文探讨。我们认为只有尽早把有关生态补偿和农业外部性克服的立法提上议事日程，把西部农业的生态补偿纳入法律的规则体系当中，这样才有可能真正克服实际存在的一些问题，并为我国西部地区生态农业的健康发展提供根本性的制度保障。

●本文为李永宁、黄河教授合作研究的成果，原载于《理论导刊》2004年第2期。退耕还林作为绿水青山的核心内容，依然是我国社会当前及今后需要持续关注和研究的问题。十几年过去了，本文提出的问题，截至目前仍然没有真正解决，需要更多智慧的后来人深入关注这个问题。

西部地区资源环境外部性与法律矫治

第一节　外部性补偿与西部开发

摘要：本文认为我国西部落后于东部，根本的症结是外部性的存在，由于外部性的存在，使得西部地区得自、于全国的收益小于它给予全国的收益。投入资源，但不能取得完全收益，西部产权因此遭受损害。所以，开发西部，有必要从根本上解决西部地区的外部性问题，通过把外部性内化为西部地区的要素收入，维护西部产权的完整性，进而为西部开发莫基持续而稳固的根基，把西部开发顺利推向前进。

外部性也叫外在性，包括外部（在）经济和外部（在）不经济，是指“一个或多人的自愿行为在未经第三方同意的情况下强加于或给予他们的成本或收益”。外部性的最大危害是使私人成本和社会成本发生分离。当外部性存在的时候，如果社会缺乏一套有效的机制，使“外部性的制造者把这些外部效应内部化”，则私人成本和社会成本的分离就会成为事实状态，价格机制因此将会被扭曲，外部性危害就会成为真正的危害。

外部性理论主要用以说明个人或组织与社会之间的关系，当个人或组织的活动降低了他人成本谓之外部经济，反之，则谓之外部不经济。把外部性理论用来分析一国区域经济时，一国某一地区或者局部就可看成是外部性的潜在制造者，地区或者局部的活动可能减损自身利益而惠及区外，也可能侵蚀区外利益以使自身增益，利益的盈损既得不到受益区的适当补偿，也无需向受害区作出适当赔偿，这就是地区外部性，地区外部性的存在也必然使地区或者局部利益受到影响。

我国西部地区落后的原因诚然有很多，诸如地区经济起步晚、生产力落后、劳动力素质差、体制改革滞后，以及中央政策向东部地区倾等。但问题的症结似不在上述诸方面。本文以为，落后的根本症结是地区外部性[1]的存在，由于外部性的存在，付出资源，而收不到应有的回报，地区利益大量向区外流动并沉淀于东部，因此，陷入“贫困的恶性循环”，导致东西部地区收入差距越来越大。

一、外部性存在与产权损害

外部性的两个方面——强加于他人成本或强给予他人收益，损害也包括两种情况：强加于他人成本会使他人受损，强给予他人收益会使自身受损。受损与受益往往是统一的，很少有绝对受损或绝对受益的情况，损益有时候可能正好相抵，但当受损超过受益时，就会造成纯粹的产权损害。就我国西部地区的发展历程来看，特别是改革开放以来的经济发展，在外部性方面，西部得自于全国的收益明显小于他给予全国的收益，受损大于受益，存在净损害，净损害抵扣西部产权，致使西部经济增长遭受阻滞，地区生活水平提高速度降低，社会发展延缓，东西部经济发展出现差距，并越拉越大。之所以出现西部受损大于受益的情况，原因是西部地区许多行业提供了更多的外部经济，主要有以下几个方面的表现。

（一）能源矿产资源行业的外部性及其损害

能源矿产资源行业是我国西部地区传统的支柱行业。我国西部地区地域辽阔，地形复杂，地质多样，蕴藏着极其丰富的各种资源。已探明矿种 121 种，占全国探明矿种 148 种的 81.8%，其中有 45 种储量占全国一半或接近一半，有的如铬、钦、汞、铂、稀土、钾、石棉等，占 80%以上，而且矿藏又相当集中。但由于历史原因，资源性产品价格一直偏低，西部地区输出低价格矿产资源等初级产品，输入高价格的工业及生活用品。资源性产品的低价

[1] 本文以下谓之外部性，是从给予他人收益——外部经济的角度来论述部外性问题。也即把外部经济简言之为外部性。

格，从其成本构成上看，表现为(1)高强度、高危险和带有一定人身危害的劳动投入；(2)长周期的低资产折旧率；(3)资源补偿费和资源税偏低三个方面。在传统计划价格体制下，资源性产品的高成本投入被完全扭曲，付出成本但又不计入价格，以低于实际成本的价格进入市场交换，将本应属于自己的部分收益通过交换而放弃，并实际增加了他人收益。这种现象是基于特殊的价格政策指引而发生的，实际后果是投入了成本，但又不收回，等于是代替别人进行了成本支出。资源性产品行业因此被特定的政策人为的塑造成一个外部性制造者，所以，这种外部经济可定义为制度性外部经济。

制度性外部经济的直接损害表现为三个方面：一是成为西部地区低收入的根源之一。由于资源性产品价格偏低，投入资源性产品行业的劳动要素的生产率被人为压低，所以，传统上资源性行业对劳动要素的吸纳多采取从农村招工的形式来实现，而在旧的户籍制度下，“跳出农门”的高机会成本在很大程度上掩盖了资源性行业劳动收益率低的事实状态，支撑了资源性行业低收益下的劳动要素供求平衡和资源性行业的长期稳定存在。因为，虽然资源性产品价格低，劳动收益率低，但相比西部农村的低工值，仍有很大的吸引力。加之“全民优于集体”的虚幻错觉，跳出农门亦被认为是一种追求进步的政治时尚，也膨胀了这种低价格劳动供给。这种制度性外部经济所造成的资源性行业的低收入对整个地区的收入水平自然存在一个向下拉力，使整个社会的收入水平在低层次达到了制度扭曲下的相对稳定均衡。二是地方财政能力受到抑制。由于我国西部长期存在的二元经济结构，政府财政源于农业的收入有限，税源主要集中在工业领域，而工业又分为两个大的部门：资源性行业和国防科技工业。国防科技工业主要是国家在“一五”时期和“三线”建设时期兴建的国办全民企业，其所得税全部上缴国家，地方税数目很少。在资源性行业，由于资源补偿费和地方资源税比例很低，也使得地方源于资源性行业的收入有限，地方资源大量被开采，收入却很少，甚至出现开采越多，亏损越多的不正常现象。所有这一切，都使地方收入的增加受到很大的限制。地方财力有限影响到地方建设的规模和速度，影响到地方财政中用于工资支付的数额，影响到地方财政的转移支付能力，进而影响到地方财政对地方人民收入增长应有的贡献。同时，地方财力不足也构成地方经济发展滞后的重要原因之一。三是资源性产品低价导致西部地区生态破坏，环境恶劣。由于资源性产品低价，资源性产品生产要素价格被严重扭曲，投入要素但收不回完全价格。所以，走内涵式提高要素生产率以扩张收益的空间余地很小，这就决定了只能采取粗放式扩张策略以增加收益，导致出现滥采滥伐、遍地开花、无序利用的资源性产品生产格局，使生态平衡遭受严重破坏，水土流失日益加剧，荒漠化面积不断增加。形成西部地区乃至全国可持续发展的严重障碍。从外部经济趋向外部不经济，既使西部自身受损，也对全国造成了一定的不良影响。

（二）国防科技工业的外部性及其损害

我国西部地区有比较庞大的国有工业体系，西部地区的国有企业主要是在“一五”时期和“三线”建设时期的基础上形成的。“一五”时期的156项大型骨干项目，仅陕、甘两省占了40项。“三线”建设时期，西部有6个省区划定为“三线”地区，成为投资和建设的重点。“从1964年起，连续3个五年计划，有几年曾经把一半的钱花在西部的‘三线建设’上，累计投资2050亿元人民币，后来调整时又花了700亿元；20世纪70年代，国家引进40套技术先进的现代化大型钢铁、石化设备，23个放在了西部。”西部地区的国有企业又主要集中在国防科技工业领域，据四川省1986年统计，国防科技工业拥有的固定资产原值已占全国国防科技工业的17.6%。

国防科技工业的外部性主要有以下表现：其一，国防科技工业的最终产品——国防安全作为一种典型的公共物品，消费者并不需要为其消费支付价格，是一种完全外部性产品。这种完全外部性产品应由国家提供全额资源投入，但当国家投入不足而由地方资源补充投入时，其完全外部性被实际分割为两部分：由国家资源提供的外部性和由地区资源提供的外部性。西部地区作为我国国防科技工业的集中生产地，其资源投入显然要大于其他地区的投入，因此，必然发生地区资源的净外部性转移。其二，我国国防科技工业的发展实践反映出国防科技工业的基本特征是投入多，产出少。因为国防科技工业的特殊性决定了其要不断进行技术创新，追踪世界军工产业的最新发展，其技术并不需要直接转化为产品，很难通过公开市场取得正常的价格回报，在国家财力有限、军费支出很少的情况下，其实际投入（包括各种要素）和实际收益之间明显不平衡，也即国防科技工业投入很大，而企业经济收益甚微，但这种高成本低收益惠及的是整个国家、全体人民。在国防科技工业的实际投入中，除了国家的直接投入外，西部地区作为国防科技工业的集中地区，其自身的其他要素投入显然也无法取得正常价值，无异于是为了国家的国防安全，西部地区因此付出了更多代价，表现为以地区资源参与了公共物品的生产，给社会提供了外部利益。其三，国防科技工业的外部性还表现为其“投入闲置”的必然性上，按一般理解，投入闲置即意味着资源过剩，配置不合理，缺乏经济效率。但国防科技工业的“投入闭置”绝非无效率的表现，而是释放外部经济的一种必然形式，因为在和平时期，并不意味着必须摧毁所有的军品生产能力，为了确保国家安全，维护祖国统一，保存一定的生产能力是必需的。为此，要求必须配置一定的资源作为战备之用，所以，虽然闲置，仍是有效率的闲置。但因为这种投入闲置并不形成直接的经济效益，没有直接的价格体现，也就很难得到一个正常价格，付出资源——形式上表现为“闲置”，却不能得到合理的价格回报，等于是为国家、为社会作出了无私奉献，也即提供了外部经济。

国防科技工业外部经济的存在，对国家、对社会是有益的，但对企业自身，对国防科技工业集中的西部地区而言，从纯粹经济效率的角度来看却无异于是一个负担。首先，国防科技企业作为国有全民企业，其所得税全部上缴国家，地方税类收入很少，其经济总量和地方财政之间关联度较小，不利于地方财政能力扩张。其次，国防科技工业的外部性，使得地方资源很难获得正常价格，影响到配置其中的地方资源取得正常收入，对地方人民收入增加产生了一定程度的消极影响。最后，国家没有一套有效的机制促使国防科技工业的外部影响“内部化”，经费投入明显不足，加之合理的“投入闲置”在形式上表现为“资源过剩”，既影响到地区资源的合理配置，也增加了地区的就业压力和地方财政转移支付的能力，进一步降低了地区经济总量和平均收入水平。

（三）科技教育的外部性及其损害

我国西部地区的科技教育事业总体上比较落后，据第四次全国人口普查资料统计，西部不识字或识字很少的人口数占在业人口数比重为39.5%，高出全国平均水平8个百分点，高出东部地区n个百分点，西部20世纪90年代在业人口受教育年限仅相当于东部20世纪80年代的水平。但也不能排除局部地区的科技教育事业在全国居领先地位，尤其是高等教育具有一定的优势，如陕西的科技综合实力仅次于北京、上海，居全国第三位。然而西部地区科技教育事业所存在的外部经济影响在很大程度上削弱了其对地区经济的推动力，产生了与其科技实力不相称的经济发展状态。所以，长期以来，如何发挥科技教育对经济发展的积极作用，就一直是困扰西部地区的一个重要问题。本文以为，要解决这一问题，有必要深刻分析西部科技教育的外部经济影响，并有针对性地采取一些具体措施限制明显不合理的外部影响，使西部地区科技教育发挥出对推动地区经济发展的应用作用。

西部地区科技教育的外部经济影响集中表现在以下四个方面：首先，西部地区科技教育的要素投入所获收益低于其正常价格。仅从劳动要素的工资收入来看，中小学拖欠教育工资、克扣教师工资的现象大量发生在西部地区，教师付出了劳动，但连最起码的、远远低于东部地区教师平均工资水平的基本工资甚至都不能得到保障。高校教师和科研机构的研究人员的工资水平同样低于东、中部地区，付出同样的劳动，但不能同工同酬，个人因此承担了更多的社会成本。为了克服社会成本对个人收益的损害，大量科技人员疲于为生计而奔波。资料显示，西部地区科技人员的国际论文数、专利申请数、人均科技成果市场成交额均低于全国平均数。这种现象的出现并不是因为西部地区科技人员的产出率低，而是因为其承担了太多的社会成本从而影响了他的生产率，如果把这一部分社会成本也内化为要素价格，其产出率自然会更高。其次，西部地区高等教育培养的优秀科技人才大量流向了东部发达地区，带走了本应属于西部地区的部分利益。这种利益流失表现在:(1)我国传统的高教制度是一种典型的计划制度，招生指标分解到地区，国家高等教育投资因此被实际分割到不同地区，但人才大量流向发达地区，在事实上扭曲了高等教育投资的分配结构，落后地区因自身人才大量流失，所得利益因此大量减少。(2)由地方财政支持的普通高校着重于使用地方资源为地方培养人才，但人才的大量流失，引起相应的经费投入全部为人才流失地所接收，等于是代为他人付出了人才培训成本。我国东部地区的快速发展，深圳从一个小渔村发展成一个现代化城市，除国家政策支持，东部地区的努力外，西部地区在人才流失掩盖下的大量资源支持无疑也是一个重要原因。再次，西部地区大量科研成果在东部地区实现转化，也促使西部地区为全国的发展付出了直接成本。最后，西部地区的成熟型人才和大量熟练劳动力流向东部，流向其他地区，也导致西部地区无偿支出了大量人才培训费。普遍存在的“孔雀东南飞”效应，通过市场机制的无情作用，把西部地区有限的经济资源再分配到其他地区，扭曲了国家经济的整体协调发展，使东西部差距越拉越大。

（四）农林牧业的外部性及其损害

我国西部地区地域辽阔，现代工业发展迟缓，农业是西部地区的主要产业。但囿于西部地区的气候和自然条件，农业在很大程度上仍停留在广种薄收、靠天吃饭的状态，农业商品化程度低，自给性农业倾向明显。但西部农业的外部性却十分突出。

由于我国西高东低的特殊地理特征，加之受西伯利亚冷气流的影响，我国西部地区农业相比东部地区对整个国家的生态建设和环境保护有着更国突出的影响，西部农业的外部性主要表现在以下几个方面：第一，西部农业有利于防止水土流失，克服土地荒漠化，改善全国的气候和生态环境。如果西部农业完全以短期效益为追求目标，走粗放式发展道路，无疑会加快西部地区的水土流失和土地荒漠化的进程，对黄河、长江中下游地区会构成灾难性威胁。所以，西部地区的农业发展，受益的不仅仅是西部地区，全国其它地区都会从中受益。这种外在性影响使西部地区农业承担了更多的外在成本，导致西部地区农民收入水平低，农业发展资金短缺，滥砍滥伐，垦地种田的粗放式经营道路得以延续。第二，农业的外部性还表现在日益扩大的工农产品价格“剪刀差”上，长期以来，我国的农业生产者补贴值一直为负。1982年为-12.7%，1984年为-25.91%，1990年为-26.1%，1992年为-8.5%。整个80年代，我国从农业部门发生的净资源转移为年均1400亿元，是该时期政府对农业部门的财政转移支付的10多倍。而同期发达国家的补贴值却相当高，如日本1986年的补贴值高达75%。第三，我国西部地区集中了诸如大熊猫、藏羚羊、金丝猴等大量珍奇物种，西部地区的广义农业承担着这些珍奇物种的保护任务。西部地区因此要投入大量资源，而这些资源投入所产生的效益则为全中国、甚至全世界所共享。西部地区并不能从中取得与其投入相一致的收益，影响了西部地区的积累能力和人民生活水平的提高。

二、外部性补偿与西部开发

以上从四个方面考察了西部地区经济发展过程中的外部影响，我们不难发现在现有体制下，并不存在一套有效的机制以消除上述一系列外部影响，克服因此对西部产权的损害，并把西部经济引入良性发展的轨道。所以，西部开发的一个重要方面，就是培育一套有效的机制，供给相关的政策，促进实现地区外部经济影响的内部化，提升西部地区的经济效率，确保生态平衡的实现，人民生活水平的提高和西部各经济部门资源配置的合理化。需要采取的措施有以下几方面。

（一）加大资源性行业产权的保护力度

我国西部地区的资源性行业，由于长期向区外释放外部经济，严重制约了资源性产品行业的积累能力，致使资源性行业的技术和设备普遍老化，劳动生产率不高。面对这种情况，在我国加入 WTO 的历史背景下，单纯依靠提高资源性产品价格以消除资源性产品行业的外部性的基本条件已经丧失。因为资源性产品的国际市场价普遍较低，加之结构调整对资源性产品的市场需求大量萎缩，资源性产品价格调整的空间余地已经很小。为此，有必要采取以下措施来实现资源性产品行业的产权保护：其一，对西部地区资源性产品行业的设备更新和技术改造加大国家支持力度，应以财政支持为主，增加国家直接投资，通过实现资源性产品行业的技术改造和设备更新提高资源性产品行业的劳动生产率，降低资源性产品成本，增加资源性产品收益。其二，改变资源利税收入中国家和地方的分割比例，重点向地方倾斜，增加资源补偿费，提高地方资源税率，适当调低国家资源税。使地方能从其区内资源的使用中取得更多收益。增强地方肠的财政能力，为地方合理开发资源创造条件。其三，在资源性产品和生产率提高的基础上，依据资源性产品行业生产要素的实际贡献支付报酬，特别是提高工人的工资，使劳动付出得到正常回报，并带动西部地区收入水平的普遍提高。其四，对资源性产品行业的资产进行整合重组，以消除、补偿外部经济为法律依据，对资源性产品行业的负债进行清理，对其中与外部性相关的银行负债予以冲销，其他合理负债转作国家投资，加快对资源性产品行业债转股的改造力度，使得资源性产品行业对西部经济增长的贡献率进一步增加。

（二）国防科技工业的价格补偿和市场化

国防科技工业因其存在显著的外部性影响，所以，对国防科技工业不能单纯以生产率高低作为衡量标准，面对特殊的国际国内环境，国防科技工业必须始终充满活力，但因其需求市场单一，存在周期性更新换代和不确定性需求的特征，过多的配置资源，必然导致生产过剩，影响民生产业体系的正常发展，故此，本文以为对国防科技工业外部性的内部化手段宜于采取以下措施：其一，国防科技工业应以科技创新为追求目标。要有风险意识，要看到不是每一次技术创新都必然会取得成功，要把创新风险作为一项正常成本支出，并给予正常的价格回报。为了集中精力实施科技创新，有必要对现有的国防工业体系进行改造，大幅度压缩常规武器、设备生产能力，使过剩生产能力完全与国防科技工业体系脱钩，转向民生生产体系。其二，国防科技工业改造、精简过程中，全部良性银行负债一律转为国有股份，彻底消除企业背负的不合理债务包袱，减少利息支出，使企业留有更多资金可用于改善工作环境，增加职工工资，提高福利待遇，从根本上扭转贡献与待遇不一致的问题，堵住国防科技人才大量流失的漏洞，吸引大量精英人才参与国家国防建设，快速提高国防科技工业的整体水平。其三，对国防科技人才按照人才的市场待遇结合其实际贡献确定工资率，从经济上以公平的态度承认其贡献，改变只讲奉献不予回报的计划经济作风，为人尽其才创造优良的经济环境，推进我国西部地区的国防科技工业迅速崛起，并成为西部经济的一个重要支柱。

（三）高等教育的国家补偿机制

教育是一国经济社会发展的长期支撑力量，教育的发展，教育对地区社会经济的贡献都要求对教育的外部性加以合理解决。矫正由此引起的不合理的利益流动。考虑高等教育在一国的特殊地位，高等教育外部性的解决，必须以国家为主体来进行，所谓教育产业化的提法，有违教育发展的基本规律，也必将把一国的教育事业引入歧途。结合西部地区的特点，解决高等教育的外部性应采取以下具体措施：其一，国办高等教育的招生规模，因涉及国家教育经费投入，其招生规模应根据地区人口数量，按一定比例分解到各地区，体现国家财政的公平支出原则。毕业生分配应允许跨地区自由流动，但对地区之间流动应进行平衡，对地方的净流出量，按照生均经费投入量计算总经费支出回补给地方，避免落后地区得自于国家的这部分利益因人才的大量流失而无偿流向其他地区，损害地区利益。其二，对地方办高等教育毕业生净流出量，亦应按地方的生均经费投入量计算支出总量，再由国家财政予以补偿，克服地方收益流向方的情况。其三，进一步规范人才市场，实行人才的有偿流动。因为成熟型人才的形成，地方单位为此支出了一定的成本，大量成熟型人才的无偿流动使得这部分成本支出形成流入地区的收益，造成流失单位的产权损害。正是人才的无偿流动刺激了国内市场方兴未艾的人才大战，因为人才资源构成地区产权的一部分，吸引到人才就等于增加了地区产权，所以，有必要规范人才市场，实行人才的有偿流动。其四，西部地区囿于财力限制，高等院校教师工资普遍偏低，与东部地区相比，教师劳动没有得到完全承认，国家有必要对高校教师的工资确定一个基本保障线，对落后的地区教师工资达不到保障线标准的差额部分由国家财政专项予以补足，在实质上稳定西部地区高等院校的师资队伍，为西部地区高等教育的发展创造条件。

（四）以粮代贩与经济补偿相结合的大农业政策

正如前文所述，西部地区的农业发展，涉及全国的生态平衡，涉及东、中部地区的直接利益，故消除西部农业不合理的外部收益流动，是建设山川秀美西部地区的重大课题。解决这一问题，应采取以下具体措施：其一，实物补偿。实物补偿的重点是落实好国务院制定的“退耕还林、退耕还草、以粮代贩”的生态保护政策。在具体执行这一政策时，要因地制宜，认识到林、草的培育不是一朝一夕的事情，应区分轻重缓急，循序渐进，有组织地退耕还林、退耕还草，避免一哄而上。这样做既可以使以粮代贩政策足额到位，充分发挥政策的效力，避免形成新的平均主义。又可以防止乱铺摊子，还林、还草“大跃进”，形成新的生态隐患。应注意的问题是“粮贩”形式的实物补偿应以原“耕田”的产量为补偿标准，不能撒胡椒面，使退耕还林、退耕还草形成新的利益扭曲，人为减少地区人民的正常收益。其二，经济补偿。实物补偿如果以原“耕田”产量为补偿标准，在林草未形成经济效益之前必然影响到退耕的经济利益，为了使退耕政策真正得以贯彻，在实物补偿之外，还应按林、草的远期价值进行贴现，作为退耕的经济收益，使“退耕”的经济成本取得完全补贴。把建设“山川秀美”作为西部地区生产活动的一项内容之一，使生产与收益直接挂钩，具体由国家依外部性原理进行直接的经济补偿。对西部地区的珍稀物种保护，同样应采取上述两种补偿办法，涉及退耕的应同时享受实物补偿和经济补偿；不涉及退耕的，以经济补偿为主。其三，除上述国家补偿以外，东中部地区作为“山川秀美”工程的受益者之一，亦应采取具体步骤帮助西部地区实施退耕政策。具体可根据退耕政策的两个阶段采取灵活多样的方式帮助西部地区。在退耕阶段，可采取诸如提供草种、树苗、退耕机械等措施，还可采取承包方式建设诸如“广东林”“江苏林”等还草，还林工程。退耕完成以后，可以通过提供维护、保养设备、材料甚或资金等方式养护林草，使山川秀美工程成为全中国人民共同参与的一项伟大工程，最大限度地减少、内化西部经济的外部性，确保西部产权的完整性，使西部开发顺利向前推进。

[参考文献]

[1] [美] 考特、尤伦:《法和经济学》,张军等译,上海三联书店 1994 年版。
[2] 陈小玮:“我国东西部地区差距拉大的原因探析”,载张积玉、许发民:《中国西北经济社会发展研究》,陕西师范大学出版社 1998 年版。
[3] 李同升等:“西部大开发陕西重点区域与优先项目选择”,陕西迎接西部大开发课题之一,1999 年。
[4] 陈锦华:“影响西部开发的几个因素”,载《光明日报》2000 年 3 月 7 日。
[5] 郑必坚:“关于实施西部大开发战略决策的初步思考”,载《光明日报》2000 年 2 月 29 日。
[6] 中国科学院地学部:“关于加快西部地区发展新思路和新战略的若干建议”,载《经济研究参考》2000 年第 2 期。
[7] 何黛峰:“走近 WTO——谈谈我国农业保护政策”,载《云南财贸学院学报》1999 年第 4 期。

●本文是李永宁教授对外部性问题最早研究成果的一部分,是在“外部性损害与国家补偿制度研究”的基础上,一个更具体的研究成果。该成果结合西部开发对外部性问题作了进一步说明。

第二节 关于生态补偿法律制度的几个问题

摘要: 生态补偿法律制度是近年来我国学术界讨论最热烈的问题之一。对生态补偿问题的讨论横跨环境科学、生态学、经济学、管理学、法学等学科领域,不同学科的专家分别从各自学科领域对生态补偿问题提出了许多有价值的见解。法学界对生态补偿问题的研究滞后于其他学科,是在总结其他学科研究成果的基础上开展起来的。由于其他学科对生态补偿问题的研究尚处于深化和提高的过程当中,因而,法学界对生态补偿问题的研究,在生态补偿的概念、生态补偿的依据等基本理论问题方面均存在一定的不足,本文尝试对这些问题作几点探讨。

我国学术界对于生态补偿问题的研究，开始于20世纪90年代中期。[1]在2000年以后，由于受1998年长江特大洪水，以及2000年沙尘暴肆虐的影响，对生态补偿问题的研究才开始受到社会比较普遍的关注。早期的研究多集中于经济学、管理学领域，尤以森林生态补偿和流域生态补偿为集中研究领域，法学界的介入也大致始于这一时期。[2]但因为经济学、管理学的研究，就生态补偿的经济内涵、一般制度构建尚处于探索与争议阶段，致使生态补偿的法学研究显得混沌。虽然2004年10月21日，财政部、国家林业局共同发布了《中央森林生态效益补偿基金管理办法》，但学界多以为该办法仍存在一些需要完善的地方。正是基于这一背景，本文将对目前生态补偿理论研究中存在的几个问题[3]略抒管见，以抛砖引玉，求教于学界同人，望能更加深入地推动该问题研究的发展。

一、关于生态补偿的概念

截至2006年5月7日，我们以“生态补偿”作为关键词在中国期刊网上检索，发现有709篇相关论文，这还不包括发表于报纸、图书、学生毕业论文和各类增刊上的学术论文。在我们阅读过的论文中，几乎每一位论文作者对生态补偿都有自己的定义，当然也有许多定义存在相似或相同性。但仅就文字表达的差异性来看，目前对生态补偿的定义至少也有上百种。通过归纳并排除类似“森林生态补偿”“流域生态补偿”“动物资源生态补偿”等专门化定义，学者们关于生态补偿最具代表性的定义主要有以下几个：

韩德培教授认为征收生态补偿费“是指为了防止生态环境破坏，根据‘利用者补偿、开发者保护、破坏者恢复’原则，向从事对生态环境产生或者

---

〔1〕 在20世纪80年代，涉及生态补偿问题的曾经有一些零星的研究，如陈宝书：“矿区土地资源补偿费用区域承包探讨”，载《煤炭经济研究》1988年第11期。李近如：“‘以林补农’的提法不妥”，载《林业经济问题》1986年第2期。

〔2〕 在法学界，全面研究生态补偿法律制度比较早的研究成果有李永宁、黄河于2000年中国法学会西部开发法律研究会成立大会上的发言论文“外部性损害与国家补偿制度研究——兼论西部开发的法律对策”，该论文后被收入《中国法学（送法下乡与西部大开发专刊）》2000年增刊。张家勇：“建立实施‘天然林保护工程’的行政补偿法律制度研究（下）”，载《西南民族大学学报（哲学社会科学版）》2000年第3期。

〔3〕 界定为“问题”只是我们大胆的看法，尚需严密的论证与科学的检验，也希望学界前辈、同仁提出批评。

可能产生不良影响的单位和个人征收一定数额的费用”，“是指现行排污收费未覆盖到的影响生态环境的行为。主要有各类矿产资源、能源的开采、森林砍伐、草原的过度使用、地下水资源的过度开采、地表水资源的开发利用、旅游资源、开发区建设等”。[1]

吕忠梅教授认为“生态补偿从狭义的角度理解就是指：对由人类的社会经济活动给生态系统和自然资源造成的破坏及对环境造成的污染的补偿、恢复、综合治理等一系列活动的总称。广义的生态补偿则还包括对因环境保护丧失发展机会的区域内的居民进行的资金、技术、实物上的补偿、政策上的优惠，以及为增进环境保护意识，提高环境保护水平而进行的科研、教育费用的支出”。[2]

杜群教授认为生态补偿是“指国家或社会主体之间约定对损害资源环境的行为向资源环境开发利用主体进行收费或向保护资源环境的主体提供利益补偿性措施，并将所征收的费用或补偿性措施的惠益通过约定的某种形式转达到因资源环境开发利用或保护资源环境而自身利益受到损害的主体以达到保护资源的目的的过程”。[3]

曹明德教授认为,“环境法学意义上的生态补偿是指环境资源受益人、国家、社会、其他组织对因生态保护而利益受到损害或付出经济代价的人给予适当的经济补偿”。“森林生态效益补偿制度可定义为：为缓和树木和其他木本植物以及其所生长的自然环境所受到的干扰，国家、社会、森林生态资源受益人及其他组织以资金方式给予为森林资源生态效益付出代价的人适当的经济补偿，用于提供生态效益的森林的营造、抚育、保护和管理，加强森林资源自我调节的法律制度。”[4]

李爱年教授认为可以“从法律的角度把生态补偿定义为：为了恢复、维持和增强生态系统的生态功能，国家对导致生态功能减损的自然资源开发或利用者收费（税）以及国家或生态受益者为对改善、维持或增强生态服务功能为目的而作出特别牺牲者给予经济和非经济形式的补偿”。[5]

---

[1] 韩德培主编：《环境保护法教程》（第4版），法律出版社2003年版，第90~92页。

[2] 吕忠梅：《超越与保守——可持续发展视野下的环境法创新》，法律出版社2003年版。

[3] 杜群：“生态补偿的法律关系及其发展现状和问题”，载《现代法学》2005年第3期。

[4] 曹明德：“森林生态效益补偿制度简论”，载《政法论坛》2005年第1期。

[5] 李爱年、刘旭芳：“对我国生态补偿的立法构想”，载《生态环境》2006年第1期。

笔者认为，在上述五个代表性定义中，韩德培教授特别强调了“资源有偿使用原则”，提出在传统环境法征收补偿费的基础上，应扩大补偿费的征收范围，这是对环境法的一种积极发展。吕忠梅教授从消极环境影响（损害）和积极环境影响两个方面把生态补偿定义为狭义的生态补偿（消极影响和损害）和同时包含两个方面含义的广义的生态补偿。突出点在于对生态补偿的范围进行了清晰的界定，并把生态补偿的范围扩大到了传统补偿观点之外，扩充了环境法的内容。该观点成为环境法学界关于生态补偿的一种主流观点。杜群教授和李爱年教授基本上是在吕忠梅教授关于生态补偿范围的基础上，把吕忠梅教授关于狭义生态补偿和广义生态补偿的区分加以糅合，并从理论抽象的角度对生态补偿的内涵进行了法律上的完全概括。曹明德教授强调了生态补偿应是生态环境受益人向因生态保护受到损害的人的补偿。定义比较简明，而且基本上排除了吕忠梅教授有关狭义生态补偿的内容部分。〔1〕上述定义，作为环境法学界关于生态补偿的主流观点，对于促进生态补偿的法学研究以及完善我国的环境法制建设无疑产生了积极的推动作用。但我们以为，上述定义仍存在一些需要加以仔细推敲的内容，其中的不足主要表现在以下几个方面〔2〕：

（一）上述定义容易造成生态补偿与环境法已有相关概念的混同

根据“利用者补偿、开发者保护、破坏者恢复”原则，环境法已经形成了许多比较成熟的概念和具体法律制度，如排污收费制度、资源税收制度、矿产资源补偿费制度、水资源有偿使用制度等，但在上述概念中，除了曹明德教授的定义外，其他的生态补偿定义中均包含了环境法已有的这些制度内容。用“生态补偿”替代已有的这些概念和制度内容，所造成的最大弊端是：(1)不利于正确认识和进一步完善现有相关环境法律制度。因为每一个概念或具体制度都有其不同的内在规定性，只有在分开的状态下才足以全面、深入地加以分析，简单地以某一个新造概念替代或概括原有的概念或制度体系，会淡化不同概念及其制度内容之间的差异性，抹杀相互间原本的界限，对具体问题的深入研究会造成困扰。(2)一种新的概念或制度的生成根因于一种新的社会现象，是对社会关系发展、变化的一种反映。如果对新旧社会关系以

〔1〕关于这一点，基本上是笔者依据曹明德教授发表于《政法论坛》2005年第1期上的《森林生态效益补偿制度简论》一文的推论，如果曲解了曹教授的原意，笔者表示歉意。

〔2〕定义为“不足”也只是笔者的一种个人看法，囿于个人认识的局限性，笔者的看法也不一定正确。但作为一种学术争鸣，仅仅是希望能借此推动问题的研究。

某种概念简单地加以包容，也不利于充分认识和研究新发生的社会变革与社会关系演变，并妨碍学术认识的正常发展和提高。

（二）上述定义过分扩大了生态补偿概念的外延

按上述定义，“生态补偿”几乎是无所不包，既有因资源开发造成的损害赔偿，也有因资源利用对他人消极影响的克服，还有因资源保护所丧失利益的补偿。如杜群教授通过对现行相关环境资源法律的分析，把生态补偿费归纳为：“资源开发使用费”“资源生态和生态环境补偿费”“资源生态管理费”“补偿性的惩罚性收费”。〔1〕等于是把现行法律框架下的土地使用租金、资源转让价金、政府有关的公共行政支出、行政性罚款等通通纳入生态补偿费，使生态补偿费涵盖了现行环境资源法有关收费制度和责任制度的大部分内容。在吕忠梅教授的定义中还包括了“为增进环境保护意识，提高环境保护水平而进行的科研、教育费用的支出”。〔2〕把环境保护科研支出纳入补偿的范围应无大的争议，但把用于“培养环境保护意识”的教育费用支出也纳入其中，显然会增加“补偿费”实际操作的难度。因为，“环境保护意识”只是人的良好品德之一，需要全方位、多角度、持续性的加以培养，在这一过程中，全部教育费支出中的哪一部分属于“培养环境保护意识”的费用，很难给出一个清晰的区分，更无从给予补偿。况且，义务教育阶段的教育费支出以及非义务教育阶段的部分教育费用支出均由国家财政承担，也不可能由国家给予自己“生态补偿”。

（三）上述定义中的“环境保护”“生态保护”含义不明确，容易产生歧义

首先，根据上述定义的背景材料，其“环境保护”或者“生态保护”均毫无疑问地包含了“环境（生态）外部影响”。但“环境（生态）保护”与“环境（生态）外部影响”显然是两个不同的概念。严格地讲，“环境（生态）保护”应为“环境（生态）外部影响”的上位概念，有环境（生态）保护行为，才会产生环境（生态）保护的外部效果。所以，“环境（生态）保护”并不必然的包括“环境（生态）外部影响”的含义。其次，环境（生态）保护，譬如退耕还林、限制性土地开发、公益林维护等必然需要支出一定的费用，产生直接的“保护”成本；同时，“保护”行为的“环境（生态）

---

〔1〕杜群：“生态补偿的法律关系及其发展现状和问题”，载《现代法学》2005年第3期。

〔2〕吕忠梅：《超越与保守——可持续发展视野下的环境法创新》，法律出版社2003年版。

外部影响”——环境改善，其必然表现为一定的环境生态利益。这两个方面，成本与不确定第三人利益的取得，理应对保护者本人给予补偿。但是，这里的补偿明显包括两个层次：对成本的补偿和对利益的补偿。如果将这两种补偿毫无根由地加以混同，将必然对补偿制度的设计带来不利的影响。最后，从现行补偿制度的设计上来看，也恰恰印证了这一推论。按照《中央森林生态效益补偿基金管理办法》的规定，所谓补偿，也只有每亩5元钱的补偿费，很多分析者认为这样额度的补偿，其实连起码的森林管护成本都不足以弥补。〔1〕

（四）上述定义中把对生态系统的损害行为，以及对环境资源的破坏行为中的行为人所收取的费用也作为“生态补偿费”，显然有失偏颇

因为，不管是采挖矿藏、地下水利用所形成的地裂、塌陷，还是排放废水、废气所形成的水域及大气污染，都属于特定环境资源利用行为所引起的直接环境资源损害后果。其中致害行为确定、损害后果清楚、行为与后果之间因果联系紧密，完全符合损害赔偿民事责任构成要件。而且，损害赔偿作为一种既有的、获得普遍认可的环境民事责任形式理应发挥其应有作用。如果把公认的环境损害赔偿民事责任硬要叫成是“生态补偿”，显然与环境法的民事责任传统大相径庭，也很难获得社会的普遍认可。有学者事实上也发现了这一概念冲突：“在20世纪90年代前期的文献中，生态补偿通常是生态环境加害者付出赔偿的代名词；而90年代后期以来，生态补偿则更多的指对生态环境保护、建设者的一种利益驱动机制、激励机制和协调机制。”〔2〕其实，这种表述从本质上讲应是对不同法律现象的两种概括，而不是从所谓“赔偿”发展成了“驱动、激励和协调”。即便果真经历了这样的发展变化，我们仍以为赔偿的责任形式相比补偿的责任形式，在解决环境加害行为时的力度应该会更大一些。所以，如果仅仅把这当成是责任形式在原有基础上的一种发展，那这种发展的意义就是值得怀疑的。如果是要以生态补偿代替损害赔偿，那这种发展就不仅是不必要的，而且必将对环境法的理论研究带来一定的危害。

二、关于生态补偿的经济学依据

关于生态补偿的经济学依据，理论界比较公认的主要是“公共物品理论”

---

〔1〕 王翊：“生态公益林经营补偿标准测算”，载《求索》2005年第5期。

〔2〕 蔡邦成：“生态补偿机制建立的理论思考”，载《生态经济》2005年第1期。

和“外部性理论”。[1]我们也抱持这一观点。因为环境、生态具有明显的“非排他性特征”和“非竞争性特征”,[2]环境、生态利益的享用者无须为其使用支付价格，环境、生态也不会因为某人的消费而丧失其使用价值，消费的增加并不产生争夺性，环境生态属于典型的公共物品。[3]作为公共物品，其制造成本理应由政府承担，如果私人参与其中，则其所付出的代价及其应得的利益也应由政府予以补偿。这既是传统经济学所坚持的，也是现代经济学关于市场之所以“失灵”，并产生国家干预主义（包括经济法）的理论根源之一。[4]对此，学界并无多大的歧义。问题是，虽然学者们普遍认识到“经济外部性”是生态补偿产生的根源之一，但在具体理解和探讨外部性的含义，以及对外部性理论进行具体运用时，则似乎存在一些谬误，因而妨碍了外部性理论的正确运用，导致对生态补偿的理解及其在补偿制度的设计上，存在比较明显的瑕疵。这些问题主要有：

（一）对经济内部性和经济外部性的混同

在经济学史上第一个明确提出外部经济和内部经济概念的是新古典经济学的代表马歇尔，他在1890年所著的《经济学原理》一书中指出：“可把任

---

〔1〕 一般在研究生态补偿的依据、基础、必要性时多少都会涉及公共物品、外部性等概念。譬如闫增强、李永宁发表于《当代经济科学》2000年第5期的《外部性补偿与西部开发》，李永宁、黄河发表于《中国法学（送法下乡与西部大开发专刊）》2000年增刊上的《外部性损害与国家补偿制度研究——兼论西部开发的法律对策》，黄河、李永宁发表于《河北法学》2000年第6期上的《西部开发法律需求的经济学分析》，阚增强、黄河等发表于《财经问题研究》的《我国西部地区农业外部经济性的简略分析》，李永宁、黄河发表于《法律科学》2004年第6期的《西部生态农业的外部性损害与国家补偿法律制度片论》等论文均从经济学的外部性分析切入，研究生态补偿问题。另外，也有许多学者比较完整地论述了外部性、公共物品等作为生态补偿基础的理论含义。如杨从明发表于《林业与社会》上的《浅论生态补偿制度建立及原理》一文，分别从公共产品理论、外部效应理论和生态资本理论三个方面论述了生态补偿的理论基础。

〔2〕 产品的非排他性特征是指对产品的消费不以支付价格为条件，也就是不支付价格仍然可以消费某种产品，因而，形成消费的“搭便车”现象。产品的非竞争性特征是指一种产品不会因为某人消费而丧失使用价值的特征，也就是产品的消费不具有“争夺性”，每个人都可以平等的享用某种产品。一国的国防、司法系统、城市绿地、路灯、生态环境效益都属此种情况。

〔3〕 当然，也不排除某些局部“环境”“生态”，如旅游度假区、城市公园等存在一定的排他性和竞争性特征，不再被视为纯公共物品，而演变成“准公共物品”，并被赋予了一定的私人物品属性，但又不构成纯粹的私人物品，因为该局部环境生态仍然与大的环境生态之间存在互动关系，并且对环境、生态大系统发挥着自己的积极影响。

〔4〕 李昌麒、应飞虎：“论经济法的独立性——基于对市场失灵克服的最佳视角”，载《山西大学学报》2001年第3期。

何一种货物的生产规模之扩大而发生的经济分为两类：第一是有赖于这工业的一般发达的经济；第二是有赖于从事这工业的个别企业的资源、组织和经营效率的经济。我们可称前者为外部经济，后者为内部经济。”外部经济“往往能因许多性质相似的小型企业集中在特定的地方——通常所说的工业区分布——而获得”。[1]可见，内部经济即一个企业内部基于资源、组织和经营而产生的效率；而外部经济则是一个意义不明确的概念。[2]因此，经济学家对外部经济作了许多解释。比较有代表性的学者如斯蒂格利茨认为：“只要一个人或一家厂商实施某种直接影响其他人的行为，而且对此既不用赔偿、也不用得到赔偿的时候，就表现出了外在性”。“未被市场交易包括在内的额外成本及收益被称作外在性。”[3]所以，外部性最典型的特征就是在企业活动以外的，不通过市场交易而产生的成本和收益。外部性成本或收益虽然未通过市场交易得以表现，但事实上影响到了企业或社会的效率发挥，导致发生市场失灵。因此，经济学上有通过“庇古税”，即税收或津贴解决外部性的办法；也有如科斯提出的通过产权界定，产权交易解决外部性的市场办法；还有戴尔斯提出的通过排污权交易实现政府干预与市场相结合解决外部性的办法。

以上基本观点和思路也是我国学者在研究生态补偿时一般都认同的方法论基础。现在的问题是许多研究者往往把外部经济和内部经济相混同，谈到外部经济时，经常包含了内部经济的内容。最典型的如把各种资源使用费及其相关费用，如矿产资源补偿费、水资源有偿使用费、土地的使用租金、矿井坑道的回填费用等也作为外部经济的内容。我们认为，上述费用只是资源使用人为取得资源的使用权而对资源所有权人以及资源实际占有人给付的交易对价，属于内部经济的范畴，也是现行环境资源法律，包括相关民事法律所认可与保护的一种经济交易关系。这种经济交易关系的范围具有广泛性、内容具有复杂性、主体具有多重性，每一个单独交易也会呈现出各自的特殊性。作为一种“内部经济”，适用的是当事人相互之间的契约约束，和相关环境资源法律的规范要求。如果将其也纳入“外部经济”范畴，既不符合经济

---

〔1〕［英］马歇尔：《经济学原理》（上卷），朱志泰译，商务印书馆1997年版，第284页。

〔2〕［美］德姆塞兹：“关于产权的理论”，银温泉译，载《经济社会体制比较》1990年第6期。

〔3〕［美］斯蒂格利茨：《经济学》（上册），梁小民等译，中国人民大学出版社1997年版，第146、493页。

理论的既有逻辑，也会对法律制度设计带来混乱，影响法律规范的针对性、有效性，影响法律的执行效率，也达不到对经济关系的保护作用。对于真正意义上的“外部经济”生态补偿也无法起到很好的促进作用。

（二）对经济外部性的其他认识谬误

(1)相互补偿论，持该观点的学者以钱水苗教授为代表。钱教授对流域上下游之间的外部性进行了四种类型的区分，认为上下游之间的“外部性”是相互的，只是因为上游地区主要是贫困地区，所以人们比较容易接受“下游对上游进行补偿”的观点。她认为，这是有失公正的，“应坚持完整意义上的生态补偿，但鉴于我国流域上下游地区在补偿能力上的差距，可以规定不同的补偿差额”。[1]钱教授的观点确有其合理性，因为在很多情况下，外部影响确实存在相互性，所以，不能只是单纯地强调一方对另一方的补偿，而应该进行某种公正的衡平，分别确定各自的补偿额。但也应该承认外部影响的特殊性，绝对受益或者绝对受损的情况也是有可能存在的。就流域上下游而言，我们认为以下一些特殊性也不能不引起我们的关注：一是如果仅从排污的角度看，上游地区显然会给下游地区带来不利益，应该给下游地区以补偿。但从我国流域补偿的实践来看，这并不是具有特别性的关注点。因为，不管流域上下游之间是否存在经济差距，即使流域上游处于更有利的地位，也仍然有可能发生对下游的排污行为，这自然是不公正的。这时候并不需要考虑给上游以特殊权利，以减少对下游的补偿额。所以，如果仅从排污的角度考察，甚至涵盖流域补偿问题显然并不具有普遍的解释意义。二是流域下游对上游的外部性，也许仅会发生在下游地区拦截河水引起上游地区发生淤积、淹没农田；或者下游地区环境改善，有更多鸟儿飞向上游，更多鱼群逆水游向上游。这种外部性要么很特殊，要么可忽略不计。因此，下游对上游的外部性确实不具有普遍性。因而相互补偿的意义也就不明显。三是就我国流域上下游的特殊性而言，主要在于自然环境的差异，我国流域上游自然环境恶劣，上游对下游的影响主要表现为水土保持、河水丰沛，泥沙减少，气候改善等方面。所以，一般而言，流域上游的人类生存活动会对下游带来比较大的影响。这种活动无非两个方面：单纯的环保行动。如退耕还林、公益林保护、

---

〔1〕 钱水苗：“论流域生态补偿的制度构建——从社会公正的视角”，载《中国地质大学学报》2005 年第 5 期。

国土绿化等。或者某种经济开发行为。如发展工业、经营性林业等。后者必然给流域下游带来不利益，但这又是上游天然具有的人类生存权利。除非放弃或限制此类活动，也就是放弃或限制人类生存权。这显然是不现实的。再者，譬如所进行的森林采伐，也是上游人类世代的劳动成果（少部分天然林除外），无疑也并不悖逆市民社会的一般法律准则。但此类正当活动，对下游却可能造成不利益。所以，我们以为，流域上游对下游的积极影响应该是主要的，甚至是绝对的，除非排污行为。因此，所谓相互补偿论存在很大的局限性。(2)正外部性不能补偿论。该观点以西北农业大学的姚顺波副教授、博士为代表。该观点认为："森林具有生态效益，即理论上所说的正外部性，不能成为补偿的充分理由。"〔1〕我们认为姚博士有关正外部性不一定补偿的观点未可厚非，但其"误区"在于：一是外部性的普遍存在是一种客观事实，有许多外部性事实上也未曾得到过补偿。但这涉及外部性影响相关主体对"外部性"的容忍程度，以及公认的道德约束。如果超过了一定的临界点，使对方达到了不能容忍的程度，必然会产生强烈的私救济行动，这时，政府自然应该出面确定规则，平衡双方利益。这符合法律制度供给的一般原则，也是社会历史发展的基本规律。二是姚博士认为不能从针对负外部性的庇古税中推理出解决正外部性问题的"津贴"，这一点难免牵强，既不符合科学，也是对庇古之后经济学提出通过"津贴"解决正外部性理论的全面否定。三是姚博士认为"法理上的补偿、赔偿是以当事人的过错（故意或过失）为前提的"。在这里，姚博士忽略了一点，就是现代法制发展，早已经使得无过错责任成为许多法律共同遵循的原则。所以，正外部性不能补偿论的理论逻辑显然是错误的。

●本文是李永宁、黄河教授为2006年暑假期间于北京召开的"生态补偿国际论坛"准备的会议发言论文，当时已经初步明确了生态补偿应该严格限定于由环境正外部性产生的环境生态利益，必须与环境负外部性进行明确的切割。该论文在大会后曾经被《环境保护》杂志约稿，但因为当时完成的只是初步成果，就未能在《环境保护》杂志发表。以后本成果的学术想法在2011

〔1〕 姚顺波："林业补助与林业补偿制度研究——兼评森林生态效益研究的误区"，载《林业科学》2005年第6期。

年发表于《法律科学》上的《生态补偿的法学涵义及其法律制度完善——以经济学的分析为视角》中得到全面体现。

第三节 西部农业的外部性损害与国家补偿法律制度研究

农业的外部性，是指农业部门的活动给他人（主要是指非农业部门）带来了额外的收益，或者造成了额外的损害。它包括他人（非农业部门）对得自于农业部门的收益不需要作对价的给付，以及对来自农业部门的额外损害不作相应的赔偿。前者可称为农业的外部经济性影响，后者可称为农业的外部非经济性影响。在农业外部性存在时，由于受益部门无需为其受益支付价格，受损部门也不能得到适当的赔偿，因此就扭曲了农业的产权关系。特别是在经济性影响大于非经济性影响，或者非经济性影响大于经济性影响的情况下，产权关系都必然失去平衡。一般情况下，基于农业的特殊性，农业部门的经济性影响往往会大于其非经济性影响。因而，在外部性存在时，农业部门更多的是会遭受一定的产权损害。由于我国西部地区特殊的气候、自然条件和地理特征，尽管在某些领域、某个阶段会产生农业的外部不经济，但外部经济性仍占主导地位。当外部经济性长期存在，又没有外部性克服的合理机制时，西部农业的产权关系、西部地区的农民利益必然遭受长期的侵害。这时候，构建外部性的消除机制就成为一个突出的问题。本文将对上述问题作一些探讨。

一、我国西部地区农业外部经济性的主要表现

（一）西部农业外部经济的一般形式

农业作为一个古老的部门，一直以来都被认为是外部经济性影响的积极制造者。农业的外部经济性影响就是指农业部门在为其生产者带来产出和收益的同时，也为社会带来了好处。这种好处体现在农业的发展可以美化环境、净化空气，以及森林植被带来的蓄水能力的增强等方面。就我国西部地区而言，这种经济性影响的一般表现又可具体为以下几个方面：其一，植物多样性与林草覆盖率的增加可以有效防护我国江河上游的泥沙下流量，减少大江、大河中下游河床的泥沙淤积，有利大江、大河的河道畅通，可以避免中下游地区河水泛滥，减少河道疏通的经济成本，对于河道航运业的发展创造便利

的条件。其二，植物覆盖率的提高，也可以有效增加江河上游地区的蓄水能力，对江河水流起到自动调节作用，不至于造成雨季的河水泛滥。在淡雨季，丰富的植被蓄水，也可以避免河道水流枯竭，确保中下游流域有充分的水源供应。其三，森林植被的增加，特别是“三北防护林工程”，既可以防沙固沙，又可以在西部地区形成一道天然的生态屏障，有效减缓内陆冷气流向中、东部地区的扩展速度，促成冷热气流的平稳对接，减少大风、雪、雹等灾害性天气的发生。其四，近年来出现的多沙尘天气，从另一方面也反映了西部特别是西北地区农业对植被的维护和培养，可以有效预防沙尘向中、东部地区扩散，避免在中、东部地区形成沙尘天气，给中、东部地区的经济建设和人民生活创造优越的环境条件。其五，西部有机生态农业的发展，既可以为西部地区人民提供绿色无公害农业产品，又可以减少化学元素对西部地区土壤结构的破坏，进而避免这些有害物质通过地表水流动对中东部地区造成土壤和水流污染。其六，西部农业发展所建立起来的“绿色生态屏障”，最终将有利于改善全国的环境和气候条件，既有利于西部地区，中东部地区也可以从中受益。

以上西部农业经济性影响的一般形式，既具有农业外部影响的一般特征，但更重要的是由我国特殊的地理、地貌和气候特征决定的。正是在这种特殊的自然环境下，决定了西部地区农业对全国的独特的贡献形式。当我们具体分析这种种贡献时，还应看到，这里面利益和损害实际是一个矛盾统一体，如果西部农业符合上述要求而发展时，则会对区外有所贡献。否则，不仅不会有贡献，反而会带来损害。在这种情况下，社会有必要张扬的自然是其有贡献的一面，而抑制矛盾的另一面。

（二）西部农业外部经济性的剪刀差效应

剪刀差概念产生于20世纪20年代的苏联。剪刀差最初源于“超额税”。“苏联在1921年初走上和平建设轨道后，国家为加快积累工业化资金，人为地压低农产品收购价格，使得部分农民收入在工农业产品交换过程中转入政府支持发展的工业部门，当时人们把农业和农民丧失的这部分收入称为‘贡税’或‘超额税’。”到1923年，苏共中央召开了政治局会议和九月中央全会，会议第一次把农业流入工业的超额税正式称作“剪刀差”。从此，“剪刀差”这一名词便流传下来。

苏联的“剪刀差”概念在20世纪30年代被介绍到我国。新中国成立后，由于国民经济遭受长期战争的破坏，工业品相对奇缺，工农业产品的比价被严重扭曲。“1950 年工农业产品比价与抗日战争前的 1930 年～1936 年相比，扩大了 34.4%，农民在交换中吃亏很多。因此不少人就采用剪刀差概念来形容工农产品比价扩大的现状。”这与当年苏联的剪刀差概念是有所区别的。在我国，剪刀差主要是指工农产品比价不合理的状态。

新中国成立以来，虽然在我国经济发展的不同阶段，人们对剪刀差的认识有一定变化，譬如剪刀差的表示方法、严重程度、计算方法等。但有一些共同点是：(1)自 1949 年以来，我国工农业剪刀差是一直存在的，除了极个别年份外，我国工农业剪刀差的程度都是比较严重的。(2)在新中国成立初期阶段，为了实现国家工业化，在无外来资金保障的情况下，通过剪刀差为发展城市工业积累资金，是一种积极可行的必要手段。但改革开放以后，我国的工业化已经发展到了一定的规模。工业总产值已经超过了农业总产值，这种情况下，就应该清除剪刀差，并制定工业反哺农业的新发展战略。(3)截至现在，随着我国经济的快速成长，剪刀差问题有了一定程度的缓解，但由于农业发展的制约因素很多，农产品的价格波动很大，剪刀差在特定时期、特定范围仍有增大的趋势。如 2003 年受“非典”的困扰，陕西农村的瓜果、蔬菜大量积压，莲花白 1 公斤卖 1 分多钱尚找不到销路，这无疑会进一步加大剪刀差的程度。(4)长期以来，我国广大农村普遍贫困，最根本的制度性障碍就是剪刀差的存在。剪刀差限制了农业的积累能力，限制了农民的增收能力，限制了农村科技教育事业的全面发展。所以，农村的贫困是和剪刀差紧紧联系在一起的。

据中共中央政策研究室、国务院发展研究中心的“农业投入”总课题组估计，在 1950 年～1978 年的 29 年中，政府通过工农产品剪刀差大约取得了 5100 亿元收入，同期农业税收入为 978 亿元，财政支农支出 1577 亿元，政府提取农业剩余净额为 4500 亿，平均每年从农业部门流出的资金净额达 155 亿元。1979 年～1994 年的 16 年间，政府通过工农产品剪刀差大约取得了 15 000 亿元收入，同期农业税收入为 1755 亿元，财政支农支出 3769 亿元，政府提取农业剩余净额为 12 986 亿元，平均每年从农业部门流出的资金净额达 811 亿元。更多研究测算的数字则远远大于上述数字，如有研究显示，1949 年～1978 年工农业剪刀差额为 6000 亿～8000 亿元，1989 年～2000 年为 3.4 万亿元。总之，从 1949 年以来，通过工农业剪刀差，我国广大农民为国家工业化的发展无偿提供了大量资金，为国家工业化的发展作出了巨大的贡献。有人甚至认为“中国的国家工业化的资本原始积累主要来源于农业”。

一直以来，人们在研究剪刀差时，更多的是从不合理的工农业产品比价的角度研究剪刀差对农业部门的损害。因此，更多的是试图通过改变“不合理的”工农业产品比价来对其予以调整。但通过前文我们似乎可以看出，我国工农业产品比价的不合理，并非像苏联时期是仅靠压低农产品收购价格来取得一种“超额税”。在很大程度上，我国工农业产品比价的不合理，更多的是基于历史和市场实际运动的一种结果，因此，单靠调整比价的政策就显得力不从心，或者根本就缺乏实际操作的空间和可能性。特别是在实行社会主义市场经济的今天，价格调整又必然会触及主体自由定价的自主权利，也可能偏离市场需求的价格指引。如此一来，克服剪刀差就显得障碍重重，难度很大。

当我们依外部性原理来分析剪刀差时，可以看到，在剪刀差存在时，其必然表现出外部经济性的如下特征：(1) 剪刀差所反映的是在工农业的互动过程当中，农业活动的一部分收益通过价格交换附带流入了工业部门，工业部门无偿取得了该部分收益。(2) 该收益的流动并不以工业部门对农业部门的直接侵害为前提，也就是说这种流动具有自愿自发性。虽然在计划经济时代，计划价格可能会产生重要的影响，但在当事者（工农业部门）之间则不存在任何强制或被强制。(3) 这种剪刀差收益，是农业活动的一种结果，但却未包含在农产品的价格当中，可看成是农业部门的一种外溢收益，或者叫外在收益，其获得者为农业部门以外的其他部门，即主要是工业部门。

因此，剪刀差毫无疑问地可以看成是农业外部经济性的表现形式之一。当然，如果只是简单地作出这样的定义，不同地区的农业自然都存在这样一种外在效应。但是，当我们具体分析我国西部地区的经济结构时，就会发现西部农业外部经济性的剪刀差效应又会带有某种独特性，正是这种独特性强化了其对西部地区农业更重要的影响，并成为影响西部地区农业发展的重要因素。这些独特性包括：(1) 我国西部地区农业在西部地区国民产值结构中所占比例远远大于中、东部地区。有资料显示，1998 年，第一产业占 GNP 的比重，全国为 18%，东部为 14%，中西部超过 20%。第二产业占 GNP 的比重，全国为 49. 2%，东部为 45. 7%，中西部为 40. 5%，低于全国和东部地区，而且其内部结构也不合理，重工业超过全国平均水平，轻工业发展严重不足。

在重工业当中，国防军事工业又占了相当比重。第三产业占 GNP 的比重全国为 32.8%，东部为 41.2%，中西部大多省份为 30%左右。这说明中西部地区的农业经济特色较为突出，工业基础相对薄弱，第三产业发展滞后。特别是西部地区，农业经济特色更为明显。(2)由于军事工业在西部地区薄弱的第二产业结构中占有相当的比例，而军事工业的发展又具有一定的独立性，与地方经济的关联度很小，对地方经济的贡献率也较为有限。因此，应该说，西部地区第二产业占 GNP 的比重，在实质上应小于统计上的数据。这就更加强化了西部农业在地区经济结构中的突出地位。因此，剪刀差对西部地区的影响要远远大于中东部地区。正是因为剪刀差对西部地区的影响远远大于中东部地区，所以才造成了我国 70%以上的贫困县集中在西部地区的客观情况。

当我们按照这样的思路来理解剪刀差时，实际上等于是给剪刀差赋予了一种正面的意义，把剪刀差看成是农业外部经济性影响的一种表达方式。基于这样一种理解，就可以从对“比价不合理”的艰难判断中解脱出来。因为：(1) 比价是否合理很难有一个客观的具有很强操作性的判断标准。实践中，人们使用了很多标准，如粮食统购价和市场价的差额标准，劳动生产率标准、工资率差异标准、价值标准、文化程度标准等。但每一标准都是各说各话，测算出来的结果均有很大差异。(2) 从市场需求和价格反应来看，虽然农产品的需求弹性比较小，但受制于自然等客观因素的影响，农产品价格的波动却比较大。这时候很难说哪个比价是合理的，哪个比价是不合理的。有可能的情况是，在农产品价格较高时，实际上反映了比较少的产量，其隐含的情况可能是大量农业劳动因自然原因而不能实现其价格，这种情况下，真实的比价扭曲也许是最严重的。因此，从外部经济性的角度来认识剪刀差，就可以解决上述问题。只要判断其经济性存在，就可以比较容易地给出一个社会各方都能接受的补偿标准，从而从根本上解决剪刀差问题。

（三）西部农业对保护珍稀物种的外在效应

农业除了传统意义上的农业以外，还包括绿色农业、旅游农业、生态农业等。西部地区的生态农业同时承担着我国保护珍稀物种的艰巨任务。我国是世界上生物多样性最丰富的国家之一，西部地区有种类繁多的国家级珍稀物种，陕西省境内的朱鹭、大熊猫、金丝猴、华南虎，青海的藏羚羊等就属于国家一级保护动物。但是由于近年来森林砍伐和植被破坏，许多野生动植物的栖息和生长环境遭到破坏，加之乱捕乱猎，许多野生物种减少，甚至面临绝种威胁。西部地区在拯救濒危动植物，保护生态平衡方面发挥了重要的作用。截至2002年底，陕西朱鹭种群数量已超过400只；2001年全国第三次大熊猫普查中，野外直观大熊猫达116只，濒危状况得到缓解。

在保护珍稀物种方面，西部农业的外部经济性主要表现在以下几个方面：一是西部农业承担着比较多的珍稀物种保护任务，这就在客观上增加了西部农业发展的制约因素。如在林区的一些开发性农业活动受到了很大的限制。西部农业为此所增加的成本投入，带来的利益不仅是西部的，而是为全中国，甚至全人类所共享。二是在一些保护区的边缘地带，正常的农业活动也经常遭受来自保护区的一定的威胁。如保护区的动物流窜至划定的耕作区内，造成对农作物的大面积损毁。或者在保护区的边缘地带，为了防止动物流窜对农作物的损毁，而不得不建立一些人工屏障，甚至使用一定数量的人力建立起必要的预警和监督保护系统。三是对保护区的严密控制，也使得传统的采集和狩猎活动遭到限制，来自于保护区的直接净福利与保护任务形成尖锐的矛盾，最终不得不牺牲个人福利而服从于社会利益。四是在一些生态脆弱地区推行生态移民工程，圈定“无人区”，设立生态自然保护区。如甘肃省向河西走廊的疏勒河上游移民20多万人，宁夏贺兰山区也全部实行封山禁牧，600多户牧民和15万头牧畜全部迁出。可见，西部农业在保护珍稀物种方面付出了高额成本，使得中东部和全国地区受益，其经济外部性表现较为突出。

通过以上三个方面的分析，可以看出西部农业尽管在某些领域存在外部不经济的现象，但是从整体而言，农业外部经济性占据主导地位。当然，也有许多人在研究西部农业时，更多的是看到其非经济性的一面，如西部农业对整个生态环境的消极影响。毋庸置疑，这种影响带来的消极后果确实是很严重的，如1998年的长江特大洪水和2000年以来我国西部地区连续出现的30余次沙尘天气。但另一方面，也应看到导致其发生的客观原因。就西部地区而言，由于其独特的自然地理环境，如果不考虑农业活动的长期影响和外在影响，在无任何外在约束的条件下，就当代人而言，其最大化利益行为，毫无疑问地会倾向于选择短期能够获利的行为。所以，砍伐森林、垦荒造田、过度放牧是完全符合个体利益最大化的行为模式的，所谓一方水土养一方人，我们没有理由责备西部人长期以来的行为特征，面对其恶劣的生存环境，不管是毁林造田，还是毁草造田，都是生存竞争的必然选择，加之长期以来的政策激励（如农业学大寨），出现目前的局面完全是在所难免的。因此，一味地责难，或简单、机械地规定该做什么不该做什么，都是于事无益的。只有正确认识和评价其经济性影响，并据此制定切实可行并能有效维持其生存发展的政策法律制度，才能有效抑制其非经济性影响，并张扬其经济性影响，最终推动西部地区的农业和西部经济社会走上健康发展的轨道。

二、外部经济条件下西部农业产权损害的主要形式

（一）西部农业劳动力要素的产权损害

西部农业劳动力要素就是指西部农业生产投入的农业劳动力资源。由于西部农业的外部经济性影响，作为农业生产要素主要构成之一的劳动力要素必然遭受一定程度的产权损害，农业劳动力要素的投入和产出关系发生扭曲变形。这种外部性产权损害主要包括以下方面：

第一，受剪刀差收入效应的影响，劳动力价格的一部分发生了净转移。据有关资料，自1949年以来，至20世纪90年代中期，我国农业部门通过剪刀差向工业部门转移的净收入就达20 000多亿元。剪刀差虽然从表面上看，反映为工农业产品的价格差，但本质上反映了农产品价格和价值相背离，更主要的是反映了农业劳动的价值没能在农产品的价格中得到真正体现的一种结果。如严瑞珍从价值剪刀差出发，按照工农业劳动者的文化程度进行折算，并依据1982年人口普查资料，计算出“农业劳力折合成工业劳力的折合系数为0.45，即一个农民在劳动能力上大体相当于0.45个工人”。根据这一折合系数，严瑞珍认为：“1952年以来，中国剪刀差的变化经历了两个阶段：1978年以前逐步扩大，价格与价值相背离，最严重的为1978年，剪刀差比1955年扩大44.65%，达364亿元，相对量上升到25.5%，农民每创造100元产值，通过剪刀差无偿流失25.5元。1978年以来，剪刀差大幅度缩小，1982年比1978年缩小58.97%，1984年、1986年又分别缩小了6.54%和4.55%。但1986年仍然存在剪刀差，达292亿元，而1987年比1986年又稍稍扩大了1.44%。”再如李炳坤根据苏联计算剪刀差的方法，认为“考虑到中国工农业劳动的复杂程度差别比苏联大，可定为一个工业劳动力等于两个农业劳动力”。按照李炳坤的结论，在20世纪80年代以前，我国平均每个工人的月工资60余元，扣除节假日，平均每天2.4元，因而农民的日工资大约应在1.2元。而事实上农民的日工资一般只有几毛钱，甚至几分钱。如安徽小岗村在

实行家庭承包的前一年，也就是1978年，农民年人均收入只有22元，按一家4口人、2个劳力计，每个劳力的年收入也只有44元，日工资1毛2分多一点，远远低于应有水平。因此，就出现了一些在我国独有的奇特现象，就是农民在上交了“公粮”之后，自己却所剩无几，只好反过来吃救济粮、返销粮，甚至大量离家以乞讨为生。可见“剪刀差”直接剥夺了农业劳动力的大量应得收益，成为农业劳动力要素产权损害的最主要原因之一。

第二，农业的外部经济性影响使得农业劳动投入的可期待利益被虚拟化。这一点尤其表现在西部农业的环境、生态效应上。最典型的如退耕还林还草和植树种草等生态工程上。在利益虚拟化的情况下，从表面上看，为某种农业活动所投入的农业劳动会产生直接的经济价值，具有明显的可期利益，但由于外部经济影响的非偿性，劳动的可期利益根本无从实现，真实的利益完全被虚拟化。这种利益虚拟化的原因主要有：一是“退耕还林还草和植树种草”所产生的经济价值因外部影响而失去了市场交易性。譬如“退耕还林”就具体实施来看，可选择经济林和非经济林。经济林的价值在于林木的果实，非经济林的价值则在于成材林木本身的价值。在经济林方面，从苗木栽培到成果一般要2年~3年时间，因为有比较长的成长期，到了成果期，遇到市场变化，其经济价值可能变得很小，甚至丧失。如陕西渭南、咸阳等地农民近年来大面积毁坏梨、桃、苹果等成果林就是一例。但引导性的栽种经济林，在遇市场变化时，这种损失显然直接落到了农民身上。同时，因为基于生态原因而培植的经济林，即使不产生经济价值，农民也不能随意砍伐。这样一来，农民的可期利益完全落空。在非经济林方面，其经济价值就在于能够为市场提供可采伐的成熟林木，但仍然是基于生态原因，在生态脆弱区，任何采伐行为都是被禁止的。因此即使成材林木有一定的经济价值，但囿于政策，为交易而进行的采伐也是不可能的。如陕北农民石广银，为治理沙漠栽种了20多万亩林木，林木价值评估3000多万元，但仍然身负巨额债务，靠借钱贷款来植树造林，成材林的经济价值在他看起来只是“水中月，镜中花”，根本不能转化成个人实实在在的收入，劳动价值被完全虚拟化了。二是退耕还林还草和植树种草所产生的环境价值完全吸蚀了农业劳动本身的经济价值。之所以造成这种情况，一方面是因为不管是退耕还林还草，还是对荒漠化的治理，其初始动机和终极目标都是追求一种生态效益，创造社会所需要的环境价值。因而，个人劳动的经济价值只是一个附带的追求目标，特别是当面临极为恶劣的生态问题时，这时候对自身生存环境的保护将上升到更为突出的核心位置，直接的经济价值追求被完全淡化，基于经济人理性的个人目标发生了换位，被社会目标所取代，因而个人劳动的价值直接被社会成本所吸蚀，转化成于全社会有利的环境价值。另一方面，当个人目标发生换位以后，其所创造的环境价值却从未有一个价值评价系统，也不存在一个对价给付机制。就譬如我们根本不知道栽一棵树，能挡住几粒沙，能减弱多大风力，能带来多大湿度一样，社会习惯是对此从不作任何评价，因而个人劳动的价值就像水被吸进了海绵，劳动的应得利益被社会瓜分了。

第三，基于生态建设的农民“两工”，也扭曲了农业劳动力的真实价格。农民“两工”，具体是指农民承担的农村义务工和劳动积累工。农民“两工”，不管是义务工，还是劳动积累工，都被规定为是农民对集体、对社会的一种义务，不能取得正常的劳动报酬，所创造财富作为集体积累或者被国家无偿取得。据有关资料，自20世纪90年代初以来，农民“两工”从1993年的16.4个上升到1998年18.2个，个别年份甚至达到23个以上。根据辽宁省的统计资料，1991年~1999年，辽宁省仅投入水利建设的农民义务工年平均为500万个工作日，按20元1日计算，价值10亿元，相当于辽宁全年各级政府安排的水利投资总额。

农民“两工”就其范围来说，主要被用于农村基础设施建设，如兴修水利、道路和生态环境建设工作。就中、东部地区而言，农民两工的使用，影响的主要是区域内的农业生产环境。但在西部地区，农民“两工”的使用更多的是与全国的生态环境建设有关。如大型水利设施的修建，以及投入植树种草和建设防护林工程等。而这些工程对于改善两河上游的土壤植被、阻挡风沙东进以及调节全国的气候变化无不具有重要的意义。因而西部地区农民“两工”的特殊性还在于其外部影响范围对区外的辐射。另外，较之于中东部地区更为恶劣的自然生存环境，西部地区农民“两工”的数量也远远高于全国的平均工作日。因此，西部地区农民的“两工”收入，不仅没有被西部农民得到，而且区内也没有得到农民“两工”的全部收入。“两工”收入的一部分，经由外部性影响传递到了区外，农业劳动力的真实价格也因此被扭曲了。

对劳动要素的产权损害，直接导致了西部农民的低收入水平。1998年西部地区10个省（市、区）的农民人均纯收入较全国平均水平低17.6%~

53.0%，其中收入较低的西藏、贵州、云南、甘肃和陕西较全国平均水平低35个百分点，收入较高的四川、重庆和宁夏也要较全国平均水平低20个百分点。城乡居民间的收入差距远大于全国平均水平。此外，全国592个国家级贫困县中，70%左右集中分布在西部地区。

西部农业劳动力要素的产权损害，也影响了西部农业劳动力的再生产。表现为，农村教育、医疗制度也远远落后于东部地区。由于西部农业劳动要素的价格低于价值，投入得不到合理补偿。因此，教育、医疗等制度中基本保障资金很容易被当地政府挪作他用，以解燃眉之急，很大程度上造成教育、医疗等基础设施不全，功能水平低下。而且教育落后极易导致科技水平低下，又进而引发农业科技含量不高，农产品产量偏低、工农产品价格剪刀差扩大，农民收入水平与城镇居民收入水平差距进一步拉大，西部农业劳动要素产权遭受更大损害，形成一种恶性循环。

（二）对农业非劳动要素的产权损害

农业非劳动要素是指农业生产需要的各种非人力生产资源，主要包括土地和资本两大要素。因为农业生产过程中，除了劳动要素以外，资本和土地也共同参与了生产过程。但是由于与劳动要素的外部损害相类似的原因，资本和土地所获收益也存在一个净转移部分，即中东部地区气候环境的改善，生活质量的提高，其中也包括了西部农业中土地和资本要素收益净转移的贡献。因此，从这个角度来分析，西部地区农业投入土地和资本，但收益的一部分却无偿地流向了中东部地区，侵害了土地和资本等非人力生产资源的完整产权。

关于土地和资本的产权损害，就其原因而言和劳动力要素产权损害的原因有许多相同之处。因为对产品价值的损害，其中必然包括了价值构成的各部分，既有新增价值，也有转移价值。对转移价值部分的损害，具体就表现为对土地和资本的产权损害。除了与劳动要素产权损害的一些共性原因外，土地和资本的产权损害还有一些特殊原因。

第一，由于传统经济学把价值和价格混为一谈，甚至用马克思的劳动价值论替代价格理论的所有内容。因而，在价格构成上只重视劳动价值部分，而忽视转移价值部分。这一点，在工农业领域都有表现，最典型的为固定资产的低折旧率。低折旧率完全掩盖了资本的实际转移部分，因此也造成了大量资产泡沫，许多固定设备明显已超过了合理的折旧期，但账面价值仍然很大。这也导致了许多资产，虽然已无使用价值，但宁可烂掉，也不能报废回收，或者进行最终的处分。这种低折旧政策，在农业领域，必然反映为农业的资本要素不能收回完全成本，发生了资本价值的部分转移。

第二，关于土地的价值转移，一直以来，由于仅仅把土地作为劳动对象，不存在土地的价格评价，加之土地完全在政策控制之下，农村集体经济组织不得对土地进行转让，或者进行其他处分。人们对土地转移的理解，更多的仅限于国家的无偿征用和“一大二公”式的平调，因此“土地无价格”差不多成了农民对土地的一种共识。因此，人们在对农产品定价时，根本想不到还应该有一个土地的转移价值部分。即使改革开放以来，随着土地使用权的逐渐市场化，但土地价格还没有充分显现出来。在一些发达地区，由于农业经济作物的带动，土地使用权交易有了一定的价格体现，但对于绝大部分的传统种植农业，土地使用权的经济性交易仍处于萌芽之中。在许多地方，农民对承包地使用权的交易，其交易价格仅仅是代交转移土地的农业税，农业税成了土地交易的主要价格标准之一。这种对土地价格的极端漠视，使土地作为一种生产要素的应有价格根本无从实现，不仅直接侵害到土地产权的完整性，还导致了土地资源的极大浪费。如许多地方出现的大面积抛荒现象，或者多季耕种改为单季作物，土地资源处于半闲置状态；以及对土地的掠夺式经营，对土地的资本性投入大量减少，甚至原有的水利设施也遭到严重破坏，农业生产出现了一定的倒退。所有这些，都根因于土地产权的非价值性交易以及土地价值在农作物当中的非价值性表现。

第三，按照级差地租理论，次优或劣质土地是应该少取或者不取得地租，但是次优或者劣质土地的改良是于全社会有利的事情，也就是说，其具有经济外部性。因此，外国包括我国历史上，都对这种土地开发行为以鼓励，如通过减免农业税和给予耕种设备来分散这种土地开发行为的风险。我国西部地区，次优或者劣质土地居多，但耕种的风险全由农民承担，其结果是，不管产出多少，仍要照章缴粮纳税，土地开发不仅得不到价格体现 ，而且农民为此进行的资本性投入也常常是血本无归。这也构成对西部农业的土地和资本要素一种特殊的产权损害之一。

（三）其他产权损害

由于西部农业存在特殊的外部积极影响，为了避免外部性制造者以消极的方式限制外部性，对西部土地资源的使用就有许多制约条件。这种制约影响了土地产权完全依土地所有权人（此处指农村集体经济组织）的自主意志进行运动，使产权运动出现外部性障碍。主要表现在以下几个方面：

第一，土地使用决策不完全依土地所有权人意志来确定，而要考虑到是否有利于环境保护、生态安全等全局因素，并受制于“退耕还林，退耕还草”等政策约束。

在传统计划经济体制下，把自然资源作为天然、无限、无偿索取的对象。甚至当市场经济已经初步确立并且已有相当规模的时候，土地产权概念仍然很模糊，产权界定不清，管理混乱，资源所有者和使用者的责任、权利和义务关系不清晰。许多农村经济组织对于土地资源的利用习惯于遵循上级的行政命令和地方政府的行政指引，进而没有充分的积极性去开发土地资源。于是在具体土地使用决策中出现被动局面，常常导致因时间、季节、气候等影响，由于决策失误或延缓不能充分挖掘土地利用潜能，直接影响农产品的产量。又如土地耕作作物的品种可能受到政策制约，无法依据当地特殊自然、地理和气候条件选择作物的品种，政府和国家也容易忽视各地具体情况，往往“一刀切”，使得土地所有人和使用人无所适从，不能积极地进行实地考察，市场调研，引进先进科学技术。结果导致西部地区农业发展出现经常性波动，土地资源的有效利用受到许多外在因素的干扰。

第二，地上作物不以所有权人自主意志来处置，权利行使要受政策制约，最典型的如对林木采伐的限制性规定。《检察日报》2003 年 3 月 5 日曾报道了全国人大代表牛玉琴提出的法律难题——“我种的树为啥不能砍?”。这个问题说的是治沙劳模牛玉琴为治理荒沙栽种了 10 多万亩林木，到头来却连一棵树也不能砍。当然，并非是说私权可以无视公权而行使，但问题是，对私权的任何限制必得有对应平衡的救济手段。否则，当私人的利益完全依附于公权力时，必然反映为私人利益的无端侵蚀，对私权的侵害也就在所难免。在这一点上，由于特别强调西部农业的生态功能，因而，公权力浸入的程度也要深于其他地区，在权利救济缺位的情况下，这种公权制约必然会成为西部农业产权损害的原因之一。

三、外部经济性克服：建立国家补偿法律制度

（一）国家补偿的理论依据

国家对其违法侵权行为造成个体利益损失，要进行的赔偿属于国家赔偿

范畴。但在西部开发中，国家为促进西部生态农业发展采取国家补偿的办法，克服西部农业的正外部性经济现象。这里并不存在违法行为。国家为什么要对受到利益损害的群体进行补偿呢？对此可用已形成的两种国家补偿的理论支持学说加以解释。

第一，特别牺牲说。该学说源于德国。1793 年《普鲁士法典》第 75 条确定了国家承担补偿责任的原则，即为了公共利益，在必要时，个人必须牺牲其权益，同时社会必须从其设立的公共资金中对个人予以补偿。德国法院在以后的许多判例中支持并充实了这项原则，使公民求偿的范围从金钱损害扩大到非金钱损害补偿，从财产损害扩大到生命和健康损害的补偿。“19 世纪末，德国学者奥托梅叶提出了特别牺牲理论。他认为，任何财产权的行使都要受到一定内在的、社会的限制。只有当时财产的征用或限制超出这些内在限制时，才产生补偿问题。也就是说，对行使所有权的内在社会限制是所有公民都平等的承受的一定负担，不需要赔偿。然而当这种负担落到某个公民头上，它就变成了一种特殊的牺牲，必须进行补偿。”具体到西部生态农业的正外部性而言，由于西部生态农业相对于全社会的生态利益，对这种生态利益的社会张扬，必然造成由此产生的正外部性损害，使得部分群体（西部农业）义务的负担超出社会全体成员的平均负担，而另外一部分群体却免费享受了利益，社会整体利益也得到了增加。但此时外部经济制造者所承担的利益损害显然是具有公益性的，不应由个体来承担，而应由公众负担。即由国家代表社会整体利益来负担正外部性制造成本，从公众的税收——国库中支付一定的补偿费用，以弥补受到利益损失的部分群体。

第二，公共负担平等说。事实上这一理论是前一理论引申的结果。即因为发生了特别牺牲，所以有必要公共负担这种特别牺牲。这在德国也是一个被普遍接受的原则，即如果个别人所作出某种牺牲是为了公共利益，就可以向政府求偿。当然这种牺牲必须是超过正常人所能想象得到，所能忍受得了的损害。这种理论认为国家为公民设定的义务应以平等为基础。当一部分人或个别人因社会公众利益而承担的义务重于相同情况下的其他人时，国家应设法调整和平衡这种义务负担的不均衡现象。承担的方式则是通过财政转移支付等方式由国家对遭受损失的个人或部分人群予以补偿，从而在全体公民于受损者之间重新恢复平等的义务负担状态。这一理论给出了国家应对由于西部生态农业正外部性损害受损的群体进行补偿的更进一步解释。即国家以补偿的方式将外部经济制造者相对于普通社会成员所额外负担的成本转嫁到广大受益人身上，恢复公众义务负担平等的状态。

将特别牺牲理论和公共负担平等理论结合起来解释国家补偿责任的产生，可以得出的结论就是：如果社会的个别成员或一部分成员为社会整体利益作出了特别牺牲，因此受益的社会全体成员应当公平负担这种牺牲。由国家代表社会整体利益通过中央财政给特别牺牲人以补偿，以此恢复社会成员之间义务负担平等的机制。

（二）国家补偿责任的构成要件与特征

1. 国家补偿责任的构成要件

（1）一般要件。国家补偿责任的一般构成要件主要有：①引起国家补偿的行为中不存在违法行为，而是合法行为。这一特征使之与国家赔偿责任得以区别。如果国家因其违法行为，或行为人的故意、过失引起的侵权而构成的责任，为国家赔偿责任。相反，如果国家行为是合法的，且行为人主观上无过错，而且遭受利益损失的人并不是普遍的，而是特别的，则国家承担补偿责任。在日本，就以合法行为标准把国家责任分为损害赔偿与损失赔偿。在法国，行政机关为了防止社会动乱，不执行法院的判决所造成的特殊损害的赔偿责任就是一种补偿责任，虽然国家机关无任何过错，而是合法行为造成的损害，但国家根据特殊牺牲原则需承担责任。②需要国家补偿的利益损失必须是特殊的、非普遍的。这一要件使国家补偿区别于公共负担。即如果个体或部分群体受到的损失是因国家行为导致的普遍损害，如立法行为、税收行为等，这些都属于合理的公共负担，是每个社会成员平等承担的义务，均不应视为特别牺牲，国家也不承担补偿责任。唯有在国家为了社会整体利益依法施加于个体或部分群体重于其他社会成员的义务负担时，国家得进行补偿。“例如在法国，当一项法律对某个人或团体施加特别的负担而不影响处于同样情况下的其他人，受害人可以请求补偿。”那么西部生态农业的正外部性损害是不是特殊而非普遍的呢？答案是肯定的。虽然由于西部生态农业的正外部性损害多存在于西部农业整个行业或整个部门，其制造者广泛而众多，但外部经济使整个社会受益，若相对于受益的社会整体成员而言，遭受正外部性损害的群体又具有一定范围（西部区域性）的特定性，所遭受的利益损失具有特殊性，应属于特别牺牲。（2）特殊要件。国家补偿的特殊构成要件主要有三个。①外部经济的存在。这应是这种特殊国家补偿责任产生的前提要件。

国家补偿责任需有特别牺牲的存在，而外部经济则是产生特别牺牲的原因之一。即如前文在西部开发中，某一地区或局部的活动可能减损自身利益而惠及区外，产生外部经济，而利益的损失却得不到受益区的适当补偿，制造者因无法将这外部效应内在化，其私人成本与社会成本分离而遭受到利益的特别牺牲。此时应适用国家补偿。例如以西部生态农业为例。国家从环境保护、生态安全等全局因素考虑，用“退耕还林，退耕还草”的政策约束农民对土地使用技能的充分行使，因此改善了西部的自然环境，而这一改善的利益将辐射全国，改善全国的气象条件，减少自然灾害。这里农民“退耕还林，退耕还草”对全国环境的影响，就属于西部生态农业对外部的积极影响，即外部经济。②广泛受益与特别损失并存。仍以西部生态农业外部经济为例。国家“退耕还林，退耕还草”的政策，实质上造成了对土地产权的制约。这种制约影响土地产权完全依土地所有权人（农业集体组织）的自主意志进行处分，使产权行使出现外部性障碍。产权所有人的收益因此减少，却无法收回全部成本，而同时西部生态农业产生的正外部效应辐射全国，其形成的“绿色屏障”，既有利于西部自然环境的改善，更有利于减缓形成于西伯利亚的冷气流对我国大陆的冲击，改善全国的气象条件，减少灾害性天气的发生，从而使社会全体成员从中受益。因而这里社会成员的普遍受益和外部经济制造者利益的特别损失同时并存。③外部经济与受益或受损有直接的必然的因果关系。这里强调的是因果关系是直接的，而非间接的。如前文中谈到外部经济对西部生态农业的产权损害包括了期待利益虚拟化和“两工”收入的非偿性等具体的产权损害形式。在这里，外部性与产权损害之间构成直接的因果关系。同时，对西部生态农业的这种损害，其损害额经由外部性传递到了区外。所以，西部区外的受益与西部区内的受损正好是等值的，是问题的两个方面。因此，受益和受损都与外部性之间存在直接的、必然的因果关系。

2. 国家补偿责任的特征

因西部生态农业外部经济而产生的国家补偿责任具有以下特征：(1) 补偿数额与利益损失额的概括相等。由于西部生态农业正外部性成本的价值难以判断，很难确定补偿的具体数额。因而国家补偿只能参照一定的经济标准给当事人以相当的补偿，而不可能在具体案件中一项项计算个体的损失。过于要求补偿额的精确化，将增加国家补偿的成本。(2) 补偿责任仅为适当补偿责任。在许多国家关于补偿数额的规定中，大多都采用“公正”“相当”“适当”

等字眼规定补偿数额。但人们对“公正”“相当”“适当”的理解都是不一致的。有人将“公正”“相当”理解为全额补偿，有人理解为足够补偿，还有人主张“最低标准”补偿。对此，我们应根据国家补偿责任的支撑理论——特别牺牲论和公共负担论——来理解补偿数额与实际损失的关系。依据前两个理论，补偿的根本属性在于国家对特别牺牲人损失的弥补。这种弥补旨在平衡受损人与普通社会成员之间的义务负担，而不是让受损人因制造外部经济从中获利。而且国家补偿由中央财政支付，这将是一笔很大的支出，必须将这一财政负担降低到可能的最低限度，否则中央财政将不堪重负。因而国家补偿责任应该而且必须为适度补偿责任。事实上，世界上多数国家都以最高补偿限制把国家补偿责任限定在最低标准弥补损失的范围内。如在美国，政府如对私人利用核能的企业发放许可证有误造成损害的，政府要负责任，这种补偿责任有最高限额的限制。再如法国对于有关动物、飞机、汽车、农药、疫苗以及其他非常危险的行为，涉及国家补偿责任时，都有最高补偿额的限制。(2) 补偿责任不以损失的现实存在为要件。为了最大限度地发挥国家补偿对经济的作用，促进正外部性的产出，国家可以在外部经济产生前或产生过程中就进行补偿。国家补偿不同于私人协商，国家具有完全的主动性，因而应发挥这种主动性，采用事前支付补偿金的方式承担外部经济的制造成本，以此鼓励正外部性的产出，实现资源的高效配置。我们应将国家补偿制度设计成一种影响未来行为的激励机制。

(三) 国家补偿的原则

1. 可持续发展原则

这一原则是针对西部生态农业正外部性问题进行国家补偿的特殊要求。在对西部生态农业的外部经济进行补偿时，一定要注意地区经济、社会、人文的短期发展目标与长期发展战略目标的衔接，要采取综合性的、灵活的手段进行补偿，协调生态农业发展、农民收入增长、农村多种经营和环境保护等问题，特别要培育受补偿的行业、部门在没有外部补偿条件下的自我发展能力。美国 1993 年通过的《联邦受援区和受援社区法案》规定了指导计划实行的原则中就包括可持续发展原则。

2. 依法补偿原则

这一原则要求进行国家补偿不仅要实体上有法可依，程序上也要有法可依。法律制度的作用在这里不需多言，单就因西部生态农业的外部经济而进行的国家补偿而言，依法进行补偿具有两方面非常的意义。首先，有利于国家补偿的科学性。进行国家补偿的决策一旦失误，轻者将使部分群体利益受损，重者会影响经济全局。因而必须使决策的形成遵循固有的程序，符合已定的制度，以此阻遏和杜绝决策上的个别意志、长官意志等人为因素和非理性因素，防止决策尤其是重大决策的失误。而要使国家补偿符合已定的制度，有既定的程序可遵循，就必须将其纳入法制轨道加以约束，最大限度地降低决策的随意性。在这一点上美国的经验值得借鉴。因美国联邦政府的援助与我们这里的国家补偿性质相似，就以此为例说明。美国政府对援助欠发达地区的经济发展有严格的立法、执法和司法程序。联邦政府对欠发达地区和社会的援助主要是根据国会通过的有关法律制定具体的援助计划，审查批准援助项目的申请报告，拨付一定比例的款项给州政府，并定期审计资金的使用情况。近年来联邦政府围绕欠发达地区存在的一系列突出矛盾和问题，如提高就业率，救济残疾人、保护环境、基础设施建设等，先后建立了 1324 个项目基金会，每个项目基金资金来源、申报程序、实施要求等都相应制订了操作性很强的法律条款，为了提高这项工作的透明度，联邦政府服务管理中心将这 1300 多个法律条款每年汇编成“联邦政府国内的资助目录”，并制成 CD 盘公开发行。这样无论款项申请人还是审批人都会各自按照法律进行操作，最大限度地排除了主观随意性。运用法制手段规范援助工作方方面面的责权和行为是美国以很有限的投入在援助欠发达地区发展方面取得较好成效的重要原因。这对我们依法进行国家补偿很有启示。

依法补偿的第二个意义在于给市场主体明确的信息，即外部经济的制造者可以通过法律的途径获得制造成本的补偿。这一信息将会影响市场主体的行为决策。在理性驱使下他会衡量自己的利弊得失。显然以法的形式告诉市场主体制造外部经济可以得到国家补偿的信息会比任何一种形式更具有效果，这会最大限度地鼓励市场主体外部经济的产出。

3. 公平兼顾效率原则

这是一个最难把握又不得不遵循的原则，因为公平与效率的追求总是存在着冲突，这一冲突在西部生态农业外部经济中表现得尤其突出。外部经济制造者要想向受益者索要报酬，成本是巨大的，若成本大于其所能得到的报酬，则这一交易是没有效率的；但若外部制造者单方面承担制造成本，受益者免费享受他制造的正外部性，又是不公平的，此时公平与效率发生了冲突。

考虑到持续的不公平会阻碍正外部性的产出，最终有害于社会整体效率的实现，我们就必须解决这一不公平的经济现象。而无论采取何种解决方式都是需要成本的，一出现成本，相互矛盾的公平与效率的价值取舍又进入不得不进行的现实选择之中。

若收入可能被无成本地分配，那么效率与公平之间就不会有冲突，不论对追求效率的特定分配结果还是对取得公平的收入分配都是这样，但是在现实中无论是通过市场主体自愿交易还是国家补偿来解决正外部性问题，成本都是存在的，那么效率与公平就会有冲突，无论事实上的冲突是为了实现高效率的资源配置还是公平的收入分配。正如波斯纳分析的："如何解决平等和效率之间的冲突最终取决于两者的相对重要性，如果推进平等是非常重要的，那么为了社会更多的公平而牺牲一些效率还是有必要的。"我们所说的公平，即社会成员平等地承担义务，与波斯纳的"平等"具有本质的相通性。因而最后的结论是，我们应寻找最适当的法律通过权利界定和程序规定使收入分配成本最小化，这也正是我们选择国家补偿制度来解决西部生态农业的正外部性问题的原因。因而与以往的法律制度有所不同的是，国家补偿制度设立的初衷应侧重于实现公平，以公平来促进长远效率的实现，即以可持续发展的角度，通过维持社会成员义务负担的公平来鼓励正外部性产出，最终达到社会资源总体配置的高效率，增加社会整体利益。这与侧重于追求个体效率而忽略实质公平的民法有所不同，而是经济法所具有的独特价值理念。这一原则应贯彻于国家补偿制度的始终，无论在决定是否进行补偿，补偿数额及如何补偿的每个环节都要体现公平兼顾效率的价值理念。

●本文原载西南政法大学主办、著名经济法学家李昌麒教授主编的《经济法论坛》第 2 卷。

PART3

西部开发中的环境资源诱因及法治建设成果

第一节　西部开发法律需求的经济学分析

中国社会之所以在21世纪初作出西部大开发的选择，在很大程度上也是因为自改革开放以来，中国社会发展过程中，社会经济关系发展、变化的实然表现的客观要求。对这种实然关系中经实践检验认为是合理的那部分关系，需要法律予以确认，上升为法律关系。对其中被扭曲的、有违社会理想的实然社会关系则需要予以法律矫正。这种应然关系和实然关系的实际发生和客观存在都产生了对法律的直接需求〔1〕。针对这种法律需求，最有效的法律共给就是制定西部开发法〔2〕。在具体探讨实然社会关系对西部开发的法律需求时，本文着重于对其中被扭曲的需要加以法律矫正的实然社会关系的分析，而对其中需要予以法律确认的实然关系则存而不论。

〔1〕 本文将社会关系划分为实然社会关系和应然社会关系并不具有严格的哲学意义，本文这种划分的意义仅仅在于把由西部开发战略实施所引起的社会关系和西部既存社会关系加以区别，其中前者在本文中谓之应然社会关系，着重在于指出西部开发战略实施会产生哪些新的社会关系，由此会引起哪些法律需求。后者在本文中谓之实然社会关系，由此会引起哪些法律需求，着重于指出实然社会关系中必然存在的的有违社会理想的那部分社会关系，有必要通过适当的法律供给加以矫正。由此引出了本书第二部分所探讨的法律需求。

〔2〕 关于制定西部开发法，作者将另作探讨，此处只是作为法律需求的相对方——法律供给的形式之一来凸显法律需求，对此不作更多的分析。

一、应然法律需求

西部开发自1999年6月江泽民在西北五省区国有企业改革和发展座谈会上正式提出，9月22日写入十五届四中全会文件，到2000年全面启动。[1]西部开发的启动，使得围绕西部开发，在国家、社会、西部、国家与西部、东部与西部之间形成了一系列新的社会关系，这些新的社会关系如何得以健康发展，并实现符合理想的应然社会关系，需要制定专门法对中一系列问题予以明确的法律界定，以确保西部开发的顺利进行。这些应然关系法律需求主要包括以下内容：

（一）界定开发主体的法律需求

西部开发就其对象而言，可广义的理解为西部地区的经济、社会发展，进一步可理解为“开路（基础设施）、生态环境和特色经济（产业）”[2]。但由谁来开发？开发主体的法律界定，涉及开发过程的开发权利、义务关系，如果开发主体不明确，必然导致开发过程中的权利义务关系模糊，影响开发效果，出现开发责任不清、开发责任难以落实的情况。

正确界定开发主体需要紧紧把握以下三个制度性背景。一是从历史考察来看，我国西部在新中国建立后曾经历两次开发，一次是在20世纪50年代，全国安排的156项重点项目，大部分集中在西部，其中仅陕西、甘肃两省就占了40项[3]。一次是在20世纪60、70年代三线建设时期，在西部地区建立了一大批国防工业企业和设备工业企业。这两次开发都是以国家为主体开发的，西部地区被动地接受国家的资金投入和项目建设，开发主体单一。二是这两次开发都是在计划经济条件下进行的，绝大部分社会资源掌握在国家手里，支撑了以国家为主体的单一开发。而本次开发面对的社会主义市场经济，社会资源已经分散化，不再完全由国家进行计划控制，国家掌握的资源受到一定限制，国家的直接干预力较之先前明显软化，国家作为开发主体的能力受到很大的局限性。三是我国西部地区经过50年的发展形成了比较典型的二元经济

---

〔1〕 西部开发政策的出台，经历了一个长期过程，从邓小平开始一直到现任中央领导人对此问题都多有论述，本文仅是从与西部开发全面启动的直接联系上，把上述两种情况作为西部开发启动的直接契机。

〔2〕 许宝健：“瞩目西部开发”，载《经济日报》2000年2月3日。

〔3〕 陈锦华：“影响西部开发的几个因素”，载《光明日报》2000年3月7日。

结构，落后的传统农业和相对发达的现代工业并存，依靠现有工业积累资金改造改造传统农业、加速社会转型的能力有限，即西部自身的开发能力有限。

结合上述制度性背景，本文以为开发主体的界定宜构筑国家、地方和企业的三元主体结构。其经济学意义在于既可克服国家财力不足的矛盾，又可借助国家有限财力的集中使用，有利于实现单级突破（如上述开发对象的三个方面），冲破二元经济结构的封闭状态。同时，吸纳大量企业参与开发，亦可保证开发的市场适应性，避免国家（包括地方）计划开发有可能形成的市场刚性，使得西部开发能沿着市场轨道向前发展，并适应国家经济结构调整和世界产业升级的需要。

国家（一元）主体的法律地位集中在两个方面，一是集中国有资源进行计划开发，一是为地方计划开发和企业参与开发提供制度供给，充分调动地方和企业开发的积极性，发挥其主观能动性。地方（二元）主体的法律地方亦集中在两个方面，一是集中地方资源进行计划开发，二是为企业参与开发提供具体的制度供给，使得有限的地方财力直接使用到地方最重要的用途上，并为企业直接参与地方开发提供各种便利条件。企业（三元）主体的法律地位集中在三个方面，一是自主开发，应充分尊重企业的自主人格，并通过制度供给的各种优惠政策吸引企业参与地方开发，不能强行干预企业的经营自主权。二是自由进出，需要在资本流动、人力配置、资源使用等方面为企业自由进出提供便利，放宽企业准入条件，方便企业完全依据市场机制选择进出方式，确定产业方向，避免行政干预硬化企业流动机制，限制企业自由进出。三是利益保障，西部地区因其特殊环境，企业盈利机会明显小于东部地区，应提供相应制度供给，降低企业进入成本和经营成本，确保企业在正常情况下能维持盈利状态。

（二）明确开发目标的法律需求

西部开发目标也即西部开发所要达到的事实状态，这不仅是经济学研究所要解决的问题，也是法律价值的最终体现。通过立法形式，明确西部开发的目标，必将对围绕西部开发的经济活动实现有效的指引，有利于在西部开发中形成有序、良性互动和符合理想的经济关系。起法律价值表现包括以下几个方面：首先，法律作为配置资源的一种重要手段，主要通过明晰产权和对产权的重新安排来实现资源的有效率配置〔1〕，所以，法律配置资源的实

〔1〕 李永宁："法治经济论"，载《理论导刊》1999 年第 12 期。

现，有一个很重要的前提条件就是必须具有确定的价值取向，即资源配置所要达到的目标必须确定化。其次，西部开发作为国家主导之下的有组织的经济活动，不同于一般的市场活动，市场活动可以依据市场规律预测其发展目标，具有自发性和事后性，最终是否能达到预期目标，也存在不确定性。而国家主导之下的经济活动必须具有事先目标性，这样才有可能通过直接配置资源和充分利用市场机制的作用来实现先期确定的目标。再次，由于国家在直接配置资源的同时注意利用市场机制来进行资源配置，实现所确定的目标，而在利用市场机制时，着重于通过各种经济杠杆对市场机制的作用施加影响，所以，这就决定了国家对市场的影响在很大程度上无非是通过提供政策供给来实现，至于提供什么样的政策供给，显然是以能推动确定性目标的实现为基本依据。最后，依法确定开发目标，赋予开发目标以法律刚性，也有助于统一思想，集中全社会力量坚定不移的实现开发目标，避免因开发目标缺乏法律刚性而变得不确定，影响开发的最终成果。

在具体确定开发目标时，应紧紧围绕为什么进行西部开发这一主题，重点把握以下几点：一是改革开放以来，特别是 20 世纪 90 年代以来，我国东西部地区收入差距明显拉大。东西部地区农民人均纯收入比例差距分别从 1980 年的 1.28∶1.06∶1 扩大到 1998 年的 1.95∶1.37∶1。1998 年，东部地区农民人均纯收入为 2854 元，西部地区农民人均纯收入只有 1474 元，相差 1 倍。1981 年，城镇居民收入最高的上海与收入最低的省份山西分别为 599 元和 370 元，其比例是 1.62∶1。到 1997 年，城镇居民收入最高的省份广东与收入最低的省份甘肃分别为 8562 元和 3592 元，其比例已扩大为 2.38∶1。1998 年，人均可支配收入最高的深圳市为 20 245 元，最低的西宁市人均可支配收入仅为 4245 元，两个城市的人均可支配收入相差 4.8 倍全国近 600 个贫困县，有 90%以上集中在中西部地区〔1〕。二是由于千百年来的战乱、自然灾害和各种人为的原因，西部地区自然环境不断恶化，特别是资源短缺，水土流失严重，生态环境越来越恶劣，荒漠化年复一年的加剧，并且不断向东推进。目前，全国水土流失面积 360 多万平方公里，其中西部地区就占了 80%，全国每年新增荒漠化面积约 2400 平方公里，也大都在西部地区。日益恶化的生态环境，极大地制约着西部地区的经济社会发展，对中华民族的生存和发展也构成了严

〔1〕 李欣欣："我国西部开发十年概述"，载《经济研究参考》2000 年第 1 期。

重的威胁[1]。三是我国西部地区边界线绵长，与10多个国家接壤，有50多个民族居住，占全国少数民族人口的80%，“东西部差距在一定意义上也可以说是汉族与少数民族的差距”。加快开发西部地区，有利于增强中华民族的凝聚力和向心力，从根本上挫败国内外敌对势力的阴谋，确保民族团结和边疆巩固，为国家的长治久安和社会主义制度的巩固，奠定坚实的物质和思想基础[2]。

基于上述分析，本文以为西部开发的目标应确定为缩小地区差距，实现生态平衡和确保民族团结三大目标。这三大目标应从法律上予以确认。其中第一个目标之所以确定为缩小地区差距，是考虑到西部开发将是一个长期过程，不能指望“一夜暴富”。[3]但经济开发，会逐步缩小地区差距，最终实现东西部地区的协调发展和共同富裕。第二个目标实现生态平衡，是把生态平衡作为西部开发要重点解决的问题，并在可预期的一段时间内使得西部地区的生态环境得到根本改善，建立优良的生态环境推动西部开发向纵深发展并为西部地区乃至全国创造一个可持续发展的外在环境。也只有在上述两个目标实现以后，西部各族人民才有可能真正安居乐业，西部地区的社会稳定和民族团结也才会最终实现。

（三）界定开发范围的法律需求

西部开发的范围也即西部开发的区域边界和空间范围。西部开发本身意味着在各开发主体及开发主体与开发对象之间设定一种新的权利义务关系。所以，开发范围既反映为开发活动本身的区域和空间边界，也反映为围绕西部开发所设定的权利义务的区域和空间边界。所以，明确西部开发的范围就具有十分重要的法律意义。其法律价值主要体现在以下几个方面：一是开发范围明确有助于国有开发资源的合理配置。正如前文所述，西部开发过程中，国家作为一个重要的开发主体之一，有必要调动一定数量的国有开发资源直接进行开发，要使得有限的国有资源能准确到位，真正发挥国有资源“四两拨千斤”的作用，就必须为国有资源的流动划定明确的区域和空间边界，避免国有资源越界流动，配置不到位，分散有限的国有开发资源，扭曲国家经济力，影响国家在开发中的主导作用的发挥。二是开发范围明确有助于国家

---

〔1〕曾培炎：“加快实施西部大开发战略”，载《经济日报》2000年3月14日。

〔2〕郑必坚：“关于实施西部大开发战略的初步思考”，载《光明日报》2000年2月29日。

〔3〕见许嘉璐刊于《中国经济时报》2000年2月23日的文章。

有效提供倾斜性制度供给。西部开发作为国家在特殊背景条件下的一项历史性选择，不仅要求国家直接投入人、财、物进行开发，还要为开发积极提供各种倾斜性制度供给。如果开发的区域和空间边界不清，倾斜性制度供给就不可能精准到位，导致目标区内制度供给短缺，使大开发不能得到充分的制度保障，或者制度供给发生相对过剩，使非目标区得到倾斜性制度供给，最终必然扭曲制度效率，使资源配置的实际效果发生变形，大开发的预期目标将难以真正实现。因为，国家的倾斜性制度供给无非是通过制度优惠以弥补市场机制的欠缺，有效发挥市场机制的作用，克服市场失灵对大开发的消极影响。但当制度供给短缺或过剩的情况出现后，就不能克服市场机制的不足，在事实上反而有可能扭曲市场机制。如国务院近期公布的鼓励外商投资中西部的税收优惠政策，把中西部的税收优惠拉平，这一做法无疑对克服东部倾斜政策是有益的，但仅就开发西部的意义而言，其鼓励外商投资西部的力度显然不够。所以，有必要在明确开发的区域和空间边界以后实施不同的差别政策，对西部地区实施相比其他地区更优惠的税收政策，以刺激西部地区吸引更多的外资进入。三是开发范围明确有助于推进不同地区之间的经济合作。使得各地区都能看清国家政策对各自的意义，并在此基础上，用足用活国家政策，使得政策作用发挥到最大限度。

开发范围的具体界定，不能想当然的随意确定，中部地区更应该照顾国家大局，不宜在位置问题上进行纠缠〔1〕，应看到西部开发对中部地区也是一次发展机遇，要充分利用西部开发的机遇，发挥自身“承东启西”的区位优势，要认识到没有西部的发展，中部地区也很难实现快速的发展。在具体界定西部开发范围时，应结合西部地区特点，坚持三个原则来划定开发范围。一是尊重历史传统的原则。传统上我国西部地区即指西北五省区和西南五省市，俗称大西北和大西南，由于其在我国版图上的自然区位，传统上一直被称为“中国西部”，所以，尽量不要在传统范围之外，再增加新内容，避免造成理解歧义。二是坚持突出地区特征原则，我国西部地区就其经济、社会结构来看存在明显的区位特征，应以这些区位特征为依据界定西部地区的范围。这些特征是：第一，我国西部地区的经济结构属于典型的二元经济结构，既有新中国成立以来建立的以国有企业为主体的现代部门，又存在落后的传统

〔1〕 李予阳：“非东非西说位置”，载《经济日报》2000 年 3 月 14 日。

农业部门，农业部门商品化程度低，农村乡镇企业不发达，广大农村很大程度上还处于封闭状态，全国600个贫困县的绝大部分位于西部地区，农民温饱问题尚未得到根本解决。第二，我国西部地区社会结构的典型特征之一是多民族杂居，生活着50多个少数民族，少数民族人口占全国少数民族人口的80%。第三，我国西部地区毗邻10多个国家，是祖国的西部边陲，绵长的国境线把西部地区大多省区连成一体，具有特殊的战略意义。三是严格把握中央政策的原则。严格把握中央政策，要求对中央政策要准确理解，要做到这一点，重点要区分“加快中西部发展”和“西部大开发”的内涵，要看到中央文件和中央领导人在不同场合使用上述两种不同的表达方式，其政策含义是有严格区别的。这种区别表现在：(1) 两者力度不同。所谓加快发展，只是要求发展要快于常规的速度，而“开发”则是要求在更大程度上实现跨越式发展。(2) 两者实现手段不同。“加快发展”着重于政策刺激和管理改进以提高效率；而“开发”应以国家主导为主要实现手段，着重于国家最大限度地调动资源和最大程度的政策供给。所以，不能把“加快中西部发展”误认为是“开发中西部”，使开发范围任意延伸。

根据上述分析，本文以为西部开发的范围除西部五省区和西南五省市之外，应再加上内蒙古，使西部开发的范围严格限定在西部11省区市的范围之内。

(四) 明确东部地区责任的法律需求

如果把东西部看成是具有各自利益的竞争对手，那么西部开发，对东西部地区来说无疑是一个实现双赢的有利时机。西部地区会借助开发实现经济社会的全面、快速发展。同时，西部开发又会为东部地区提供产品市场，为东部地区传统产业的转移提供承接地，加速东部地区的结构调整和经济发展。但问题并不仅仅是这样，东西部之间也不仅仅是单纯的商品交换关系，此外，还存在着非交换互助关系。两者不同性质的关系交织在一起，就使得这种关系变得 很复杂，东部地区对西部开发又无责任，承担什么样的责任，就成为问题的焦点，由此也产生了许多有争议的观点，如有学者认为，为了明确东部地区对西部开发的责任，国家应在东部地区增设“西部开发建设税”[1]，

〔1〕 冯家臻等：“西部大开发中陕西需要国家给予哪些支持政策”，载《当代经济科学》2000年第2期。

以及给西部地区适当补偿[1]等观点，东部好多地区在谈及西部开发时，又在很大程度上仅仅把西部地区当作一个淘金地。上述观点和倾向都有一定片面性。不利于互助互利、团结和睦、携手并进、共同发展的新型东西部关系的形成。有鉴于此，必须从法律上明确规定东部地区对西部开发的责任。明确东部地区对西部开发的责任，其法律上的意义为：其一，依法确定责任，目的在于把一般意义上的责任上升为法律责任，赋予责任以法律强制性，有利于搁置争议，克服消极态度，集中精力为西部开发尽责尽力。其二，明确责任还有利于克服西北地区等、靠、要的依赖思想，使西部地区清楚认识东部地区支持的最大限度，激发西部地区自力更生、奋发图强、艰苦创业的精神。其三，明确责任还有利于在东西部之间形成一种互帮互学、合作互利、协调发展的人文氛围，有利于人民团结、社会稳定。

依法确定东部地区对西部开发的责任，应把握三个原则：一是大局原则。早在20世纪90年代初，邓小平就提出“两个大局”思想：一个大局是东部沿海地区加快对外开放，使之较快地先发展起来，中西部地区要顾全这个大局。另一个大局是当发展到一定程度时，比如20世纪末全国达到小康水平时，就要拿出更多的力量帮助中西部地区加快发展，东部沿海地区也要顾全这个大局。按照“两个大局”的思想，长期以来，西部地区一直积极支持国家对东部地区的投资倾斜和政策优惠，向东部地区输送了大量高素质的人力资源，自觉服从了东部发展的大局。现在，东部地区发展起来了，东部地区自然应该服从第二个大局，就是“拿出更多的力量帮助中西部地区加快发展”。二是互利原则。应看到西部开发也为东部地区提供了许多商机。首先，西部发展会刺激内需扩大，为东部地区提供市场。其次，西部地区发展也为东部地区实现产业转移、技术转让和联合开发提供了空间。最后，随着西部开发的进行，西部地区丰富的自然资源的开发成本也会降低，为东部地区提供更多优质价廉的自然资源和初级产品。在这一过程中，西部地区也会吸引越来越多的东部资金和技术，以及东部地区先进的管理经验，使得西部地区经济社会得到更快的发展。三是无偿援助原则。我国是社会主义国家，在充分尊重个人和地方利益的前提下，国家资源应为全体中国人民所共享，所以，在不同的发展阶段，先进帮后进、先富帮后富，是社会主义精神价值的集中

---

〔1〕 李忠杰：“西部大开发的战略问题”，载《光明日报》2000年2月22日。

体现。而且，由于国家采取梯度开发战略，东西部发展时期不同，在发展成本方面也存在很大差异。东部地区是在我国短缺经济时期开始发展的，凭借经济体制转型完成以前国家强大的经济力支持实现了快速发展，发展成本低。西部开发是在供给相对过剩和市场相对萎缩的情况下展开的，加之体制转型完成以后国家经济力的减弱，又面临国内经济结构调整和世界产业升级的特殊环境，发展成本相对提高。由于发展成本差异，直接影响到东西部的资金积累能力，东部明显优于西部。就此而言，东部地区应将帮助西部地区作为自己义不容辞的责任，各地可从自身实际出发，选择灵活多样的方式帮助西部，但作为一项法律原则，有必要将其规范化、固定化。

基于上述分析，本文以为东部地区对西部开发的责任应确定为六个方面：一是支持国家对西部开发采取倾斜优惠政策；二是为西部地区传授技术、培养干部和人才；三是帮助西部地区发展科技和教育事业；四是优先使用西部地区优势资源和产品；五是转移产业从西部地区取得的收入应有一定 比例用于西部地区再投资；六是对西部地区提供适当的无偿援助〔1〕。

二、实然法律需求

西部开发就其目的而言，着重于从根本上改变西部地区的落后状态，而西部地区之所以落后，在很大程度上则是因为新中国成立以来，西部地区的实然经济关系存在许多有违理想的、被扭曲的部分，实然经济关系遭受扭曲，必然使得西部地区自身对资源发生不合理配置，其结果必然出现低效率资源配置，并导致经济利益在东西部之间发生非平衡流动，西部利益大量沉淀于东部〔2〕，构成西部地区落后的实质性障碍。所以，有必要采取法律手段，矫正实然关系被扭曲的状现象，实现资源配置的合理化和高效化，最终改变西部地区的落后面貌。所以，实然关系部分扭曲的客观事实，就产生了对法律的实际需求，集中体现在两个方面。

（一）界定产权的法律需求

深入考察我国西部地区的经济运动，不难发现我国西部地区长期的发展

---

〔1〕 关于无偿援助的法律依据将在后文述及。

〔2〕 陈小玮："我国东西部区域经济差距拉大的原因探析"，载张积玉、许发民编：《中国西北经济社会发展研究》，陕西师范大学出版社 1998 年版，第 46~56 页。

过程中一直存在许多向区外释放外部经济[1]的行业。这种外部经济的释放使得西部地区相对于其他地区承担了更多的外在成本，但这种外在成本却未能通过一套有效的回收机制使“外部性的制造者把这些外部效应内部化”[2]，付出资源，却不能得到正常价格，地区产权遭受一定程度损害，形成低效率资源配置的主要的制度性根源。解决这一问题，有必要重新审视有关行业的产权界定，通过赋予其完整产权以弥补其效率损害。由外部性导致产权不清的领域在西部地区集中表现在以下几个方面：

1. 能源矿产资源行业的外部性与产权损害

我国西部地区地域辽阔，地形复杂，地质多样，蕴藏这极其丰富的各种资源。已探明矿种 121 种，占全国探明矿种 148 种的 81.8%，其中有 45 种矿种储量占全国一半以上或接近一半，有的如铬、钛、汞、铂、稀土、钾、石棉等，占 80%以上，而且矿藏又相对集中。但由于历史原因，资源性产品价格一直偏低，西部地区输出低价矿产资源等初级产品，输入高价格的工业及生活用品[3]。这种不平等的几个交换，在国家工业化过程中，对积累工业资本，刺激现代工业的发展产生了积极的作用，犹如工农业产品价格剪刀差，依靠从农业吸收资金发展现代工业一样，西部地区在出让自己的资源性产品时，也部分地转让了自己的利益以利于国家工业化，造成付出成本而不能取得收益的客观事实。当东部地区的工业化在开放政策的推动下，快速走向成熟以后，又开始自然地选择某些更经济的环保型资源产品，如油、电对煤炭的替代，这又造成了西部地区艰难积累起来的某些生产能力出现过剩，像煤炭行业的普遍性亏损，而又没有足够的资金对初级产品进行深加工或进入其他产业，所以，能源矿产资源行业的产权不清，无疑是造成西部落后的原因之一。

2. 国防科技工业的外部性与产权损害

西部地区有庞大的国有工业体系，西部地区的国有企业主要是在“一五”时期和“三线”建设时期的基础上形成的。“一五”时期的 156 项重点项目，

---

〔1〕 外部性是指一个或多人的自愿行为在未经第三方同意的情况下强加于或给予他们的成本或收益。其中给予他人收益谓之外部经济，强加于他人成本，谓之外部不经济。

〔2〕 [美] 考特、尤伦：《法和经济学》，张军等译，上海三联书店 1994 年版。

〔3〕 裴成荣：“论东西差距和区域经济协调发展”，载《陕西师范大学学报（哲学社会科学）》1996 年第 3 期。

仅陕西、甘肃两省就占了40项。“三线”建设时期，西部有6个省区被划定为“三线”地区，成为投资和建设的重点，仅四川（包括重庆）一省就只有当时全国投资总额的1/10。西部地区的国有企业又主要集中在国防科技工业领域，据四川省1986年统计，国防科技工业拥有的固定资产原值已占全国国防科技工业的17.6%。国防科技工业由于其特殊性质，不可能纳入市场化的发展轨道。其高风险、低产出性质，也不可能通过公开市场取得正常的价值回报，但其受益者是整个国家。而且为了建立稳固的国防，保存强有力的国防科技工业能力也是必需的。虽然改革开放以来，国家一再鼓励有关国防科技工业向民用生产方面发展，但国防科技工业仍然需要配置一定的经济资源。但在和平时期，这种能力并不需要直接外化为各种军工产品。这在事实上会造成一定数量的资源闲置，但这种资源闲置完全是为维护国家利益而付出的一种正常代价。如果简单的让企业承担这种成本支出，无疑是对企业产权的一种社会剥夺。

3. 科技教育的外部性及对地区的产权损害

一般认为，我国西部地区教育落后。应当承认，西部地区的广大农村的教育普及程度确实偏低，按也应看到，西部有许多主要城市的科技教育事业在一定程度上领先于东部一些地区。如身处西部的陕西省，其综合空间实力仅次于北京、上海，曾位居全国第三，作为全国主要的教育大省，每年要向全国输出大量科技人才。教育作为一个典型的释放外在利益的行业，其直接的投资回报率很低，但对经济的推动力，以及在经济增长中的贡献率越来越高。西部地区将有限的资源更多的投向教育事业，结果是为国家培养了大量人才。改革开放以来的“孔雀东南飞”现象，使得西部不仅成为全国人才的重要培养地，而且成为重要的人才实习地，西部地区不仅为全国培养优秀毕业生，而且还输送成熟型专业人才与熟练劳动力。同时，西部地区产生的许多科技成果，大量的被在发达地区推广使用。仅就此而言，东部地区就要少支出大量培训、培养和教育费用，而这部分费用显然是由西部地区代为支出的，国家包括东部地区并未向西部地区作适当的补偿，造成西部地区有限的资源伴随“孔雀东南飞”大量无偿的流入东部地区。

4. 农业的外部性与产权损害

农业包括种植业、畜牧业和森林业。农业也是一个重要的外在性行业，不仅是因为其可以提供必要的农牧产品，还在于他对改善整个自然环境有着重要的意义。加之我国西高东低的特殊地理特征，我国的江河源头大多发之于西部，所以，西部地区的农业对东部地区就更有着特殊的意义，如果西部地区完全走粗放式工业化道路，大量占有耕地，毁坏森林，不仅会加快西部地区荒漠化的速度，对东部地区也会构成严重的威胁。同时，西部地区蕴藏大量珍奇物种也会走向灭绝，这对中国，甚至对人类都将是严重的灾难，山川秀美的西部地区也就永远不可能出现。所以，应看到西部的农牧业和森林业是对国家的一种贡献，是对东部地区的一种贡献，由这种贡献所引起的资源投入，理应得到适当的补偿。

（二）公平竞争的法律需求

西部落后于东部，单纯从东西部之间的经济关系来看，其中一个重要的原因就是东西部之间基于历史、政策等因素形成的非公平竞争的格局。其中东部明显优于西部，“市场准入和权利的不平等是西部经济发展落后的外部因素”〔1〕。开发西部，必须采取适当的法律措施改变竞争的不公平状态，使东西部完全站在同一起跑线上。具体表现在以下两个方面：

1. 资本流动的不公平制度供给

发展经济学的一个重要观点就是认为推动发展的主要动力源泉就是资本积累。自改革开放以来，在国家政策倾斜、税收优惠以及与西部地区的贸易中，加速了东部地区的资本积累过程。对西部地区来说，是否可以采取同样的步骤来实现自身的资本积累？本文以为，即使把赋予东部地区的各种倾斜优惠性政策同样惠及西部地区，但也难于实现类同于东部地区的资本积累过程。除了人口集中度、海外侨资等外在条件差异外，下列因素也使西部地区相比东部地区处于不利的地位。

第一，国有经济在区域经济中的比重。由于改革开放前，出于战备的考虑，主要的国防科技工业投资于西部，在私有制构成中，西部地区国有经济成分远远高于东部地区。资料显示，1994 年工业总产值中西北五省区国有工业所占比例高于全国平均水平 33 个百分点，集体和城乡个体工业所占比例却低于全国平均水平 23 个百分点〔2〕。这就使得西部地区虽然经济总量小，但

---

〔1〕 王肃元：“西部经济开发的法律思考”，载《政法论坛》1998 年第 2 期。

〔2〕 李燕军：“西北地区经济发展浅论”，载张积玉、徐发民：《中国西北经济社会发展研究》，陕西师范大学出版社 1998 年版，第 147～161 页。

承担的税赋比例相对高于东部。削弱了西部地区的积累能力，而且国有经济相对僵化的管理体制也很难使其采取类同与其他经济成分更为灵活的竞争方式，东西部之间的竞争地位因此发生差异，西部地区处于相对不利的地位。

第二，外资的进入成本差异。外资进入中国，特别是中小资本的进入，注重的主要是短期利益。相比西部地区，外资，特别是有形资本在进入东部时，不存在从口岸再到西部的中转环节，进入成本明显小于西部。加上各种优惠政策及报关、注册方面的简易程序，进入成本就更低。在这种情况下，即使给西部同样的政策和优惠待遇，西部的进入成本仍然高于东部，外资仍然会首选东部，如果享受不到与东部同样的政策倾斜和优惠待遇，无疑等于给外资进入西部人为的设置了一道屏障。因此造成“截至 1999 年 11 月，在全国累计批准的合同外资金额和实际使用外资金额中，西部地区所占比重仅分别为 3.88%和 3.17%”〔1〕。在利用外资问题上，西部地区完全处于竞争劣势。虽然西部地区也采取了许多具体措施吸引外资，但由于无法克服外资进入成本偏高的实质性障碍，所能吸引的外资仍然很少。

2. 贸易自由的机制性制约

东西部贸易的不公平竞争除前文已述的西部资源性产品的高成本低产出与不合理价格外，还表现在东部地区向西部地区大量倾销低质伪劣产品上。按国家设立经济特区和开放东部的初衷，原本是以东部为试验区，通过各种政策倾斜和优惠待遇吸引外资和先进技术并出口制成品以换取外汇，推动国家经济的整体发展。但在这一过程中，港澳台地区以及外国的许多淘汰设备和技术很快登录东部，制成品大肆扑向内陆地区，西部地区的市场充斥的多是东部地区的制成品，某些东部地区在单纯 GDP 利益驱动之下，对经营、生产活动完全放手，假冒伪劣以及走私产品随之大量出现，如媒体曾披露过的进口旧汽车零部件组装生产基地、进口旧摩托零部件组装生产基地，以滑石粉为原料之一的豆制品地和曾经红极一时的温州假皮鞋走俏全国等现象。所有这些低劣、假冒产品甚至走出国门，流向俄罗斯及东欧其他国家。大量低劣、假冒产品流向西部，使西部原本就很脆弱的民生产业体系受到了很大冲击，许多企业被迫关门倒闭，甚至出现劣胜优汰的可悲结局。继之而来的是一系列公开和隐蔽的地方行政保护。所以，如果不对东西部的分工协作关系从根本上加以正

〔1〕 李争平：“外资西进，政策先进”，载《经济日报》2000 年 1 月 31 日。

确定位，要解决已经存在的区际贸易冲突，克服地方保护主义，缩小东西部地区的收入差距，就只能是纸上谈兵，一句空话。

●本部分是在李永宁、黄河教授共同完成的论文《西部开发法律需求的经济学分析》（原载《河北法学》2000年第6期）一文的基础上完成的，编入本书时对个别文字进行了修改和删减。

第二节　2006年西部开发法律研究会观点综述

中国环境资源法学研究会西部开发法律研究专业委员会2006年年会暨学术研讨会于2006年5月12日~5月14日在陕西省西安市召开。本次会议由中国环境资源法学研究会西部开发法律研究专业委员会和西北政法大学共同主办，西北政法大学法学二系和法学研究所承办。来自武汉大学、中南财经政法大学、中国人民大学、中南林业科技大学、中国政法大学、西安交通大学、上海交通大学、江西师范大学、重庆大学、昆明理工大学、郑州大学、河南大学、西北政法学院、长安大学、空军工程大学、西安建筑科技大学、西安理工大学、陕西省法学会、陕西省高级人民法院、陕西省林业厅、光明日报社、中国教育报社、陕西日报社、中国法学编辑部、法律科学编辑部、人民法制网等单位的近100名专家、学者以及实务工作者参加了会议。本次会议的主题为：(1)西部地区水资源保护法律问题研究；(2)我国土地开发中环境资源法律问题研究；(3)生态补偿法律机制问题研究。现将会议主要观点综述如下：

一、关于西部地区水资源保护法律问题

1. 关于西部水资源利用和保护的重要性

有学者认为水是国民经济的基础，也是西部开发的命脉，无论生命、农业、工业以及生态环境建设都离不开水。水资源现在已经成为西部，特别是大西北开发的严重障碍。

2. 有学者认为对水资源的利用和保护应当结合水资源的自然属性和社会属性

关于水资源的社会属性，他认为：水是社会生产和社会生活的基本要素；

社会对于水的需求和消费，应当与社会生产力的发展水平相适应，要求节约用水；自然界的水储量能变为可用于人类的水资源，需要循环利用；用于一定阶段的人类社会经济活动的水资源是具有历史范畴的概念；水具有非商品性和商品性，其商品性要求进行生产、交换、合理定价；水是一种特殊的财富，由其必需性、紧缺性和商品性决定的。要将水资源与水服务分开。

3. 水的法律属性和涉水法律理论

有学者认为水的法律属性是由它的自然属性和社会属性，特别是其社会属性所决定的。涉水法律问题包括：水资源产出区与调用区利用划分以及法律基础；水的商品性在调用水区的法律表现形式；由计划经济向社会主义市场经济转变条件下，上、中、下游涉水权益的法律问题；水管理部门同工程不当造成后患的法律问题；边界水体，特别是跨国边界水体的法律问题。

4. 水权问题

有学者认为，西部水资源开发中，重要的是要明确水权。在我国，对水权的界定，众说纷纭，莫衷一是。一些学者认为，水权是指水资源的所有权、使用权、经营权、配水量权、让渡权和交易权；一些学者认为，水权只包括水资源的使用权、让渡权和交易权，不包含所有权和经营权；还有一些学者认为，水权是水资源产权和水商品产权的简称，同其他财产的产权一样，只应包括狭义的所有权（归属权）、占有权、支配权、使用权和收益权。我国目前立法把水资源所有权确立为国家所有，对水资源的利用以及水权交易造成困难，应通过立法明确水权的分离。

5. 关于取水许可证制度

要完善取水许可证制度，我国2002年修订的《水法》和1993年颁布的《取水许可制度实施办法》规定，对水资源实行取水许可制度，由水行政主管部门负责发放取水许可证。没有规定许可证的颁发程序，取水许可证不得转让；取水期满，取水许可证自行失效。第30条规定转让取水许可证的，由水行政主管部门或者其授权发放取水许可证的部门吊销取水许可证，没收非法所得，现阶段水权交易在我国是禁止的。2006年颁布的《取水许可和水资源费征收管理条例》第27条规定依法获得取水权的单位或者个人，通过调整产品和产业结构、改革工艺、节水等措施节约水资源的，在取水许可的有效期和取水限额内，经原审批机关批准，可以依法有偿转让其节约的水资源，并到原审批机关办理取水权变更手续。具体办法由国务院水行政主管部门制定。

但收费和许可结合起来，与我国《行政许可法》存在冲突，可能为许可机关收费提供方便性。

6. 西部水资源立法问题

要加强区域立法，主要指自然区域。西部水资源、西部水资源水文特征的差异性，尤其是西北地区和西南地区水资源状况存在很大的差异。客观要求西部水资源的利用和保护要从西部整体和区域角度予以考虑，并且从生态系统整体性予以考虑。现行法律规定了流域管理和行政区域管理相结合的管理体制，但现实中倾向于行政区域管理，无法协调上下游、左右岸之间的利益。西部水资源的利用和保护立法，应遵循流域管理、区域管理、综合协调的原则。西部环境立法应当与司法实践结合。

有学者在三江源的环境问题现状以及生态环境建设与保护的监督机制现状分析的基础上，提出行政监督管理机制改革方案的设想：其一，建立隶属于青海省的三江源生态特区政府；其二，设立对三江源生态环境保护和建设实施统一监督管理的生态环境保护和建设委员会；其三，重点抓好三江源国家级自然保护区的建设和管理，全面落实国家有关自然保护区的法律制度。对西部地区水资源利用和保护，在立法和管理机构设置上需要跨行政区域。

有学者提出西部水资源以及其他资源的开发利用、保护应当和民族问题结合起来。关注少数民族已经长期存在的习惯法，是西部水资源立法和执法的不可忽视的问题。

考虑到西部经济发展落后，水资源开发利用尤其是保护将产生利益外溢，要从立法上解决生态保护基金和生态补偿等相关问题。

二、我国土地开发中环境资源法律问题研究

我国目前的土地立法中，有《土地管理法》等法律法规，但没有土地资源保护法，没有专门规定在开发中如何保护土地资源，必然导致土地资源破坏与流失等一系列问题。现在关于土地保护方面的法律规章，只是散见在一些相关的文件中，尚无正式的法律和行政规章。

1. 关于现行土地制度问题

有学者认为土地开发过程中存在的问题主要是我国土地制度设计上存在的法律问题，现行土地管理法律法规与目前市场经济不适应。具体表现为：土地征用法律制度与市场体制不相适应，市场经济需要统一的要素市场，实

际立法过程要素市场是不统一的；现行法律补偿只给土地所有者，但集体土地所有权上设置其他物权，如土地承包经营权，当所有权变动时，同时消灭了土地承包经营权，仅给承包人赔偿地上附着物，没有对其他物权补偿；土地使用权出让金分配不合理，中央和地方按比例分配。因此，土地使用费应收归中央财政，可以直接遏制地方政府在征用、出让土地过程中取得财政收入，可以保证中央政府对农业区域给予财政支持，保证粮食安全。

有学者认为《土地管理法》《城市房地产法》规定的土地流转中受让主体的范围过于狭窄，应当扩大。有学者建议用地应分为农用地、工用地和生态用地。

2. 关于土地节约政府管制

有学者针对非农建设用地节约政府管制法律制度进行了分析，认为：(1)我国尚未有一部统一的有关节约土地的法律法规，主要的法律法规有《土地管理法》《城市房地产管理法》《闲置土地处置办法》等。针对非农建设用地，存在如下问题：其一，国家的土地所有者职能与作为国家管理机关的管理者职能不分；其二，国有土地产权体制不适应，在节约土地方面的激励和创新机制严重不足，导致资源利用严重浪费，引起地方政府与中央政府以及政府各管理部门之间的经济博弈，人为扩大交易成本和交易费用，导致地方政府在土地出让中越权批地；其三，土地总量与用途管制制度不完善，表现在：土地用途分区及管制规则不完善，土地规划制度不完善，土地供给计划制度不完善。其四，土地价格制度不完善，主要表现为公告地价制度不完善和最低限价制度规定流于形式。(2)土地节约政府管制法律对策。其一，合理配置政府职能与结构，使土地所有权、管理权和经营权相互分离；其二，建立城市土地划分为中央和地方政府直属土地，实现产权交易的完整性，提高土地利用效率，妥善处理中央和地方的利益关系；其三，优化存量土地供应，提供存量土地利用效率；其四，控制增量土地供应；其五，实行土地供应计划管制；其六，土地储备管制；其七，土地价格管制。

三、关于生态补偿法律问题

西部自然资源的特征、经济发展状况，以及资源开发、保护所导致的经济利益和环境利益的外溢，从公平的角度看待，需要进行生态补偿。本次会议发言以及讨论，主要集中于以下几方面：

1. 生态补偿的概念

目前对生态补偿的定义尚未统一。有学者认为生态补偿应该是国家、企业和社会团体等环境资源受益人在其从事社会经济活动中造成自然资源浪费、破坏生态系统及环境污染后，为了恢复生态价值和生态功能，对于所造成的损失给予补偿、恢复、综合治理的行为的总称。有学者认为生态补偿是由于人类的社会经济活动给生态系统和自然资源造成了破坏及对环境造成了污染，为了生态环境的改善，对生态环境和生态系统进行补偿、恢复、综合治理等一系列活动的总称。

有学者认为生态补偿是指国家或社会主体之间约定对损害环境资源的行为向环境资源开发利用主体进行收费或向保护环境主体提供利益补偿性措施，并将所征收的费用或补偿性措施的惠益通过某种形式转达到因环境资源开发利用或保护环境资源而自身利益受到损失的主体以达到保护环境的目的的过程。

有学者认为生态补偿在环境法里，目前通常指环境（生态）损害补偿。生态损害指人为活动已经、可能造成人类生存、发展所必需依赖的生态环境的任何组成部分或者其任何多个部分相互作用，而构成的整体性的物理、化学、生物性能的任何重大退化。与环境责任原则具有一致性，生态补偿应当是环境责任原则四个方面最完全、最充分的体现。

有学者认为“生态补偿”是讲由于人类的社会经济活动给生态系统和自然资源造成了破坏及对环境造成了污染，为了生态环境的改善，人们进行的补偿、恢复、综合治理等一系列活动的总称。

有学者认为上述概念存在不足，表现为：(1)大部分概念包含了环境法已有制度的内容，容易造成生态补偿与环境法已有相关概念的混同；(2)过分扩大了生态补偿概念的外延；(3)概念中“环境保护”与“生态保护”含义不明确；(4)把对生态系统的损害行为，以及对环境资源的破坏行为中的行为人所收取的费用也作为“生态补偿费”，显然有失偏颇。其产生的主要原因：(1)对经济内部性和经济外部性的混同。现在的问题是许多研究者往往把外部经济和内部经济相混同，谈到外部经济时，经常包含了内部经济的内容。最典型的如把各种资源使用费及其相关费用，如矿产资源补偿费、水资源有偿使用费、土地的使用租金、矿井坑道的回填费用等等也作为生态补偿的内容。(2)对经济外部性的其他认识谬误。其一，流域上下游之间相互补偿论；其二，正外部性不能补偿论。

参会学者认为：要进一步明确生态补偿的概念，生态补偿与民事传统赔偿不同，要考虑补给谁、补什么、为什么的问题；

2. 关于生态补偿的社会化

有学者认为，生态补偿的社会化就是指通过法律制度使得生态损害填补责任由生态损害责任人以外的主体完全或部分的分担，简单说就是生态损害责任者的补偿由社会来分担。(1)生态补偿社会化的必要性的主要原因。生态损害对救济能力要求越来越高，责任人往往无法承担，必需其他人分担；从公平和正义的角度，生态损害往往伴随对经济建设的贡献；公有制的客观要求生态损害由社会承担；生态损害补偿的受益者主要是社会下层利益群体，这些群体对生态、自然资源的依赖更高，补偿通常是对这些群体；补偿主要依据民法，而现代民法有关法律救济的机制正在日益强调社会化的机制。(2)补偿社会化的方式，主要是保险和基金。(3)对于社会补偿和责任者补偿之间的关系，应坚持责任者补偿为主、社会补偿为辅。(4)西部开发中更应注重生态补偿的社会化功能的原因：其一，西部生态相对脆弱，按照社会法的理论要求对弱者进行救济，这种脆弱的生态系统也是需要社会的救济；其二，西部开发本身就是一项生态工程，不仅为西部的利益，而是为全社会的利益，生态利益补偿理应由社会承担；其三，西部地区欠发达，自身救济能力有限，也需要社会化的补偿。

3. 关于西部地区水资源生态效益补偿制度的建立和完善

有学者认为：(1)立法要明确建立水资源生态效益补偿制度。首先，在法律层面确定整体的生态效益补偿制度。其次，西部作为一个整体，共同参与制定相关水资源生态效益补偿制度实施办法。最后，西部各省市依照国家和区域法律法规规定，结合本行政区域实际情况，将水资源生态效益补偿制度体现在地方法规和政策中，制定更加细化的实施措施；(2)明确补偿主体、客体和标准。水资源的保护和水体净化受益者的广泛性，要求补偿主体不应仅仅限于国家和受益人，还应包括社会和受益的其他组织。客体方面为了调动保护水资源、治理水污染和节约用水的积极性应该把客体的范围扩展到所有对西部地区水环境保护和水污染治理作出贡献的个人、企业、单位和其他组织。补偿标准方面，补偿标准的制定权应该下放到地方政府；(3)进一步扩展资金筹措方式。主要的措施有：一是按比例征收水资源生态保险金，二是增加水资源使用费和排污费，三是向受益人收取水资源生态补偿费，四是生态组织公开募集水资源生态补偿基金，五是发行生态彩票；(4)完善“南水北调”的生态效益补偿制度；

4. 关于森林生态效益补偿

1998年4月29日，九届全国人大常委会第二次会议通过的《森林法》修正案第8条第2款规定：“国家建立森林生态效益补偿基金，用于提供生态效益的防护林和特种用途林的森林资源林木的营造、抚育、保护和管理。森林生态效益补偿基金必须专款专用，不得挪作他用。”这是新中国成立以来第一次以法律的形式明确规定森林生态效益补偿基金制度。

有学者认为，生态效益补偿本质上是森林生态产品在不同产权主体之间的让渡问题，只有明确界定了林权所有者的权利义务边界，补偿才有明确的法理依据。以生态效益为主导功能的生态公益林，为社会提供了“公共产品”或“公共服务”，需要公共财政的支持与调节。但是，由于公共财政政策本身存在着缺陷，需要我们优化单纯通过公共财政进行森林生态效益补偿的途径，加强对气候变化国际谈判的跟踪，逐步启动国内的碳汇贸易，以适应将来建立国际森林碳汇贸易市场的发展趋势。

有学者认为，森林生态效益补偿是为了达到维持和改善森林生态效益的目的，对因环境保护而丧失发展机会的区域内的居民进行的资金、技术、食物上的补偿、政策上的优惠，既包括对森林生态产品与服务提供者所带来的正向激励，如补偿费（补助）、直接投资等，也包括对森林生态产品与服务受益者所带来的负向激励如森林生态效益补偿费征收等。森林生态效益补偿制度实质是行政补偿制度的一种具体形式。森林生态效益补偿制度包括公共利益要件、主体要件、客体要件、损害利益要件等四大要件。森林生态功能衰退是该制度提出的基本现实依据，解决我国的生态公益林经营管理的尴尬状况是该制度提出的直接现实依据。森林生态效益补偿制度的提出，渊源于宪法对财产权的保护，“公民在法律面前一律平等”以及由此引申出的“公平负担原则”是森林生态效益补偿制度提出的又一理论依据。

5. 关于生态补偿立法

有学者认为，生态补偿立法应当注重区域立法和流域立法、应考虑生态补偿的形式多元化以及生态补偿社会化。立法基本原则应包括：兼顾不同主体利益原则，不同主体包括当代人和后代人，利益包括人的利益和生态利益；

公平补偿原则；多途径和方式补偿原则、借鉴先进性立法原则、灵活性原则、公众参与原则。

讨论认为生态补偿立法要重视多元化的方法论，研究范式应当突破，汲取社会学、经济学以及伦理学的研究方法；生态补偿法律制度要符合生态发展规律，结合中国现阶段实际情况，使其具有可行性；生态补偿法律问题应定位于国家补偿，就是行政补偿层面上探讨。

四、西部其他资源开发法律问题以及对策

矿产资源开发相关法律对策。西部矿产资源具有数量、结构、分布、组合和综合利用五大优势，目前主要的问题在于：矿山生产对环境产生严重污染；矿山地质灾害加剧；资源利用率低，浪费严重；矿权纠纷和滥采乱挖现象普遍。

我国 1986 年颁布并于 1996 年修改了《矿产资源法》，随后国务院以及矿产资源行政主管部门也出台了一些相关法律法规。对矿产资源勘查、开采的监督管理，打击乱采滥挖和破坏矿产资源的行为，治理整顿矿业秩序，促进矿产资源的合理开发利用和有效保护，维护国家利益等方面发挥了重要作用。但是随着社会、经济、科技的发展，已经不能适应当前的要求。现行法律法规存在的缺陷主要有：对于如何实施探矿权、采矿权有偿取得的步骤和方法尚未明确，对符合减缴、免缴探矿权、采矿权价款的具体减免办法未出台；对于位于地质灾害易发区，在颁发采矿许可证前，未明确规定必须进行地质危害评估；对造成矿山周围环境破坏的，尚未有效制止和保证恢复的措施；对提高矿产资源回收率规定过于笼统。需要完善国家矿产资源法律法规，并且制定符合西部矿产资源特点、经济发展水平的地方性法规予以解决。

五、关于国外经验借鉴

1. 美国西部开发的教训以及借鉴

我国西部大开发一定要吸取发达国家发展过程中的经验教训。美国早年西部开发，由于现代科学技术的发展、“剥光就走”（strip-and-run）的经营方式、伐牧业的发展、淘金热导致森林、野生动物的锐减以及矿产资源的破坏，并且过度放牧和耕作，引起遮天蔽日的黑色风暴。其主要原因在于：对生态规律的无知，没有认识到资源的有限性；全球性的市场失灵，资源没有

正确的价格信号；官方政策的反作用，政府的政策以经济发展作为导向；社会舆论的反作用，整个社会崇尚这种粗放式的经营方式。从而对我国西部开发有如下启示：必须发展科学和教育，提高人们的生态意识和环保意识，认识到自然界是一个大的生态系统，有其自身规律，通过各个阶段教育提高认识，尤其提高领导干部的认识；矫正市场失灵，使自然资源有合理的价格，在市场中有正确的价格信号；建立正确的政府管制，环境、生态系统作为公共物品应当由政府来提供；形成新的舆论和道德，整个社会要形成崇尚自然、爱护环境、尊重生态规律的舆论和道德。

2. 美洲生态补偿的启示

美洲生态补偿实践活动较早，其生态补偿实践给既有共性亦各有特点，从总体上对我国生态补偿的启示表现为：其一，市场补偿是生态补偿的重要方式；其二，确定生态补偿方案时，需要不同利益主体的参与；其三，地方政府在促进生态补偿相关进程中起着重要作用；其四，公众的广泛参与是取得生态补偿的先决条件；其五，拓宽生态补偿范围有助于生产多样化和农村的生计能力。

●本会议综述是由黄政、李永宁共同讨论，由黄政副教授执笔完成的。综述发表于李永宁教授副主编的《西北法律评论》2007 年第 2 卷。

第三节　西部大开发十年环境法制建设的成果与经验

1999 年 6 月 19 日江泽民同志在西安向全国发出实施西部大开发战略的号召，2000 年 1 月 13 日，中共中央、国务院印发《关于转发国家发展计划委员会〈关于实施西部大开发战略初步设想的汇报〉的通知》，即中发［2000］“2 号文件”。这一文件阐明了西部大开发的重大意义、指导思想、重点任务、政策措施，成为指导西部大开发的纲领性文件。2000 年 1 月 16 日，国务院印发《关于成立国务院西部地区开发领导小组的决定》，即国发［2000］3 号文件。建立了西部大开发的组织机构和领导机制，中央各部委纷纷出台支持西部建设的具体政策和措施，西部大开发全面展开。西部大开发十年来，西部地区的经济社会取得了长足的发展，西部地区的人民生活和精神风貌有了很大的改观，西部地区的环境保护事业和西部资源的可持续利用都迈上了一个新台阶，与西部大开发有关的环境资源法治建设也取得了一系列的新进展，为持续推动西部大开发的顺利进行产生了积极的作用。

一、西部大开发十年取得的环境法治建设成果

西部大开发从2000年算起，至今已过去了十年了，十年来在环境法制建设方面究竟有什么成果，总结这些成果，对于我们分析已有法制成果与西部大开发法制需要相比还存在什么差距，以及面对新一轮西部大开发，如何继续创新环境法律制度，都有着重要的理论意义和现实意义。带着这些问题，本文在认真梳理西部大开发十年环境法制建设历程的基础上，认为西部大开发十年环境法制建设的成果主要体现在八个方面。

1. 生态补偿制度

生态补偿制度是西部大开发十年来形成的最具有创新性的环境法律制度。早在1998年我国修改的《森林法》就提出，“国家设立森林生态效益补偿基金，用于提供生态效益的防护林和特种用途林的森林资源、林木的营造、抚育、保护和管理”。本文认为《森林法》规定的“森林生态效益补偿，”与现在使用的“生态补偿”概念有很大的不同，但《森林法》第一次通过立法形式明确了生态补偿的概念。2005年12月3日《国务院关于落实科学发展观加强环境保护的决定》要求“要完善生态补偿政策，尽快建立生态补偿机制。中央和地方财政转移支付应考虑生态补偿因素，国家和地方可分别开展生态补偿试点”。《国务院2007年工作要点》（国发[2007]8号）将“加快建立生态环境补偿机制”列为抓好节能减排工作的重要任务。国家《节能减排综合性工作方案》（国发[2007]15号）也明确要求改进和完善资源开发生态补偿机制，开展跨流域生态补偿试点工作。2007年8月24日，国家环境保护总局《关于开展生态补偿试点工作的指导意见》，全面阐述了生态补偿的意义、指导思想、原则、目标、生态补偿的范围和机制等。2008年修订的《水污染防治法》首次以法律的形式，对水环境生态保护补偿机制作出了明确规定：“国家通过财政转移支付等方式，建立健全对位于饮用水水源保护区区域和江河、湖泊、水库上游地区的水环境生态保护补偿机制。”自此，“生态补偿”才彻底突破了森林法的规定，被赋予了更加丰富的内涵。

2. 退耕还林还草制度

2000年1月，中央“2号文件”和国务院西部开发会议将退耕还林还草

列为西部大开发的重要内容。3 月，经国务院批准，国家林业局，国家计委、财政部联合发出了《关于开展 2000 年长江上游、黄河上中游地区退耕还林（草）试点示范工作的通知》（林计发[2000]111 号），退耕还林还草试点示范工作正式启动。2000 年 1 月 29 日发布的《中华人民共和国森林法实施条例》第 22 条明确规定："25 度以上的坡地应当用于植树、种草。25 度以上的坡耕地应当按照当地人民政府制定的规划，逐步退耕、植树和种草。" 2002 年 1 月 10 日召开的退耕还林电视电话会正式宣布退耕还林工程全面启动，涉及全国 25 个省（区、市）和新疆生产建设兵团的 2279 个县，3200 多万农户、1.24 亿农民。退耕还林工程自 1999 年开始，国务院先后 4 次出台退耕还林政策和法规。一是 2000 年 9 月 10 日出台了《国务院关于进一步做好退耕还林还草试点工作的若干意见》（国发［2000］24 号）；二是 2002 年 4 月 11 日出台了《国务院关于进一步完善退耕还林政策措施的若干意见》（国发[2002] 10 号）；三是 2002 年 12 月 14 日颁布了《退耕还林条例》；四是 2007 年 8 月 9 日出台了《国务院关于完善退耕还林政策的通知》（国发[2007]25 号）。国发［2007］25 号新政策规定，一是现行退耕还林补助政策再延长一个周期，还生态林 8 年、还经济林 5 年、还草 2 年。这一个周期结束后，国家不再延长补助期。二是在延长期内从粮食补助资金中拿出一半对退耕农户进行直接补助，黄河流域及北方地区按每年每亩 50 公斤原粮补助，原粮补助按每公斤 0.35 元折算。三是从粮食补助资金中拿出另一半作为巩固退耕还林成果专项资金，主要用于西部地区的基本口粮田建设、农村能源建设、禁牧搬迁等方面，并对特殊困难地区倾斜。四是每亩退耕地每年 20 元生活费继续直接补助到户，并与管护任务挂钩。五是中央有关补助资金，按核实的还林还草面积，逐年核定各省的补助总量，包干到省，其中巩固退耕还林成果专项资金，从 2008 年起按 8 年集中安排，逐年下达。

3. 新林权制度

2008 年 8 月 6 日，《中共中央国务院关于全面推进集体林权制度改革的意见》发布，《意见》指出，要全面贯彻党的十七大精神，深入贯彻落实科学发展观，大力实施以生态建设为主的林业发展战略，不断创新集体林业经营的体制机制，依法明晰产权、放活经营、规范流转、减轻税费，进一步解放和发展林业生产力，促进传统林业向现代林业转变。《意见》指出，将用 5 年左右的时间基本完成明晰产权、承包到户的改革任务。在此基础上，通过深化改革，完善政策，形成集体林业的良性发展机制，实现资源增长、农民增收、生态良好、林区和谐的目标。在坚持集体林地所有权不变的前提下，依法将林地承包经营权和林木所有权，通过家庭承包方式落实到本集体经济组织的农户，确立农民作为林地承包经营权人的主体地位。林地的承包期为 70 年，承包期满，可以按照国家有关规定继续承包。集体林权改革的核心是落实家庭承包经营责任制，调动广大林农的生产积极性。国家林业局贾治邦局长指出林权改革有六大好处：一是农民造林育林的积极性显著提高。二是农民收入中来自林业的部分明显增加。三是资金等生产要素向林业聚集。四是村集体有了稳定的收入来源。五是密切了干群关系。六是推动了林业部门和基层组织职能转变。林权改革为林业发展注入了活力，丰富了环境法林业资源权属的有关规定。

4. 扶持和投资倾斜制度

2001 年 1 月 1 日，《财政部、国家税务总局、海关总署关于西部大开发税收优惠政策问题的通知》发布，按该《通知》，西部地区的税收优惠主要体现在：(1)对设在西部地区国家鼓励类产业的内资企业和外商投资企业，在 2001 年至 2010 年期间，减按 15%的税率征收企业所得税。(2)经省级人民政府批准，民族自治地方的内资企业可以定期减征或免征企业所得税，外商投资企业可以减征或免征地方所得税。中央企业所得税减免的审批权限和程序按现行有关规定执行。(3)对在西部地区新办交通、电力、水利、邮政、广播电视企业，上述项目业务收入占企业总收入 70%以上的，可以享受企业所得税如下优惠政策：内资企业自开始生产经营之日起，第一年至第二年免征企业所得税，第三年至第五年减半征收企业所得税；外商投资企业经营期在 10 年以上的，自获利年度起，第一年至第二年免征企业所得税，第三年至第五年减半征收企业所得税。(4)对为保护生态环境，退耕还林（生态林应在 80%以上）、草产出的农业特产收入，自取得收入年份起 10 年内免征农业特产税。(5)对西部地区公路国道、省道建设用地，比照铁路、民航建设用地免征耕地占用税。享受免征耕地占用税的建设用地具体范围限于公路线路、公路线路两侧边沟所占用的耕地，公路沿线的堆货场、养路道班、检查站、工程队、洗车场等所占用的耕地不在免税之列。(6)对西部地区内资鼓励类产业、外商投资鼓励类产业及优势产业的项目在投资总额内进口的自用设备，除《国内投资项目不予免税的进口商品目录（2000 年修订）》和《外商投资项目不予免税的进口商品目录》所列商品外，免征关税和进口环节增值税。除了上述优惠扶持政策，国家还先后启动了“西气东输”“西电东送”“南水北调”等大型工程支持西部地区资源产业发展，鼓励西部地区资源的有序输出和利用，在确保西部地区产业开发、资源利用的同时，实现了经济效益、社会效益和环境生态效益的统一。

5. 生态移民制度

生态移民是指为消除贫困、发展经济和保护生态环境为目的，把位于生态脆弱区或重要生态功能区的人口和经济活动向其他地区迁移，从而实现经济、社会与人口、资源、环境协调发展。生态移民的实质是人与自然关系的重新调整。生态移民的概念是近代才出现的，而我国真正意义上的生态移民则是在西部大开发以后实施的。2001 年 6 月，国务院发布实施的《中国农村扶贫开发纲要(2001 年～2010 年)》第 19 条规定:“稳步推进自愿移民搬迁。对目前极少数居住在生存条件恶劣、自然资源贫乏地区的特困人口，要结合退耕还林还草实行搬迁扶贫。”2001 至 2003 年，我国首先在云南、贵州、内蒙古、宁夏 4 省区开展易地扶贫搬迁试点工程；同时，在广西、四川、陕西、甘肃等省区开展小规模试点。2003 年 1 月实施的《退耕还林条例》第 54 条规定:“国家鼓励在退耕还林过程中实行生态移民，并对生态移民农户的生产、生活设施给予适当补助。”2004 年，易地扶贫搬迁试点范围由 4 省区扩大到 9 省区，即云南、贵州、内蒙古自治区、宁夏回族自治区、广西壮族自治区、四川、陕西、青海和山西。生态移民对于恢复生态脆弱区的生态功能，保护生态功能区的良好生态环境有着重要的意义。

6. 新型农业税费制度

2005 年 12 月 29 日十届全国人民代表大会常务委员会第十九次会议决定：第一届全国人民代表大会常务委员会第九十六次会议于 1958 年 6 月 3 日通过的《中华人民共和国农业税条例》自 2006 年 1 月 1 日起废止。实施了近半个世纪的中国农业税就此退出历史舞台。关于农业税的废止，学者们大多是从增加农民收入，增强中国农产品国际竞争力的角度进行研究，几乎没人考虑到农业的环境生态效益，一边倒的认为取消农业税是国家对农民的一种恩惠。事实上，农业，特别是林业、种植业对于改良土壤、防沙固沙、防止水土流失、改善气候环境、美化生存生活环境，有明显的积极影响，是典型的正外部性行业。因此，除了免除农业税，自 2000 年以来，我国还实施了一系列财政支农政策，对种粮农民的直接支付制度，以及购买良种、农资、农业机械、家畜养殖繁育等采取了许多财政补贴政策，既增加了农民收入，也很好地解决了农业生产的正外部性影响问题。

7. 试点新资源税制度

2010 年 5 月 17 日至 19 日，中共中央、国务院召开新疆工作座谈会，会议对推进新疆跨越式发展和长治久安作出了战略部署。中央决定，在新疆率先进行资源税费改革，将原油、天然气资源税由从量计征改为从价计征等。新疆率先进行资源税费改革，意义非常重大，对于将来在全国推行资源税改革具有重要的示范作用。资源税是对在我国境内从事资源开采的单位和个人征收的税种，资源税属于共享税，其中：海洋石油征收的资源税归中央，陆地资源税税款属于地方收入。但过去我国资源税一直采用从量计征，征税范围仅限于原油、天然气、煤炭、其他非金属矿原矿等七个品目。从量计征的方式使得资源税收入不能随资源产品价格和资源企业收益的变化而变化，税负水平过低。在近年来资源价格不断上涨的情况下已经显得脱离实际，难以反映资源的稀缺程度，容易造成资源的浪费。资源税费改革由从量计征改为从价计征，不仅提高了资源产品的价格，有利于完善资源产品的价格形成机制，一定程度上限制对资源的过度使用和浪费，而且，有利于让当地企业自觉推动技术创新、提升行业整体竞争力，促进节能减排，符合国家目前倡导的低碳经济。新疆是一个资源大省，长期以来是中国能源资源的主要输出地，但是在能源价格不断上涨的情况下，新疆并没有从能源开发中得到很好的回报。目前，新疆资源税的比重仅占税收收入的 1.6%，这与新疆资源开采规模的迅猛增长很不适应。在新疆进行资源税费改革，将原油、天然气资源税由从量计征改为从价计征，有利于提高当地财政收入以支持新疆公共事业的发展，有利于鼓舞新疆人民对能源开发支持的积极性，有利于当地社会的繁荣稳定。此外，由于能源消费的区域主要在东部沿海地区，通过资源税首先在新疆试点，也有利于平衡东西部的收入差距，促进区域协调发展。

8. 循环经济制度

中华人民共和国第十一届全国人民代表大会常务委员会第四次会议于 2008 年 8 月 29 日通过了《中华人民共和国循环经济促进法》。该法规定："循环经济，是指在生产、流通和消费等过程中进行的减量化、再利用、资源化活动的总称。"减量化，是指在生产、流通和消费等过程中减少资源消耗和废物产生。再利用，是指将废物直接作为产品或者经修复、翻新、再制造后继续作为产品使用，或者将废物的全部或者部分作为其他产品的部件予以使用。资源化，是指将废物直接作为原料进行利用或者对废物进行再生利用。循环经济促进法虽然不是针对西部环境保护的专门法律，但基于其“减量化、再利用、资源化”的性质，使得《循环经济促进法》的直接效果就是实现资源利用的合理化、高效化和节约化，这对于以资源性产业为主的西部地区而言，无疑有着重大而深远的意义，会极大减少西部地区资源的过度开采和浪费，保护西部资源环境，为实现西部地区环境资源的可持续利用以及西部经济社会的可持续发展创造了积极的条件。

二、西部大开发十年环境法治建设的经验

西部开发十年来，在环境法制建设方面做了许多工作，除上面总结的八项环境法制建设成果外，还有诸如区域限批制度、即将实施的环境税试点以及在资源开发中的国进民退制度等。环境法制方面的创新，为西部地区环境资源的可持续利用，保证西部地区人与自然的和谐发展，再造山川秀美的新西部产生了巨大的推动作用。总结西部开发十年来的环境法制建设成果，可以看到，西部开发十年来的环境法制建设主要有以下四方面的经验。

1. 组织领导与政策推动先行，构建西部开发管理体制

西部大开发自2000年全面展开，为协调保障西部大开发的顺利进行，党中央、国务院不仅制定了西部大开发的政策，而且在2000年年初，即成立了西部地区开发领导小组，领导小组下设办公室，由时任国务院总理的朱镕基任组长，组成人员包括党中央、国务院19个部门的主要负责同志，后增加到23个部门。西部地区开发领导小组的主要任务是：组织贯彻落实党中央、国务院关于西部地区开发的方针、政策和指示；审议西部地区的开发战略、发展规划、重大问题和有关法规；研究审议西部地区开发的重大政策建议，协调西部地区经济开发和科教文化事业的全面发展，推进两个文明建设。国务院西部开发办的主要职责是：研究提出西部地区开发战略、发展规划、重大问题和有关政策、法律法规的建议，推进西部地区经济持续快速健康发展；研究提出西部地区农村经济发展、重点基础设施建设、生态环境保护和建设、结构调整、资源开发以及重大项目布局的建议，组织和协调退耕还林（草）规划的实施和落实；研究提出西部地区深化改革、扩大开放和引进国内外资

金、技术、人才的政策建议，协调经济开发和科教文化事业的全面发展，以及承办西部地区开发领导小组交办的其他事项。[1]与中央西部地区领导小组对应，西部省、市、自治区也相应成立了西部开发领导机构，贯彻、落实中央西部开发政策，负责本地的西部开发工作。形成了完整、协调、权责分明的西部开发管理体制，有力促进了西部大开发的顺利进行。

2. 西部大开发的同时，坚持环境优先理念

西部地区和我国东中部地区相比，在经济、文化等方面存在明显差距，西部开发，切入点和重点究竟是什么？江泽民同志于1999年6月17日在西安讲话中指出："我们要下决心通过几十年乃至整个下世纪的努力，建设一个经济繁荣、社会进步、生活安静、民族团结、山川秀美的西部地区。"江泽民同志讲话特别突出了"山川秀美"的西部地区。2007年4月胡锦涛在宁夏考察时强调指出："要坚持把生态环境保护作为功在当代、利在千秋的大事抓紧抓好。"明确了加强生态环境保护是西部大开发的根本和切入点。2004年3月11日《国务院关于进一步推进西部大开发的若干意见》第1条就是"扎实推进生态建设和环境保护，实现生态改善和农民增收"。在这里，"生态改善"显然是被作为"农民增收"的条件的。可见，中央领导人讲话，以及党和国家的文件都是明确把保护环境作为西部开发的优先任务的，这充分反映了在西部开发问题上，并不单纯是以强调GDP增长为目的的，而是在充分考虑西部生态环境保护的基础上，实现西部地区的经济发展。所以，西部开发彻底屏弃了"先开发，后治理"的传统发展模式，而是以环境优先为理念的。正是在这一理念的指导之下，才有效避免了大开发有可能导致的大破坏，实现了经济发展和环境保护的良性循环。

3. 维护法制统一性，创新具体法律制度

西部大开发之初，包括中央提出"振兴东北老工业基地"后，好多人担心，是否会出现针对不同地区的特殊性单独立法，特别是西部地区作为多民族聚居区，在维护民族传统风俗习惯的基础上，过分强调地区特殊性，是否会更加强化地区间的这种差异，从而破坏我国法制的统一性。西部开发十年，从我们总结的八项环境法制建设成果来看，(1)这些环境法制建设成果所反映的并非西部独有的环境社会现象，更多地反映是这些现象在西部地区较之于

[1] 曾培炎：《西部大开发决策回顾》，中共党史出版社2010年版，第一章，第三节。

其他地区表现得更为明显而已。比如生态退化，在全国其他地区也同样存在这种现象，只是因为西部地区特殊的自然环境，退化的更加严重。所以，退耕还林制度更能体现西部地区的特殊性，对改善西部地区环境效果更加明显，并不是说对其他地区就没有影响。(2)所创设的这些制度，均符合我国的立法传统，并具有对应的法源基础。如关于林权改革，允许林农承包林地，享有林木所有权属于我国现行法的立法空白，但在实践中又有很大需求，因此首先以《中共中央国务院关于全面推进集体林权制度改革的意见》形式公布，以弥补现行法在这方面的不足，经过实践、完善，再加以制度化、法定化。再比如生态补偿制度，在《森林法》中仅表述为“森林生态效益补偿制度”，然后经由《国务院关于落实科学发展观加强环境保护的决定》《国务院 2007 年工作要点》《关于开展生态补偿试点工作的指导意见》等发展和完善，形成有更加丰富内涵的生态补偿概念。所以，这些环境法治建设成果，均是在现有立法体系下形成的、对全国都适用的新型法律制度，充分体现了法制的统一性，并对西部地区有更加独特的意义。

4. 区分不同环境社会关系，规制方式多元化

在已形成的环境法制成果中，涉及多方面、多层次的具体环境社会关系，可以大致归类为：(1)环境资源开发利用关系。如循环经济制度，主要针对的是资源利用过程中资源的经济价值和生态价值的协调性问题；(2)环境资源监督管理关系。如试点新资源税制度、新型农业税费制度、生态移民制度，主要针对的是对矿产资源、农业以及生态脆弱区的监督管理来促进环境资源的保护；(3)环境资源保护与改善关系，如生态补偿制度、退耕还林还草制度，着重于通过弥补环境的生态价值，保护和改善环境，以实现环境资源的可持续利用。在每一种环境社会关系中，又分不同的情况。如生态补偿社会关系中就包括流域的生态补偿、水源区生态补偿、森林生态效益补偿等具体关系。所以，在已形成的环境法治建设成果中，也包含针对不同社会关系、不同具体情况采取的多元的、综合性的规制方式。主要有以下几个方面：(1)经济激励方式。如《中华人民共和国循环经济促进法》中专设第五章规定了七条“激励措施”，这些激励措施包括设立专项资金、财政投资、税收优惠、优先贷款、表彰和奖励等具体措施。(2)税收调节方式。如今年 6 月开始在新疆的新资源税试点，以及从 2006 年开始的废止农业税措施，都是通过税收方式调节资源的使用，影响农业经济活动，最终改善资源的使用功能，确保可持续发展。

(3)财产补偿方式。如生态补偿制度和退耕还林还草制度，主要就是通过对生态利益制造者在进行生态功能性行为时所付出的直接成本以及所付出的劳务给予弥补的方式，来保障和鼓励单位和个人的生态功能性行为的方式。(4)异地安置方式。主要是在生态移民制度中，把生态脆弱区的居民异地安置到更适于人居的地方，减少人对自然的侵害，恢复、养护以往受到破坏的生态环境，再造山川秀美的具体法律保护方式。

三、西部大开发十年环境法制建设成果的完善

西部大开发十年来，在环境法制建设上虽然取得了丰硕的成果和经验，但也应看到所取得的许多环境法制建设成果与新一轮西部大开发的要求相比，还存在一些不足的地方，现有相关成果之间的衔接和配套在有些地方还不是特别的顺畅，面对新一轮西部大开发，除继续坚持环境法律制度创新外，对已有的环境法制建设成果尚需要进一步完善，主要有以下几个方面：

1. 关于生态补偿制度

目前仅在《森林法》《水污染防治法》中有体现，其他的都表现为中央和国家的政策，而且，基本都是单一的针对某一特定环境资源要素的，缺乏全面系统的规定。虽然《生态补偿条例》正在加紧制定中，但从现有法律和政策的规定来看，对生态补偿涵义、范围的认识还不是很清晰，也未形成统一认识，甚至有些规定与研究结论和现行法关于生态破坏治理与污染损害赔偿的规定还存在一定的冲突，存在新概念替代旧制度的现象。因此，在生态补偿立法时，必须做好这方面的界分，准确定义生态补偿的含义和范围，做好与污染防治、资源有偿使用、资源税费等现行制度的区分和衔接工作。

2. 关于退耕还林（草）制度

目前虽然已进入第二个周期，但具体政策的时效性太强，面临的问题是第二个周期完成以后怎么办，而且即使完成了第二个周期，也不能确保政策的效果就能完全实现，所以，有必要制定长期的政策，以增强退耕还林结果的可预期性，避免出现短期行为。同时，应该解决该政策针对不同地区的区别对待情况，虽然黄河上游及西北地区退耕地粮食单产低，但退耕还林的难度要远远超过长江流域，因此，有必要执行统一的退耕还林政策，避免在退耕补偿方面，东西部地区形成新的不平衡。另外，应解决退耕还林具体政策与生态补偿制度的衔接问题，如果在退耕还林第二个周期结束后，生态补偿

政策能及时上位，也可以有效避免退耕还林第二个周期完成后出现的政策真空问题，两者相配合，将会提供退耕还林持续性的政策保障，强化退耕结果预期，真正实现山川秀美。

3. 关于新林权制度

从本质上讲，新林权制度是农村承包经营责任制在林业领域的具体反映，因此，不可避免地会出现与土地承包制初期产生的相同问题:(1)受经济利益驱动随意处置林木的行为;(2)在林木效益相对低下情况下的生产放任行为;(3)受高利益诱惑改变林地用途的行为;(4)追求短期效果的超强度使用地力行为;(5)离家转业的抛荒林地行为等。林权改革，不是单一的土地问题，林地一般表现出强烈的生态脆弱性，而且与承包人的生活利益可能并不密切相关，比如在半地半山地区，生活资料的主要来源可能并不主要依附于林地，对林业的重视程度就会减弱，但因为林地承载着重要的环境生态功能，因此，林权改革必须配套严格的监管制度，避免出现因林权改革影响森林生态环境的消极后果。此外，在林权改革的同时，必须加强对林农林业生产的指导和服务，采取必要的激励措施，给林农适当的经济补偿，确保林权改革在不影响森林环境的情况下顺利推进。

4. 关于生态移民制度

目前存在的主要问题是:(1)政策不完善以及缺乏移民的配套政策，对生态脆弱区缺乏分级管理，移民有很大随意性，没有纳入制度化轨道;(2)“移得出，留不住”的问题还很突出，移民后管理跟不上，对移民的服务保障不到位，有些地方建立的移民新村甚至存在严重质量问题，个别地方个别人把移民当成了发财的渠道;(3)移民后的生活质量提高有限，有些地方为移民划拨的土地远离移民村，而且土地质量和数量都得不到保证，移民难以融入当地社会等。因此，应采取切实措施完善移民制度:(1)建立生态脆弱区分级制度，并根据分级强度制定移民规划，把生态最脆弱区的限期移民作为政府责任，使移民制度有章可循，有责可究，确保生态移民顺利实施。(2)把移民制度和城镇化相配合，避免把移民从生态特别脆弱区移至生态次脆弱区，产生新的生态问题；应该结合城镇化的推进把移民直接移至新建或扩建城镇，一次到位，确保移民生活质量相比未移前有大的提高。(3)在推行移民制度的同时，应对移出地实行国家征收制度，克服现在的单纯行政强制移民方式。实行移民地国家征收，既可以在法律上解决原移民地的权属问题，克服移得出，留不住现象，也可以在经济上解决移民后的生活保障，为移民的城镇化创造条件。使生态移民制度真正得到贯彻落实。

5. 关于新资源税费制度

新资源税的核心是由原先的从量计征改为从价计征，这一改革，必然会对提高地方资源性收入产生积极的意义。但因为国际市场价格的波动性以及新的替代资源的出现，这一改革的效果究竟能维持多久存在很大的疑问，另外，税改同时能否对环境保护产生积极的影响也具有很大的不确定性。因此，从增加资源性收入和保护环境生态系统相结合的角度，本文认为，应实行资源赋存地用益权专享制度，从根本上解决资源收入和环境保护的和谐发展问题。按现行法律规定，探矿权、采矿权的取得主要采取审批制的法律设定方式，对于相关企业是否具备必要资质，以及能否做到权利取得的公平竞争都存在某种不确定性，也成为某些权力部门寻租、滥权、滋生腐败的温床，最后，既不能很好地增加地方收入，还可能对环境保护造成隐患。实行用益权专享的核心就是把探矿权、采矿权作为赋存地的专有权利，不再根据审批门槛的分级规定，分别由不同级别部门决定该权利，而是由赋存地确定参与企业，采取招标、拍卖等方式出售用益权，并实施对权利使用的监督。这样做，既可以解决资源性收入的增长问题，也可以避免滋生权力的腐败。因为企业直接受制于资源赋存地监督管理，随时都有因违规开发被剥夺权利的风险，因此，也能有效实现资源开采过程中的环境保护，彻底解决资源利用存在的问题。

6. 关于新型农业税费制度

新型农业税费的主要内容有三：免除农业税、对种地农民的直接支付和其他农业补贴。目前存在的问题是直接支付和补贴数量普遍偏低。如一般对种粮农民的补贴为 30 元~50 元/亩，但近几年仅因农资价格上涨增加的种地成本就在 200 元左右，补贴远远不能满足实际需要，导致好多农民种地仅是为了自给性需要，出现大量撂荒现象，生产商品粮的积极性普遍不高，严重影响我国的粮食安全。出现这种情况，很大程度上是因为没有充分认识到农业对环境的重要意义，仅是从解决三农问题的思路入手，以为政府补贴是照顾性的，但如果考虑到农业的环境生态价值，就不仅仅是照顾性的了，而是政府对农业的环境效应的一种补偿性支出，加之农业对国家安全的重要意义，所以，应该在现有基础上不断提高种粮补贴，确保农业的长期稳定发展，保护生态环境，维护国家安全。

除了以上几个方面，对于扶持和投资倾斜制度，应改变初期的重在推动收入增长的制度安排。应该积极导向环境资源保护，通过向环境资源改善方面的扶持和投资倾斜，塑造长期增长的环境条件。再就是循环经济制度，应着力在激励引导方面，配合以强制性约束，形成循环经济的浓厚氛围。如此，才能为新一轮西部大开发创造优良的环境法律环境，迎接西部地区新的腾飞。西部大开发是一项系统工程和长期任务，环境法制在西部大开发中任重而道远，只有坚持不懈的努力，山川秀美的新西部一定会呈现在我们面前，西部的明天一定会更美好。

●本成果是李永宁、黄河教授共同为“2010年西部大开发十年环境法治建设研讨会”合作完成的成果，本次会议由中国法学会环境资源法学研究会西部开发法律研究专业委员会主办，西北政法大学承办，时任陕西省高级人民法院副院长的黄河教授主持了大会开幕式。陕西省法院并为会议的举办提供了大量支持。

PART4

陕西省秦岭地区资源环境问题与对策

第一节　“绿水青山”的法学含义

“绿水青山就是金山银山”是由习近平总书记首先提出来的。2005 年 8 月 15 日，时任浙江省委书记的习近平同志在安吉县余村调研时讲道：“生态资源是最宝贵的资源，绿水青山就是金山银山。”2006 年 7 月 29 日，习近平同志在浙江丽水调研时，在称赞丽水良好生态环境的同时，再次强调：“绿水青山就是金山银山，对丽水来说尤为如此”“守住了这方净土，就守住了金饭碗”。此后的十八大报告、十八届三中、五中全会进一步明确了这一科学论断。2014 年修订通过的《中华人民共和国环境保护法》，为“绿水青山就是金山银山”的实现提供了基础法律保障。2015 年 4 月 25 日发布的《加快推进生态文明建设的意见》明确指出：要“牢固树立尊重自然、顺应自然、保护自然的理念，坚持绿水青山就是金山银山，……开创社会主义生态文明新时代”。2015 年 9 月 21 日发布的《生态文明体制改革总体方案》，指出“树立绿水青山就是金山银山的理念，清新空气、清洁水源、美丽山川、肥沃土地、生物多样性是人类生存必需的生态环境，坚持发展是第一要务，必须保护森林、草原、河流、湖泊、湿地、海洋等自然生态”。《方案》首次把“绿水青山就是金山银山”提高到了生态文明建设“六大理念”之一的高度。习总书记的科学论断，以及十八大以来党和国家有关生态文明建设的系列规范性文件的规定，对于正确认识绿水青山的意义，推动实现绿水青山的经济价值，保障守护绿水青山的一方人民奔向幸福富裕的生活，开启了一个新路径、新方法。那么，究竟什么是"绿水青山"，"绿水青山就是金山银山"的法学含义是什么，以及"绿水青山就是金山银山"依靠什么法律途径才能实现？这些正是本文想要解决的问题，也希望本文的研究能够达到抛砖引玉的效果。

一、绿水青山的环境法特征

"绿水青山"泛指"美好河山"。但把"绿水青山"与"金山银山"相并列，"绿水青山"就被赋予了特定的含义。因为，"金山银山"作为"财富"的表现形式，必然是与财产权紧密关联的，如财产权的主体、客体的判定，占有、使用、收益、处分等权能的设置及其相互关系等。因而，"绿水青山"不再是"泛指"，而成为法学上的概念。如何从法学上理解"绿水青山"呢？

要明确绿水青山的法学含义，首先应当从它的对应物出发，依据对应物的特点，从相反的含义中进行推理和逻辑归纳。什么与"绿水青山"相对呢？根据中文的反义词关系，本文认为与"绿水青山"对应的应当是"黑水荒山"。"黑水荒山"是"绿水青山"的反义词。黑水，即污染的水，干涸的河床也会是黑色的。荒山，即缺少植被，裸露出砂土岩石，不方便动物栖息，甚至荒（石）漠化的山体，就是"荒山"。所以，"黑水荒山"就是水源污染或干涸，山坡植被破坏，山体荒漠化或石漠化的现象。"黑水荒山"可能是自然原因形成的；但根据人类发展的历史经验，绝大多数情况下都是人为原因造成的。[1]这些原因具体有以下几个方面：一是由人类对环境生态的过度使用和破坏引起的，如在水源地任意排污造成水体污染，或者乱砍滥伐，影响植被及草木根系对降水的遮蔽、吸储和阻滞，破坏水源涵养能力，致使水源枯竭、断流；同时，由于水系及植被的破坏，也可能形成山体的荒（石）漠化。二是不注意养护生态环境造成的，譬如在已有人为干扰的前提下，物种之间的原有平衡被破坏，任由山林中的特定物种恣意生长，在不同物种间形成非平衡性生长竞争，致使原有种群破坏、衰退；或者放任外来物种侵入，蚕食原有物种，引起与当地特色环境相适应的自然生态发生衰退；也可能因对地表水流不施以合理影响，无法自然形成径流而造成降水瞬时蒸发，导致

---

〔1〕 李禾："生态环境恶化主要是人为破坏"，载《科技日报》2006年6月6日。

河流缺水、断流等。三是完全由极偶然性自然原因引起，如地震地裂、雷击电闪、滑坡泥石流等对水源、植被、山体的破坏。水源、植被、山体的破坏，自然就形成了“黑水荒山”。

所以，“黑水荒山”本质上反映的是人与自然的不和谐，是不尊重自然、不顺应自然、不自觉保护自然引起的。与“黑水荒山”相对应，“绿水青山”的本质应该是人与自然的和谐相处，是人类尊重自然、顺应自然和自觉保护自然形成的。因而，“绿水青山”反映的人与自然的关系应该是:(1)人与环境友好。核心标志是人在环境承载力范围内进行活动，人类活动造成并累积的污染物不突破环境本身的自净能力，人类活动不对环境造成任何危害；(2)人与生态友好。核心标志是人在自然资源承载力范围内进行活动，人对不同资源要素的开发和使用不会突破资源承载力，不会导致任何生态破坏；(3)人能够节约使用各种自然资源，贯彻可持续发展原则，不会发生“资源约束趋紧”[1]的压力，既能满足当代人对自然资源的需要，也能够满足后代人对自然资源的公平和正常使用;(4)人能够正确认识并科学合理运用自然规律，遵循自然规律约束人类行为，尊重自然、顺应自然，与自然和谐相处;(5)人为维护环境生态，确保与自然和谐相处，会不断纠正人类自身的行为，如关停或搬迁与环境、生态不“友好”的企业，以及按环境生态要求调整经济社会发展规划，不以纯粹经济利益作为规划的出发点。人对自身行为的纠正以及按环境生态要求制定发展规划，必然会付出机会损失甚至直接成本损失；[2](6)人在尊重自然规律的前提下，有限的改造自然，促使自然与人类的关系不断趋于和谐，如流域上游水土保持的人类行为对全流域的水土保持、水源涵养以及水量调节的作用。

二、绿水青山的表现形态

绿水青山作为一种“生态文明成果”，具体的表现形态是什么，或者如好多人所疑问的：“绿水青山”变成为“金山银山”，是通过什么具体形态实现其价值转化的？据百度检索，截至目前，实务工作者以及研究者几乎无争议的一致认为“绿水青山何以成为金山银山”——是因为“绿水青山”让观光

〔1〕 屠凤娜：“京津冀产业发展的资源环境约束问题研究”，载《中国商论》2016年第21期。

〔2〕 吕忠梅：《超越与保守——可持续发展视野下的环境法创新》，法律出版社2003年版。

旅游成了可能，并能增加经济作物以及山林土特产品的数量和产量等。[1]本文认为这是一种极端狭隘的理解，甚至是扭曲了习总书记“绿水青山就是金山银山”科学论断所包含的深邃的理论内涵。本文认为这种能够实现价值转化的物质性成果在形态上主要包括三大类:“绿水类的”“青山类的”以及“绿水”与“青山”共同类的生态文明成果。分别有如下表现形态。

（一）绿水类的生态文明成果

绿水类的生态文明成果以水源保护为核心，是指由水源保养、维护等人类活动或人类劳动对水源的优化、改善、增强等形成的新的或被强化的水源功能。“水源保养、维护”是具体的生态文明建设活动，既然是“建设”活动，就必然是与具体的人类行动相对应，即人类自觉地针对水源的“养护性”生产活动，由此产生的成果，就是“绿水类的”生态文明建设成果。属于“绿水类”的生态文明建设成果，主要有以下几种：(1)水质与水量。水质与水量是水源保护最直接的后果，无论是哪种形式的水源保护，直接的影响都是：要么减少或关闭污染源，或者加强水土保持，减少水流中的泥沙量，因而会使得水质改善；要么就是退耕还林、封山育林，增加植被，使得水源涵养能力得到强化，水量较之前有大幅度增加。(2)水生物繁衍。由于水质改善、水量增加，就为水生物创造了更好的生存繁衍环境，因而，水中生物的数量和质量也会比之前有更多更大的改善。(3)水土保持。植被发达的根系及山体上草木的更大范围的遮盖，为降水的较长时间保存创造了条件，湿度增加反过来又会强化植被功能，这些将使得山体表层土壤得到很好的保护，会减少沙尘的形成，也会防止因降水冲刷致泥沙下泄。水土保持能力大大增强。(4)水利水运。水质改善与水量增加，中下游地区能够利用的水资源数量也会增加，方便下游工农业用水及人畜饮水，对水上运动、旅游及水上运输业发展也会产生一定的促进作用。(5)水源地污染防治。与“青山”关联的水源一般都属于水的发源地或流域上游，对上游地区水源的污染防治，受益的并不单单是上游地区，中下游地区也会从中受益，所以，针对水源地的污染防治，与一般理解的污染防治存在一定的不同。

---

〔1〕 如《中国生态文明》2016年第3期刊登的“绿水青山就是金山银山的实践样板——记浙江省安吉县生态县建设工作领导小组”一文，在谈到“精准发力，转化绿水青山”时，涉及的三种方式就是“做精休闲农业、做强生态工业、做美乡村度假旅游”——就缺乏制度建设上的思考。

（二）青山类的生态文明成果

“青山类”的生态文明建设成果与“绿水类”的相比，在基本性质上并无本质差异，不同的只是二者针对的具体“对象”有差别。“绿水类”生态文明建设成果主要针对的是与山体相融合的水源和水流，而“青山类”的生态文明成果则主要针对的是山林植被，以山林植被的养护为核心。具体是指由山林及山间植被保养、维护等人类活动对山体植被的优化、改善、增强等形成的新的或被强化的乔灌木及其他植物对山体的植被功能。“青山类”生态文明建设成果，具体有以下几种形态：(1)森林覆盖率。森林覆盖率是指森林面积占山区土地面积的百分比，是“青山”最直接的外观形态。森林覆盖率与“绿色、美丽、生态”[1]等森林功能正相关，森林覆盖率越高，反映生态文明建设的程度就越高，对地区人民带来的“森林生态效益”[2]也就越大。森林生态效益具体是指森林具有的生态功能，“它体现在涵养水源、保持水土、固碳供氧、改善小气候、保育生物多样性等几个方面。”[3](2)森林炭汇。炭汇是绿色植物或微生物等从大气中吸收二氧化碳的数量或过程，分为森林炭汇、海洋炭汇和草地炭汇等。通过森林炭汇减少大气中二氧化碳的浓度是国际公认的缓解气候变暖的有效途径，[4]也是《京都议定书》清洁发展机制的主要内容。(3)森林造氧。森林造氧是指森林里的树木在进行光合作用时吸收二氧化碳，释放出氧气的过程。因此，森林也被称为“氧气制造工厂”。据测算，“地球上的绿色植物每年要吸收4000亿吨的碳，释放2000亿吨的氧气。”[5](4)防风固沙。“青山”可以固化土壤、涵养水源，屏障风力、减弱风速。“青山”的茂密植被对土层的遮盖、植物的根系对土壤的牵连作用，使泥沙不易被水冲蚀，也不易被风力剥离，对于“保持水土、防止沙尘暴”有重要的作用。同时，“青山”的森林系统连接成一排排茂密的隔离带，能够阻滞风力，减少或消除大风的危害。这些类似天然的屏障，就是“青山”所具有的防风固沙作用。

---

〔1〕 张尚瑶等：“高森林覆盖率孕育‘绿色屏南’”，载《闽东日报》2013年3月31日。

〔2〕 《森林法》用语。

〔3〕 王姝、温作民：“森林生态效益价值核算研究”，载《世界林业研究》2006年第3期。

〔4〕 伍平：“云南首笔森林炭汇交易成交”，载《云南科技日报》2013年6月21日。

〔5〕 “为什么说森林是‘地球之肺’”，载《小学自然教学》2000年第6期。

（三）“绿水”与“青山”共同类的生态文明成果

“绿水”与“青山”共同类的生态文明成果，是指兼有“绿水”与“青山”的某些共同性，或者由“绿水”与“青山”共同促成的某些生态文明成果。可以定义为：就是由针对水源的和针对山体植被的两种人类活动，共同作用形成的，既依赖于水源，也依赖于山体植被并兼有二者某种共同特征的生态文明成果。这些生态文明成果主要包括以下几个方面：(1)涵养水源。涵养水源是“绿水”与“青山”结合的最佳形式之一，水源优化得到的是“绿水”，水源“被优化”的原因是“青山”。在自然界，植被素有“绿色水库”之称。植被之所以能够涵养水源，是由林冠截留雨水；枯枝落叶层吸收水分；林地土壤蓄渗降水等方式获得的。所以，涵养水源是兼有“绿水”与“青山”共同特点的生态文明成果。(2)生态景观。景观，指人造的或自然的景色。本处所谓生态景观是指由“绿水青山”所形成的具有普遍观赏性的自然景色。作为“生态景色”，必然是“绿水”与“青山”的景色组合，不是某个单一景色。所以，本文把生态景观作为共同类生态文明成果。(3)旅游休闲。旅游，是以景观为基础的，是基于“绿水”与“青山”的共同观赏性产生的。休闲应该是旅游的深化形态，它含有短暂居住、生活的意味。这些，都依托于“绿水”与“青山”的共同吸引力，不可能是单方面的，就比如游客居住在某个景区，但却没有饮用水条件。因此，单一性显然是不可想象的。(4)养生养老。依托“绿水青山”养生养老，是目前我国社会发展的一种新服务业形式，这是因为“绿水青山”造就了许多更适于人类生活生存的特定元素，如广西巴马的“长寿村”、陕西太白的“太白仙园”。但不管突出那种特定元素，都既离不开“绿水”，也离不开“青山”，只有两者相结合才能造就出林林总总的特定元素。(5)动物栖息地。动物栖息需要充足的水分、食物、隐蔽和繁衍场所等基本环境条件。“绿水青山”毫无疑问地代表着植物与水源的充分性。同时，也意味着人类对该区域的干扰很少，因为如果人类活动频繁，就难以形成“绿水青山”。和多样性的植物、丰富的水源相对应，必然有多样性的生物资源和充分的食物链，以及相对隐蔽、安静等环境条件。这样的地区和环境，就成为野生动物生存和繁衍的最佳栖息场所。如“秦岭四宝”之所以能够生存并且种群不断扩大，很大程度上就是依赖于《秦岭生态环境保护条例》设置了禁止性开发区域，确保了秦岭的“绿水青山”。

三、绿水青山的法学含义

综上，我们可以从法学角度给“绿水青山”下一个定义，应该是：由人类主动养护环境，科学开发和合理使用自然资源，积极限制人类对环境资源的不利行为，所创造并形成的符合人与自然和谐相处的生态文明成果。这就是绿水青山的法学含义。需要说明的是，从以上定义的推演过程可以看出，“绿水青山”是人与自然互动过程中形成的，是人类劳动和智慧附加于自然之上产生的成果，因此该生态文明成果应该属于一种物质性成果，如人们常说的“山青、水净、坡绿、天蓝”[1]就是这种生态文明成果的具体表现，这些都是物质性的。再就是因为这种成果附加有“人力”，因而，应该是人力可达并对人类有用的成果，人力达不到的“荒蛮之地”，或者仅仅作为科学研究的“宇宙空间”，就不属于绿水青山的范围。

●该部分是李永宁教授2016年于昆明西部开发法律研究专业委员会年会上的发言稿，是篇尚未完成的论文，只是对绿水青山法律含义的初步看法，该观点在多次会议上进行过表达，但目前尚未有人对此做过更深入的研究。收录于此，更多的是想抛砖引玉，希望能对读者有所启发，也希望作者对此问题有更完整的研究。

第二节　汉江水资源保护利益实现对策研究

一、研究背景

2016年1月5日，习总书记在重庆亲自部署了长江经济带发展问题。《陕西日报》2016年3月22日刊文“三次错过历史发展机遇，长江经济带陕西不应再错过”的署名文章，认为陕西已错过新中国成立、沿海开放和振兴东北老工业基地（自身作为老工业基地）三次历史机遇。该署名文章认为汉江作为长江的最大支流，陕西“不能简单望着一江春水向东流”，应积极向长江经济带靠拢，带动陕南板块的发展。言下之意，“搭不上的”长江经济带是不

〔1〕 省长娄勤俭强调：“努力实现新一轮渭河治理‘开门红’”，载《陕西省人民政府公报》2015年第15期。

能再错过的。

2015 年 5 月 13 日湖北省人民政府发布了“湖北汉江生态经济带开放开发总体规划”，2016 年 3 月公布的国家十三五发展规划，纳入了“汉江生态经济带”，标志着“汉江生态经济带”上升到了国家战略。陕南三市作为汉江的上游地区，再次被排除在汉江生态经济带的统筹发展之外。当然，湖北似乎认为汉江经济带作为连接丝绸之路经济带和长江经济带的腰带，自然应该包括陕西甚至河南在内，陕鄂也签了协议要共建生态经济带，“推进南水北调上游区及汉江流域水污染防治和生态保护”，但作为上游的陕西替下游的湖北“保护了生态，治理了污染”，会得到什么呢，并没有下文。我能不能认为湖北的主要目的是想通过汉江生态经济带连上丝绸之路经济带呢？面对种种情况，汉江陕西段水资源保护与利用究竟应该采取什么措施就成为本文试图探讨的一个突出问题。

二、汉江陕西段水资源的特殊意义

2011 年中共中央国务院“1 号文件”明确指出“水是生命之源，生产之要，生态之基”，汉江水资源除了“水”的这些“共有”的核心价值和意义之外，相比其他地区的水资源，还有更特殊的价值和意义。主要包括：

（一）南水北调中线核心水源

陕西汉丹江汇入丹江口水库的入库水量占丹江口水库总水量的 70%，陕西汉江段无可争辩的成为南水北调中线的核心水源。自 2014 年 12 月南水北调中线通水至 2016 年 12 月，2 年时间里“丹江口水库已向北方调水 60.9 亿立方米，惠及北京、天津、河北等沿线 18 座大中城市、4000 多万居民。”目前北京城区供水中，汉江水占比超过 70%。天津市中心城区生活用水全部来自汉江。如此成就，汉江陕西段作为“核心水源”，贡献巨大，功不可没。

（二）长江的重要水源

汉江是长江的最大支流。汉江在陕西的年出境水量是 280 亿立方米，中线一期的设计调水量是 95 亿立方米，现在还远远达不到这个数字。即使 95 亿立方米全部为陕西的出境水，还剩余近 200 亿立方米，这 200 亿就补给了长江。因此，陕西汉江段无疑也是长江的重要水源。湖北的汉江生态经济带，如果离开了上游的生态陕西，将是不可想象的，这也许就是湖北推动鄂陕合作的初衷吧。所以，整个长江中下游的水质水量也与汉江陕西段息息相关，并非只有青海的“三江源”才是长江的命脉。而且据说汉江与长江交汇处，江水颜色迥异，汉江水质明显优于长江水质，也反映了汉江对长江的无可替代的重要性。

(三) 引汉济渭的唯一水源

引汉济渭工程预计2019年通水，按工程设计，2020年、2025年调水量分别达到5亿立方米、10亿立方米，2030年调水量达到最终调水规模15亿立方米。工程建成后，可基本满足西安、咸阳、渭南、杨凌等4个大中城市，长安、户县、临潼、周至、兴平、武功、泾阳、三原、高陵、阎良、华县等11个县级城市，以及高陵泾河工业园区、泾阳产业密集区、扶风绛帐食品工业园区及眉县常兴纺织工业园区等4个工业园区的用水需要，同时可增加渭河生态水量，改善渭河流域生态环境。这意味着，整个关中地区都会从汉江受益，甚至还可以补充、调节黄河的生态用水，对紧邻陕西的三门峡水库的水量也能起到一定的保障和调节作用，河南甚至更下游的山东也会从中受益。

目前，在讨论汉江陕西段水资源利益补偿问题时，学者和政府一般偏向于南水北调中线受水区的补偿，但很少有人注意到汉江的另外两个水源功能。因此，汉江水资源保护利益的实现，应该是一个范围更大、牵涉主体更多的问题。反过来说，就是汉江能够获得的利益应该是巨大的。

三、国内流域补偿实践

笔者在此举三个案例：

(一)《东江流域上下游横向生态补偿协议》(2016年10月19日)

东江是珠江水系三大河流之一，发源于江西省赣州市境内。被称为珠三角和香港地区4000余万民众的“生命之水”“经济之水”。

协议主要内容：

(1)补偿期限：3年（2016年~2018年）。(2)补偿资金拨付：每年5亿元，其中中央财政出资3亿元，江西、广东两省各出资1亿元。两省资金以水质考核为依据，江西省出境水质达到考核目标，广东省补偿江西省；若未达到考核目标，则江西省补偿广东省。(3)资金用途：专项用于东江源头赣州的水污染防治和生态环境保护与建设工作。

(二)《新安江流域水环境补偿试点实施方案》(2012年~2014年)

新安江是安徽和浙江之间的一条河流，源头在安徽黄山市，流经浙江西部，后入钱塘江，是钱塘江的主要支流。

《方案》的主要内容：

(1)从2011年开始，由财政部、环保部共同推进，为期3年，是全国首个跨省流域生态补偿机制试点。中央财政每年拿出3亿元，安徽、浙江各拿1亿元，以水质“约法”，共同设立环境补偿基金。(2)补偿项目为高锰酸盐指数、氨氮、总氮、总磷4项指标。以四项指标常年年平均浓度值为基本限值，测算补偿指数，核算补偿资金。(3)补偿资金使用。补偿资金专项用于新安江流域水环境保护和水污染治理。具体包括：流域生态保护规划编制、环保能力建设、上游地区涵养水源、环境污染综合整治、工业企业污染治理、农村面源污染治理（含规模化畜禽养殖污染治理)、城镇污水处理设施建设、工业经济、园区建设补助、关停并转企业补助、生态修复工程及其他污染整治项目等。(4)补偿资金的拨付：中央财政每年给安徽拨付3亿元。安徽出境水质达标，浙江省的1亿元拨付给安徽，安徽省的1亿元资金纳入总体补偿资金；如果水质不达标，安徽省配套的1亿元拨付给浙江。

试点到2014年截止，但“浙皖两地均期盼延续新安江生态补偿”。

(三)《安徽省大别山区水环境生态补偿办法》

2014年10月，安徽省政府启动大别山水环境生态补偿。

根据上游六安市、下游合肥市跨市界断面监测水质情况，确定流域上下游补偿责任主体，补偿资金由省级政府和市政府共同出资设立，其中省1.2亿，合肥、六安各4000万元，合计2亿元，专项用于水污染防治等方面；

补偿的办法大致是省政法的1.2亿拨付六安，水质达标，合肥的4000万拨付六安，六安的4000万合并入补偿资金。如果六安的出境水质不达标，则六安的4000万拨付合肥。

四、汉江水资源利益实现存在的主要障碍

(一) 对汉江水资源的功能定位认识不充分

谈到汉江水资源利益补偿，学界和实务界基本上都围绕的是南水北调中线引水问题，基本不涉及对长江的意义以及引汉济渭对关中，甚至黄河流域的影响。

(二) 补偿的资金来源过于单一

关于水资源利益实现，一般偏向于中央政府的财政转移支付，而且基本

是单一的对中线调水的转移支付（另外的就是生物多样性重点生态功能区的转移支付），对水资源的跨界使用形成的横向转移支付没有涉及，其他灵活的补偿方式也鲜有实践。

（三）缺乏省内补偿的研究和政策

由引汉济渭引起的省内调水区和受水区之间的利益补偿的先期研究还没有开展，现行政策包括立法也没有这方面的规定。“引汉济渭”后为陕北置换的更多黄河水量，也没有要求陕北因此补偿汉江的先期规划。一旦2019年调水成功后，必然又面临省内地区间的争议和矛盾。

（四）对水资源的其他功能价值重视不够

现行政策、规划，甚至学术研究都比较注重从水的有偿使用的角度研究汉江水资源利用问题，对优良水质及其水系的景观价值，包括由景观价值衍生出的旅游、观赏、养老、度假，甚至房地产价值研究不多，推动不够。

（五）陕西省政府对汉江水资源保护支持力度有待提高

虽然2014年陕西省政府出台了《陕西省汉江丹江流域水质保护行动方案（2014年~2017年）》，但《方案》中涉及资金支持，基本上都表述为“争取国家资金”，对陕西省政府自身如何采取资金支持，缺乏明确的规定。

五、汉江水资源保护利益实现的主要方式

（一）关于纵向转移支付

不仅涉及南水北调中线水源，还应该积极争取(1)汉江作为长江最大支流对长江流域的积极意义，国家应该对上游保护水资源的付出予以回报；(2)由引汉济渭产生的对黄河下游的补水作用，国家也应该对此予以承认并予以补偿。

2014年《陕西省汉江丹江流域水质保护行动方案（2014年~2017年）》保障措施之二明确规定“发展改革部门要……落实治污项目规划并积极向国家相关部门争取治污项目和资金”，其中，“争取项目和资金”的重要根由就是汉江对南水北调、对长江、对黄河的功能意义。

（二）关于横向转移支付

主要涉及三个方面：(1)积极推动南水北调中线受水区水费的适当比例用于水源区水质与水量的保护；(2)湖北省对汉江上游的陕南三市给予适当支持，确保其在下游建设“生态经济带”；(3)黄河下游的河南、山东对由引汉济渭引起的汉江补给黄河的功能给予适当补偿。

（三）省内地区间补偿

关中各地根据调水、用水量补偿陕南三市，再就是榆林、延安根据汉水置换的黄河水量对陕南三市予以适当数额的补偿。

（四）加大省级财政对汉江水资源保护的投入

《陕西省汉江丹江流域水质保护行动方案（2014 年～2017 年）》措施之三规定“积极争取国家资金，加大省级投入”。增加省级投入明确了，但投入多少，如何投入？应该进一步细化。另外，既然是加大投入，就应该是以上年为基准，比上年要更多。通过省级投入，真正落实省级财政对特殊水资源的保护作用。

（五）积极发展汉江航运

安康，包括汉中和商洛，是我国的 14 个集中连片特困区之一。山清水秀、物产丰富、资源富集的陕南三市为什么会是特困区呢？我理解主要有两个原因：一是经济发展机会损失，为了保护环境，保护自然，保护生态，保护水资源，要限制发展甚至关停企业造成的；再一个就是交通落后，物资不通流，陕南特有的土特产品、生态产品难以便捷的通达市场，影响了地区的环境优势和资源优势转化为经济优势。因此，国家及省政府应该把发展汉江航运作为陕西交通发展的重中之重，集中优势力量治理汉江航道，恢复曾经繁华的汉江航运，让沿岸的物产与人员能够通达四方并走向富裕。

（六）开展省内单位对陕南的各种形式的扶持

《关于加强国家重点生态功能区环境保护和管理的意见》（环发［2013］16 号）规定：“鼓励探索建立地区间横向援助机制，生态环境受益地区要采取资金补助、定向援助、对口支援等多种形式，对相应的重点生态功能区进行补偿。”本文认为，对汉江水资源的这种形式的补偿，还可以和时下推行的精准扶贫相挂钩，让省内单位，特别是关中地区企事业单位切实对口汉江流域单位，定点扶持，力争实效。但目前关中地区一些企事业单位落实精准扶贫明显流于形式，政府有必要在这方面做好宣传和统一部署，多途并举，形成合力，实现汉江的水资源利益。

（七）建议推动建立“汉江国家公园”

汉江对南水北调、对长江、对黄河的特殊意义，决定了汉江突出并极其重要的“公益性”，如何保护这种公益性？以及让汉江流域的安康、汉中和商洛有机联系在一起，有必要推动“汉江国家公园”立项和建设。因为我省一直积极推动的秦岭国家中央公园，核心区以太白国家森林公园为主，扩展到秦岭北麓，秦岭南麓能不能全部纳入，尚不得而知。因此，建议通过建立汉江国家公园，对汉江及其流域实施全面持续的保护，并为国家公园建设提供大力支持。

●该文为李永宁教授2017年4月于陕西省科协院士专家工作站和安康市汉江水资源研究中心共同主办的“首届汉水论坛——汉江水资源保护与利用策略研究”会议上的发言论文，论文被作为会议主要成果报送给了陕西省科协和安康市人民政府作为决策参考。

第三节　陕西太白生态文明县建设可争取的政策要点

一、太白县作为南水北调中线水源地的生态补偿

陕南三市是全国人民都很明白知道的南水北调中线引水水源地，但几乎没人知道太白县也是中线调水水源区。多年来，陕南三市每年都得到国家和陕西省人民政府的财政转移支付，数量也不少。但太白县有5条河流，属于汉江水系的就有4条，其中一级支流1条，二级支流2条，三级支流2条，很明确，太白县也是重要的中线调水水源地，如果并未得到中线调水水源地补偿，或者现有补偿只给了陕南三市，那么，对宝鸡市、对太白县都是不可思议的。

《经济观察报》2014年9月1日发文“陕西向南水北调讨要生态补偿”。其中有：“谭策吾（省决策咨询委员）说，每年中央财政对陕南的汉丹江流域生态功能补偿是21.67亿，汉中市8.7亿，安康市7.7亿，商洛市5.2亿。另外，国家也加大了对汉丹江上游的水土流失治理重点投入，每年也是20多亿”。这一数字不一定完全准确，具体名目、数量可以向省财政了解详细情况。

还可参见国务院2014年1月22日发布的《南水北调工程供用水管理条例》第5条、第19条、第26条的规定。

二、石头河水库水源涵养区生态补偿

石头河水库作为“关中水塔”，也是西安市的主要供水水源。水库在太白县境内的水源涵养（集水）区面积676.02平方公里，占石头河水库集水区总

面积 686 平方公里的 98.5%。足见太白县为整个关中地区，为八百里秦川，为西安市的富饶发展和人民生活作出了巨大贡献。针对石头河水库的水源涵养应尽快完善并落实相关生态补偿机制。根据 2014 年 4 月 24 日修订发布的《中华人民共和国环境保护法》第 31 条的规定："国家建立、健全生态保护补偿制度。国家加大对生态保护地区的财政转移支付力度。有关地方人民政府应当落实生态保护补偿资金，确保其用于生态保护补偿。国家指导受益地区和生态保护地区人民政府通过协商或者按照市场规则进行生态保护补偿。"另外，国办发［2016］31 号文件《关于健全生态保护补偿机制的意见》第 9 项也明确规定，至 2020 年："在江河源头区、集中式饮用水水源地、重要河流敏感河段……重要饮用水水源……全面开展生态补偿，适当提高补偿标准。"现在是 2016 年年底，很显然，如果太白县还不做好充分准备，积极争取政策，将很难获得补偿的。此外，全国已有一系列饮用水水源生态补偿的实例，如黄浦江上游水源保护区生态补偿。因此，建议设法推动省市有关石头河的水源补偿。

三、太白县 95%的森林覆盖率所产生炭汇价值补偿问题

一公顷森林每年大约吸收 13 吨二氧化碳，这就是森林的炭汇功能。林业碳汇交易是基于《京都议定书》确定的清洁发展机制发展而来的，核心是根据各国分配的排放指标，由发达国家提供资金和技术购买发展中国家某一个项目"经核证的碳减排量"，以抵扣其自身排放量的限额的一种虚拟交易。2011 年 11 月 1 日，经国家林业局同意，由华东林业产权交易所与中国绿色碳汇基金会合作开展的全国林业碳汇交易试点在浙江义乌正式启动。国家林业局局长赵树丛为华东林业产权交易所颁发了"全国林业碳汇交易试点平台"铜牌，包括阿里巴巴在内的 10 家企业签约认购了首批 14.8 万吨林业碳汇。该交易在国内已有不少实践，太白县的林业碳汇怎么办？政策可参见《国家林业局关于推进森林炭汇交易工作的指导意见》［2014］55 号文件。中共中央国务院《关于加快推进生态文明建设的意见》之第 23 项也明确了"推动建立全国碳排放权交易市场"，《生态文明建设总体方案》之 19 项"建立增加森林、草原、湿地、海洋炭汇的有效机制"。

《陕西省十三五规划纲要》第二十九章规定"建立碳排放权交易体系，增加森林炭汇"。应请求省上尽快在减排大户和生态市县之间落实该工作，太白县应该大有作为。

四、太白县大面积森林作为“氧气制造厂”的补偿问题

一公顷森林一天可造 700 公斤左右的氧气，足够七八百人一天吸用。95%的森林覆盖率，能制造多少氧气？能呼吸到这些氧气的，或者从森林中受益的应该是整个宝鸡、陕西省，甚至周边省份。这个完全符合《中华人民共和国森林法》“森林生态效益补偿”的有关规定。可参财政部国家林业局印发的《中央财政森林生态效益补偿基金管理办法》（2009 年 11 月 23 日），该《办法》第 4 条规定：“中央财政补偿基金依据国家级公益林权属实行不同的补偿标准。国有的国家级公益林平均补助标准为每年每亩 5 元，其中管护补助支出 4.75 元，公共管护支出 0.25 元；集体和个人所有的国家级公益林补偿标准为每年每亩 10 元，其中管护补助支出 9.75 元，公共管护支出 0.25 元。”另外，陕西省财政、省林业厅印发的《陕西省森林生态效益补偿基金管理办法》，第四条规定“集体和个人所有的国家级公益林补偿标准为每年每亩 15 元，其中管护补助支出 14.75 元，公共管护支出 0.25 元。省级财政森林生态效益补偿基金平均标准为每年每亩 5 元，其中管护补助支出 4.75 元，公共管护支出 0.25 元。”不清楚太白县是否足额享受了该方面的政策，应该查找不足，尽快足额落实。

五、太白县的“绿水青山”转变为“金山银山”的问题

习总书记早在 2005 年就指出“绿水青山就是金山银山”，十七大、十八大报告均明确了“绿水青山就是金山银山”的政策意义。中共中央国务院 2015 年 9 月 21 日发布的《生态文明体制改革总体方案》之（二）的第三个理念，明确指出“绿水青山就是金山银山”，太白县不能守着“绿水青山”，看不到“金山银山”。应该让老百姓真切感受到“绿水青山就是金山银山”。但如何实现？关键是《生态文明体制改革总体方案》中规定的，在 2020 年前要建立或完善的八项制度之一，同时也是该《方案》第六大部分的“资源有偿使用和生态补偿制度”，应争取省上加快推动并开展该项工作，让太白县的绿水青山真正成为“金山银山”，成为老百姓的真实收入。重点应做好石头河水库水资源有偿使用（水费中合理的比例）、关中各地对“关中水塔”的生态效能的价值补偿（对口支援资助也算）、森林及水源涵养对周边气候改善的补偿，秦岭国家中央公园建设资金投入、太白县环境保护机会成本补偿（包括关停企业、发展规划受限等方面）、太白县城按生态环保标准进行改造的费

用、野生动物及生物多样性保护资金支持及太白县付出劳动的补偿等工作，能争取财政支持的地方太多了！

六、太白县建立自然资源资产产权制度相关问题

《生态文明体制改革总体方案》第二部分“健全自然资源资产产权制度”，明确自然资源是资产，并且应该确定产权主体，“对水流、森林、山岭、草原、荒地、滩涂等所有自然生态空间进行确权登记”。同时，按照2015年生态文明建设六个组合拳之一的《编制自然资源资产负债表试点方案》，对县域内广袤的国土空间进行确权，并进行资产负债表核算，对于增加的自然资源资产，应归于全县干部群众的重要贡献，应建议并争取省市对太白县执行绿色GDP考核标准。这也是习总书记提出的十三五“五大发展理念”之绿色发展理念的具体落实。针对绿色GDP核算，环保部早在2015年就已经在安徽、海南、四川、云南、深圳、昆明、六安市等七地开展了试点工作。基于太白县的实际情况，完全有理由作为陕西省绿色GDP的试点县之一。

七、太白县作为中省生态功能区的财政支持问题

太白县全县海拔740米~3767米，县城海拔1543米。按《陕西省秦岭生态环境保护条例》的规定，太白县绝大部分处于《条例》规定的“限制开发区和禁止开发区”。既然《陕西省秦岭生态环境保护条例》把太白县划入了限制或禁止开发区域，就应该有相关的政策或思路转变：一是根据权利义务对等原则，在设定义务时，也应赋予某些权利，最主要的就是对因开发限制造成的损害应该进行适当补偿或政策支持，真正能让老百姓安心于从“山林的利用者”，转变为“山林的守护者”，并能安居乐业。二是在对太白县的经济社会发展评价上，应该更倾向于作为生态文明成果的自然资源资产的增量，把关注点放在森林覆盖率的变化、林木蓄积量的变化、水源涵养能力的变化等生态文明成果方面，不能再简单套用适用于其他地方的单一GDP评价标准。

相关法律及政策可参见《陕西省秦岭生态环境保护条例》第9条~第12条和第18条。相关的红线和生态功能区保护制度，以及环保部绿色GDP试点有关情况。

八、关于太白县干部的考核评价问题

根据环保部2016年印发的《国家生态文明建设示范县、市指标（试行）》，该文件为生态文明示范县设置了38个考核评价指标，全部是生态文明建设成果指标，核心目的就是确保示范地区实现“绿水青山就是金山银山”。该指标体系中丝毫未见追求GDP增长的倾向性。再根据环保部同期下发的《国家生态建设示范区管理规程》的规定，对已经进行生态文明示范区建设的地方的评估、考核、验收，完全以《国家生态文明建设示范县、市指标（试行）》确定的具体指标以及指标体系为依据，评价、验收示范县的生态文明建设情况。因此，生态文明示范县的干部考核，也应该以近期出台的这两个环保部文件为指导，主要考核干部参与生态文明建设的情况，以及干部在生态文明示范县建设中的具体贡献，或者大幅提高这些内容在考核中的权重。不能再设置与其他地区相同的考核评价标准，因为不同地区干部的工作内容明显不一样，生态文明示范县的工作，核心就是与“绿水青山”相关的工作。考核内容发生相应的变化，才能确保生态文明示范县工作的顺利推动，确保示范效果的实现，确保中央政策的贯彻。

主要政策和法律依据：

1. 2014年1月22日发布的《南水北调工程供用水管理条例》
2. 2014年4月24日修订发布的《中华人民共和国环境保护法》
3. 国办发［2016］31号文件《关于健全生态保护补偿机制的意见》
4. ［2014］55号文件《国家林业局关于推进森林炭汇交易工作的指导意见》
5. 中共中央国务院2015年《关于加快推进生态文明建设的意见》
6. 中共中央国务院2015年《生态文明体制改革总体方案》
7. 2016年2月《陕西省国民经济与社会发展第十三个五年规划纲要》
8. 2009年11月23日《中央财政森林生态效益补偿基金管理办法》
9. 2014年3月《陕西省森林生态效益补偿基金管理办法》
10. 2015年11月18日国办发《编制自然资源资产负债表试点方案》
11. 2007年陕西省人大《秦岭生态环境保护条例》
12. 2016年环保部印发的《国家生态文明建设示范县、市指标（试行）》
13. 2016年环保部印发的《国家生态建设示范区管理规程》

●本文是2016年11月14日，李永宁教授应太白县人民政府的要求，结合太白县实际，对照国家生态建设有关文件政策，为太白县政府梳理的可以争取的相关政策的要点。

第四节　让安康更美——以自然资源有偿使用为视角

本月初，笔者去海南开了一个会：中国芬兰环境法国际论坛。在海南拍集体照时，摄影师为了调整大家注意力，大声问："海南美不美?"所有人齐声回答："美!"这种喊法和我们习惯于喊"茄子"不一样，更加有趣，给笔者留下深刻印象。前几天，刘强处长给笔者打电话让笔者来安康时给大家讲点东西，笔者想来想去就想到了这个题目。海南美，安康美不美?安康当然美，比海南还美。为什么这样说?在海南，我们从海口到琼中，从海边到了最高处的五指山，一路考察海南的生态环境。笔者得出的结论是：对全国而言，海南具有生物多样性以及风景观光两个重要的环境生态功能。十月中旬，笔者参加了陕西省人大组织的《陕西省秦岭生态环境保护条例》执法检查，完了后，笔者撰写了一篇2万多字的调研报告，把秦岭的生态环境功能总结为调节气候、涵养水源、水土保持、调水工程水源地、维护生物多样性、濒危动植物养护、森林碳汇与造氧八个方面。八比二，那个更美，自然是不言而喻。问题是如何保持住安康的美?如何让安康更美?要破解这个问题，笔者认为唯有依靠自然资源有偿使用和生态补偿制度才能实现，笔者就此谈点个人看法。

一、充分认识"绿水青山就是金山银山"

过去提到山和水，听得比较多的是"穷山恶水"。认为"绿水青山就是金山银山"，是一个新提法，这个新提法最早是由习近平总书记提出来的。2005年8月15日，时任浙江省委书记的习近平在安吉县余村调研时讲到"生态资源是最宝贵的资源，绿水青山就是金山银山。"2006年7月29日，习近平在浙江丽水调研时，在称赞丽水良好生态环境的同时，再次强调："绿水青山就是金山银山，对丽水来说尤为如此"，"守住了这方净土，就守住了金饭碗"。

此后的十八大报告（2012年）、十八届三中全会《决定》（2013年）、

2014 年 4 月 24 日最新修改通过的我国史上最严《环境保护法》（以下简称“新《环保法》”）都充分体现了这一科学论断。

2015 年中共中央国务院连续出台的两个重要文件更是对“绿水青山就是金山银山”开始了全面贯彻和落实。(1)2015 年 4 月 25 日发布的《加快推进生态文明建设的意见》明确指出：坚持绿水青山就是金山银山，倡导绿色生活，实现绿色发展，推进绿色城镇化和发展绿色产业，以及健全自然资源资产产权制度和生态保护补偿制度等内容。(2)2015 年 9 月 11 日发布的《生态文明体制改革总体方案》，其内容被简单概括为“6+6+8”，即 6 大理念、6 个原则和 8 项制度。在 6 大理念中首次把“绿水青山就是金山银山”的科学论断上升为生态文明体制改革的新“理念”，即从一般的论断发展为理性高度上的观念。在 6 个原则中明确提出了要创新自然资源产权制度的原则；与此对应，在未来 5 年需要建立和完善的 8 项制度中，明确提出“健全自然资源资产产权制度”等。从理念、原则到制度，形成了一套完整的保障“绿水青山就是金山银山”的理论体系。

总书记的提法以及作为党和国家大政方针的这些规定，对于正确认识绿水青山的意义，推动实现绿水青山的经济价值，保障守护绿水青山的一方人民奔向幸福富裕的生活，开启了一个新路径、新方法。安康的最大特点就是“绿色安康”，与总书记以及中央建设生态文明的要求完全契合。因此，正确认识、领会并深入践行总书记及中共中央国务院的这些要求，也是陕南及安康人民改变传统面貌，实现幸福富裕的金光大道。

二、“绿水青山就是金山银山”的实现路径选择

《十八大报告》《十八届三中全会〈决定〉》《加快推进生态文明建设的意见》在强调生态文明建设，树立绿水青山就是金山银山理念的同时，都不约而同地提到要建立健全资源有偿使用和生态补偿制度。特别是《生态文明体制改革总体方案》，在谈到未来五年所要建立的制度时，更是明确把“健全资源有偿使用和生态补偿制度”作为 8 项制度的第一项。所以，“绿水青山就是金山银山”的实现路径无非两个方面：资源有偿使用制度和生态补偿制度。

（一）资源有偿使用制度

资源有偿使用制度是指“国家采取行政法律手段使开发利用自然资源的

单位和个人支付相应费用的一整套管理制度”。[1]

我国在20世纪80年代开始实施资源有偿使用制度，在此之前，采取的是资源的无偿划拨制度。20世纪80年代中后期最先在土地、矿产资源等领域实施有偿使用。2015年12月12日，我在期刊网上以“资源有偿使用”作为关键词进行了搜索，从搜索的结果可以看出资源有偿使用研究的大致脉络。

表4-1

时间（年）	论文（篇）	时间（年）	论文（篇）	时间（年）	论文（篇）	时间（年）	论文（篇）	时间（年）	论文（篇）	时间（年）	论文（篇）
1984	1	1989	2	1994	13	1999	21	2004	28	2009	140
1985	1	1990	6	1995	12	2000	12	2005	85	2010	74
1986	2	1991	3	1996	17	2001	35	2006	222	2011	68
1987	3	1992	4	1997	9	2002	13	2007	232	2012	47
1988	4	1993	8	1998	9	2003	23	2008	155	2013	52

从表4-1所列数据看，我国对资源有偿使用的研究大致经历了三个阶段，(1)1984年~2005年为初创阶段；(2)2005年~2009年为立法活跃阶段（我猜测是围绕《物权法》立法引起了许多讨论）；(3)2010年以后进入观念确立阶段。在这三个阶段，80年代属于探索时期，最初的研究集中在运用马克思主义劳动价值论论证资源有偿使用的必要性和合理性。90年代前后进入逐步立法阶段。21世纪以来，资源有偿使用基本成为社会共识，进入制度建立与完善阶段。

从立法过程看，1986年6月25日通过了《中华人民共和国土地管理法》，1988年12月23日根据宪法修正案对该《土地管理法》进行修改时，增加了：“国有土地和集体所有土地使用权可以依法转让；国家依法实行国有土地有偿使用制度”。1986年公布的《矿产资源法》第5条规定“国家对矿产资源实行有偿开采。开采矿产资源必须按照国家有关规定缴纳资源税和资源补偿费。”1988年公布实施的《水法》，2002年修订时，在第7条增加了“国家对水资源依法实行取水许可制度和有偿使用制度”的规定。

〔1〕尤鑫：“资源有偿使用现状及管理制度体系建设研究”，载《内蒙古农业大学学报（社会科学版）》2013年第4期。

2007年出台的我国《物权法》第119条规定："国家实行自然资源有偿使用制度，但法律另有规定的除外。"所以，从现行法的规定看，从最先的《土地管理法》到《物权法》，"资源有偿使用"已经毫无争议地成为我国现行法的重要原则。但十八大报告、十八届三中全会《决定》、《推进生态文明建设的意见》《生态文明体制改革总体方案》都明确提出"健全"或者"完善"资源有偿使用制度，这就充分说明我国资源有偿使用制度还存在许多问题，实施的效果也不能让人完全满意。那么"资源有偿使用"存在的问题究竟是什么呢?《生态文明体制改革总体方案》指出，到2020年要"构建归属清晰、权责明确、监管有效的自然资源资产产权制度，着力解决自然资源所有者不到位、所有权边界模糊等问题"。根据该"目标"定位，似乎可以看出我国资源有偿使用制度所存在问题的端倪，主要是资源产权制度不清晰、所有者不到位、所有权边界模糊三个方面。在这些问题存在的情况下，要充分实施资源有偿使用，基本的主体和对象物都将难以确定。

（二）生态补偿制度

2014年4月24日，我国全国人大常委会通过了修订的新《环保法》。新《环保法》第一次把生态补偿制度写了进去。新《环保法》第31条规定："国家建立、健全生态保护补偿制度。国家加大对生态保护地区的财政转移支付力度。有关地方人民政府应当落实生态保护补偿资金，确保其用于生态保护补偿。国家指导受益地区和生态保护地区人民政府通过协商或者按照市场规则进行生态保护补偿。"

按新《环保法》的规定，生态补偿是对"生态保护"的补偿，核心在"保护"，是对现代社会人类自觉保护环境行为的法律回应，是对由保护活动所生成利益的补偿。"生态补偿是指对个人或组织在森林营造培育、自然保护区和水源区保护、流域上游水土保持、水源涵养、荒漠化治理等环境修复和还原活动中，对环境生态系统造成的符合人类需要的有利影响，由国家或其他受益的组织和个人进行价值补偿的环境法律制度。"[1]这是笔者发表于《法律科学》2011年第2期上的论文"论生态补偿的法学含义及其法律制度完善"对生态补偿的定义。笔者认为只有这样理解，才能厘清生态补偿的范

〔1〕 李永宁："论生态补偿的法学含义及其法律制度完善——以经济学的分析为视角"，载《法律科学》2011年第2期。

围，才能与许多人认为的生态补偿还包括对生态破坏的补偿等观点相区别，也才能真正有针对性地实现生态补偿。新《环保法》正是在这种意义上使用了“生态保护补偿”的概念。

新《环保法》对建立生态保护补偿制度作了明确规定，那么，实现补偿的机制有哪些？新《环保法》第31条的第1~2款对此作出了详细规定。在第1款中规定了“国家的财政转移支付”；在第2款中规定了“协商”和“市场”两种机制。其中“协商”又可以具体化为“横向转移支付”和“其他灵活的方式”两种具体方式。因此，按照新《环保法》第31条的规定，我国的生态保护补偿机制不外乎四种方式：国家的纵向转移支付、地区间的横向转移支付、市场交易以及其他灵活的经济援助方式等。

纵向转移支付是上级政府对下级政府的财政转移支付，对应的是《国家重点生态功能区转移支付办法》(2011年)；横向转移支付是同级政府间的转移支付，是生态受益地区政府对生态保护地区政府的转移支付，如浙江、安徽就新安江流域进行的生态补偿。市场交易是保护和受益双方通过市场机制实现的价值补偿，如有些专家倡导的“一江清水卖北京”，如果真能卖，就是市场交易。其他灵活的经济援助方式如对口支援、人才培训与交流、项目支持等。

三、“绿水青山”何以能变成“金山银山”

既然“绿水青山就是金山银山”可以选择“资源有偿使用”来实现，也就意味着“绿水青山”必然是自然资源，方能够“有偿使用”。那么，绿水青山到底是不是自然资源，自然资源在我国都有哪些形态？

《辞海》对资源的解释是：“资财的来源，一般指天然的财源。”联合国环境规划署对资源的定义是：“所谓资源，特别是自然资源是指在一定时期、地点条件下能够产生经济价值，以提高人类当前和将来福利的自然因素和条件。”所以，资源就是指“在一定的历史条件下，人类为了生产和生活的需要可以利用的物质和非物质因素”。[1]资源存在的形态是多种多样的，《中华人民共和国宪法》第9条规定：“矿藏、水流、森林、山岭、草原、荒地、滩涂等自然资源，都属于国家所有，即全民所有”；《物权法》第46条规定“矿

〔1〕黄锡生：《自然资源物权法律制度研究》，重庆大学出版社2012年版，第21页。

藏、水流、海域属于国家所有。”第49条规定“法律规定属于国家所有的野生动植物资源，属于国家所有。”《宪法》和《物权法》对资源所有权的规定，虽然没有明确列举出资源的各种存在形态，但却间接指出了我国自然资源的基本形态，即法律保护的自然资源主要有：土地、矿藏、水流、森林、山岭、草原、荒地、滩涂、海域、野生动植物等。但这些是否穷尽了自然资源的存在形态？即除此之外，还有没有别的资源形态的存在？

《宪法》第9条和《物权法》第48条都使用了“等自然资源”的表述，可见《宪法》和《物权法》并未有意识地穷尽自然资源的存在形态，《宪法》和《物权法》对“资源”的规定并不仅仅局限于上述法条中列明的几种“物质和非物质因素”，这就意味着除此之外的其他“物质和非物质因素”，只要符合“有价值并能为人类所用”的根本属性，如环境和生态，也应该是《宪法》和《物权法》保护的自然资源形态。

“环境”作为自然资源，具体表现如环境优美、舒适，适宜人类生存等特征。“良好生态环境是最公平的公共产品，是最普惠的民生福祉。”[1]对环境而言，当私人（包括单位）的活动给环境造成影响：改善（积极影响）或者破坏了（消极影响）环境，那么，要么促使环境更优美而产生“增殖性利益”，要么使原有环境变坏导致“环境损害”，这时候自然需要设置相关救济制度对这种“附加的影响”加以解决。对于增值环境利益的，利益的制造者（或者环境保护者）理应得到生态利益补偿；对于破坏或者降低原有环境质量的，污染者（或生态破坏者）应该消除和赔偿由其行为引起的环境损害。

“生态”作为自然资源，具体表现如协调、可持续，功能性价值等特征，如河流上游水土保持对下游的好处就表现为“水土保持”所产生的对下游的功能性价值。[2]私人（包括单位）的活动，可能制造功能性价值，也可能导致功能性破坏或者降低原有的功能性利益，因此，也需要相关制度加以解决。其中，对功能性价值制造者，也需要通过补偿其利益来确保环境保护的积极性与可持续性。而且，《中共中央关于全面深化改革若干重大问题的决定》中提到的“逐步将资源税扩展到占用各种自然生态空间。”显然是对“生态空

---

〔1〕 中共中央宣传部：《习近平总书记系列重要讲话读本》，人民出版社2014年版，第123页。

〔2〕 李永宁：“论生态补偿的法学含义及其法律制度完善——以经济学的分析为视角”，载《法律科学》2011年第2期。

间”也要“有偿使用”，也反映了中央路线方针对确认“生态”成为资源的明显用意。

环境和生态是比较宏观的概念。绿水青山，按其构成要素、功能结构，应该分别属于环境和生态当中的某个特定部分，所以，当环境和生态作为一种自然资源形态，绿水青山自然也包括其中，应该贯彻有偿使用的原则。

四、结语：绿水青山转化成金山银山要求我们做什么

第一，笔者最近在撰写秦岭问题的调研报告时，涉及秦岭生态环境功能的研究资料和数据很少能在网上找到，可见反映对秦岭问题的研究严重滞后。所以陕西省及秦岭所在地市，特别是高等院校务必加强这方面的研究。陕西的学者，特别是陕南三市的院校和专家有得天独厚的条件和责任研究绿水青山问题。因为，不管是补偿，还是有偿使用总得有理论和数字依据。

第二，我省十二五规划中的陕南大移民被定性为地质移民，从 2011 年开始，10 年内，安康、汉中、商洛 3 市 28 县将移民 60 余万户 240 万人，2014 年底移民规模已接近 90 万。规划移民总量超过三峡搬迁的 150 万人规模。远远超过南阳淅川县南水北调的 16 万移民。笔者最近和武汉的一位专家就此产生争议，他认为南水北调中线移民，南阳淅川的贡献是最大的，他从电脑上翻阅资料证明笔者说的不对，笔者都因此怀疑自己说法的正确性。

第三，去年上半年笔者有一个晚上回家打开电视，看到中央电视台一个公益广告：南阳——南水北调中线调水的核心水源区。对此广告语我非常感慨。我不知道我们省以及陕南地区是怎么宣传水源地的？我只知道丹江口水库入库水量的 70%是我们陕南三市的，笔者知道这些是因为我研究了这个问题，否则，我真有可能不知道南水北调还和陕西有关系。

●原文是李永宁教授应邀于 2015 年 11 月 15 日参加陕西省科协院士专家工作站安康站建站仪式上的发言。

第五部分 PART5

南水北调水源地保护的陕西应对

第一节　资源有偿使用与生态补偿制度的构建——以南水北调中线工程生态补偿为视角

一、《生态文明体制改革总体方案》对完善生态补偿制度的启示

（一）相关规定及意义

资源有偿使用制度是指“国家采取行政法律手段使开发利用自然资源的单位和个人支付相应费用的一整套管理制度”[1]。2007年出台的我国《物权法》第119条规定：“国家实行自然资源有偿使用制度，但法律另有规定的除外。”其他资源类法律法规，如《土地管理法》《矿产资源法》《水法》等，都明确规定了国家对相关资源实行有偿使用制度。所以，从现行法的规定看，“资源有偿使用”已经毫无争议地成为我国现行法的重要原则之一。但2013年11月召开的中共十八届三中全会作出的《中共中央关于全面深化改革若干重大问题的决定》中仍然强调要“实行资源有偿使用制度和生态补偿制度”。强调“加快自然资源及其产品价格改革，全面反映市场供求、资源稀缺程度、生态环境损害成本和修复效益。坚持使用资源付费和谁污染环境、谁破坏生态谁付费原则，逐步将资源税扩展到占用各种自然生态空间。稳定和扩大退耕还林、退牧还草范围，调整严重污染和地下水严重超采区耕地用途，有序

〔1〕 尤鑫：“资源有偿使用现状及管理制度体系建设研究”，载《内蒙古农业大学学报（社会科学版）》2013年第4期。

实现耕地、河湖休养生息。建立有效调节工业用地和居住用地合理比价机制，提高工业用地价格。坚持谁受益、谁补偿原则，完善对重点生态功能区的生态补偿机制，推动地区间建立横向生态补偿制度”。从中央文件的这些提法中似乎可以体会到我国现行“资源有偿使用”原则实施的效果并不理想，因而才需要进一步强调。那么“资源有偿使用”存在的问题究竟是什么呢？2015年9月11日，中共中央国务院发布的《生态文明体制改革总体方案》更明确地指出，到2020年要“构建归属清晰、权责明确、监管有效的自然资源资产产权制度，着力解决自然资源所有者不到位、所有权边界模糊等问题”。根据该“目标”定位，似乎可以看出我国资源有偿使用制度所存在问题的端倪，主要是资源产权制度不清晰、所有者不到位、所有权边界模糊三个方面。在这些问题存在的情况下，要实施资源有偿使用，基本的主体和对象物都将难以确定。

（二）资源的含义及形态

《辞海》对资源的解释是：“资财的来源，一般指天然的财源”。联合国环境规划署对资源的定义是：“所谓资源，特别是自然资源是指在一定时期、地点条件下能够产生经济价值，以提高人类当前和将来福利的自然因素和条件”。所以，资源就是指“在一定的历史条件下，人类为了生产和生活的需要可以利用的物质和非物质因素”。[1]资源存在的形态是多种多样的，《中华人民共和国宪法》第9条规定：“矿藏、水流、森林、山岭、草原、荒地、滩涂等自然资源，都属于国家所有，即全民所有”；《物权法》第46条规定“矿藏、水流、海域属于国家所有”。第47条规定“城市的土地，属于国家所有。”第48条规定“森林、山岭、草原、荒地、滩涂等自然资源，属于国家所有。”第49条规定“法律规定属于国家所有的野生动植物资源，属于国家所有。”《宪法》和《物权法》对资源所有权的规定，虽然没有明确列举出资源的各种存在形态，却间接地指出了我国自然资源的基本形态，即法律保护的自然资源主要有：土地、矿藏、水流、森林、山岭、草原、荒地、滩涂、海域、野生动植物等。但这些是否穷尽了自然资源的存在形态？即除此之外，还有没有别的资源形态的存在？笔者认为，按照资源的根本属性，即具有经济价值以及人类的可利用性来看，现实生活当中还客观存在着许多能服务于

---

〔1〕 黄锡生：《自然资源物权法律制度研究》，重庆大学出版社2012年版，第21页。

人类生产和生活需要，并能够为人类利用，或者事实上已经为人类所用的“物质和非物质因素”，如环境和生态就是这样的“物质和非物质因素”。

可见，《宪法》和《物权法》并未有意识的想要穷尽自然资源的存在形态，《宪法》第9条和《物权法》第48条都使用了“等自然资源”的表述，显然《宪法》和《物权法》对“资源”的规定并不仅仅局限于上述法条中列明的几种“物质和非物质因素”，这就意味着除此之外的其他“物质和非物质因素”，只要符合“有价值并能为人类所用”的根本属性，也应该是《宪法》和《物权法》保护的自然资源形态。

“环境”作为自然资源，具体表现如环境优美、舒适，适宜人类生存等特征。环境被认为是公共物品，[1]具有公共性特征。当私人（包括单位）的活动给环境造成影响：改善（积极影响）或者破坏了（消极影响）环境，那么，要么促使环境更优美而产生“增殖性利益”，要么使原有环境变坏导致“环境损害”，这时候自然需要设置相关救济制度对这种“附加的影响”加以解决。对于增值环境利益的，利益的制造者（或者环境保护者）理应得到生态利益补偿；对于破坏或者降低原有环境质量的，污染者（或生态破坏者）应该消除和赔偿由其行为引起的环境损害。

“生态”作为自然资源，具体表现如协调、可持续、功能性价值等特征，如河流上游水土保持对下游的好处就表现为“水土保持”所产生的对下游的功能性价值。[2]私人（包括单位）的活动，可能制造功能性价值，也可能导致功能性破坏或者降低原有的功能性利益，因此，也需要相关制度加以解决。其中，对功能性价值制造者，也需要通过补偿其利益来确保环境保护的积极性与可持续性。而且，《中共中央关于全面深化改革若干重大问题的决定》中提到的“逐步将资源税扩展到占用各种自然生态空间”。显然是对“生态空间”也要“有偿使用”，反映了中央路线方针对确认“生态”成为资源的明显用意。

这些内容对于完善生态补偿制度的启示主要是：(1)中央政策明确承认了有许多资源形态并未实施有偿使用制度，需要完善资源有偿使用制度；(2)环境、

---

〔1〕“良好生态环境是最普惠的民生福祉”，载《光明日报》2014年11月7日。

〔2〕李永宁：“论生态补偿的法学含义及其法律制度完善——以经济学的分析为视角”，载《法律科学》2011年第2期。

生态，甚至生态空间都属于资源形态，都应该有偿使用；(3)对“水流、森林、山岭、草原、荒地、滩涂等自然生态空间”[1]的有偿使用，应该确认与该“生态空间”利益相关的主体及各自的权利边界，并对“保护者”进行价值补偿。这些进一步构成完善和科学构建生态保护补偿制度的理论及政策基础。

二、“生态补偿”正名及其对生态保护地区的意义

(一)“生态补偿”的涵义正名

2014年4月24日，我国全国人大常委会通过了新修订的《环境保护法》(以下简称“新《环保法》”)。作为我国环境资源保护的基本法，新《环保法》第一次把生态补偿制度写了进去。新《环保法》第31条明确规定：“国家建立、健全生态保护补偿制度。国家加大对生态保护地区的财政转移支付力度。有关地方人民政府应当落实生态保护补偿资金，确保其用于生态保护补偿。国家指导受益地区和生态保护地区人民政府通过协商或者按照市场规则进行生态保护补偿。”从新《环保法》对生态补偿的规定可以看出，法律对生态补偿的规定主要还是一种“宣言性立法”，[2]同时，该规定与人们一直以来的理解也存在细微的区别，这种区别对于推动生态补偿研究有正本清源、继往开来的作用。

新《环保法》用了“生态保护补偿”的概念，而不是人们惯用的“生态补偿”概念，差别只在增加了“保护”两个字。这两字的差别，就使得新《环保法》的规定与现有的理论、政策争议做了很好的切割。因为，长期以来我国理论与政策界对生态补偿的研究有明显泛化的趋势，学者们创造了许多概念，如把生态补偿定义为“为维护、恢复或改善生态服务功能，调整相关利益者的环境利益及其经济利益分配关系，以内化相关活动产生的外部成本为原则的一种具有激励性质的制度”。[3]流域生态补偿“是指在流域范围内，由流域生态服务的受益者向生态服务的提供者、利益受损者进行补偿，对流

---

〔1〕引自《生态文明体制改革总体方案》二之（五）的表述。

〔2〕“西方学者将这种缺乏具体行为模式或法律后果的法律规范称为象征性立法（symbolic legislation）”或叙述性立法，我们可将其称为宣言性立法。王晨光：“法律的可诉性：现代法制国家中法律的特征之一”，载《法学》1998年第8期。

〔3〕《环境科学大辞典》（修订版），中国环境科学出版社2008年版。

域生态的破坏者进行收费，并对流域内的生态系统、自然资源和环境进行恢复性补偿”；〔1〕还有“矿产资源生态补偿机制应该是针对矿产资源开采、利用过程中所造成的矿区环境污染、矿区生态系统的破坏和矿产资源的浪费等问题，而采取的一系列整治、恢复矿区生态环境措施的制度”〔2〕等。在这些概念及研究中既有对保护环境所创造利益，即功能性价值的补偿，如流域上游水源涵养；也有对因资源开采造成生态恢复的补偿，还有对污染环境引起的环境治理的补偿，如“内化外部成本”或对“破坏者的收费”。导致“生态补偿”的含义几乎是无所不包。从经济学的角度看，就是既有对环境正外部性的补偿，也有对环境负外部性的补偿。但事实是：环境污染和生态破坏这些负外部性活动，本来就是传统环境法着力解决的问题，如法律规定的“排污收费”以及对污染“损害后果”的赔偿。因此，由这些负外部性活动所产生的利益矫正关系，属于传统的社会关系而非新生的社会关系，也就无需新设制度去解决它，在现行法律框架下就可以依法解决这些问题。所以，生态补偿只能是对“生态保护”的补偿，核心在“保护”，是对现代社会人类自觉保护环境行为的法律回应，是对由保护活动所生成利益的补偿。只有这样理解，才能厘清生态补偿的范围，也才能真正实现生态补偿。新《环保法》正是在这种意义上使用了“生态保护补偿”的概念。

（二）生态补偿的立法现状

1. 主要的法律规定

生态补偿在我国属于一个新的法律现象，就立法层面而言，产生于上个世纪末。最早是在1998年修改森林法时提出来的。《森林法》第8条之六规定：“国家设立森林生态效益补偿基金，用于提供生态效益的防护林和特种用途林的森林资源、林木的营造、抚育、保护和管理。”

2004年10月21日国家财政部、林业局共同发布了《中央森林生态效益补偿基金管理办法》，同时废止了2001年制定的《森林生态效益补助资金管理办法（试行）》。

2007年9月国家环保总局发布了《关于建立生态补偿试点工作的指导意

〔1〕 陈德敏、董正爱：“主体利益调整与流域生态补偿机制——省际协调的决策模式与法规范基础”，载《西安交通大学学报（社会科学版）》2012年第2期。

〔2〕 孙玲玲：“浅谈我国矿产资源生态补偿法律机制”，载《法制与社会》2009年第4期。

见》开始了生态补偿的试点工作。提出"研究建立自然保护区、重要生态功能区、矿产资源开发和流域水环境保护等重点领域"生态补偿机制。

2008年修订的《水污染防治法》第7条规定"国家通过财政转移支付等方式，建立健全对位于饮用水水源保护区区域和江河、湖泊、水库上游地区的水环境生态保护补偿机制"。

2010年修订的《水土保持法》第31条规定"国家加强江河源头区、饮用水水源保护区和水源涵养区水土流失的预防和治理工作，多渠道筹集资金，将水土保持生态效益补偿纳入国家建立的生态效益补偿制度"。

2011年7月19日财政部下发了《国家重点生态功能区转移支付办法》。

2014年4月24日新修订的《环保法》第31条明确规定"国家建立、健全生态保护补偿制度"。

2. 立法存在的问题

生态补偿已经是我国法律明确规定的一项制度，但目前我国还没有一部完整的生态补偿法律法规，现有规定除了两个很专业的部委规章《办法》外，生态补偿本身在相关法律当中还主要表现为政策性、倡导性、宣示性的零星规定，几乎没有可诉性，诉讼主体不明确，利益的确定标准不明确，也不可能有法院受理生态补偿案件。补偿在很大程度上还是政策性的，并靠政策推动的。

（三）生态补偿对生态保护地区的意义

陕西省陕南三市（汉中、安康、商洛）是南水北调中线重要的水源地，发源于汉中宁强县的汉江（包括其最大支流丹江）是南水北调中线取水口湖北丹江口水库的核心水源。丹江口水库汇流区总面积约80 000平方公里，其中62 335平方公里在陕西省境内，约占汇流区总面积的78%；丹江口水库年入库总水量约398亿立方米，仅汉、丹江每年的流入量就有约290亿立方米，占丹江口水库年入库水量的近70%。[1]此外，陕南三市所在地的秦岭还被誉为"中国之肺"，[2]是我国最重要的地理分界线，在调节气候、森林碳汇造氧、涵养水源、保持水土、增加生物多样性、保护濒危动植物等方面都发挥着显著的、不可替代的积极作用。为确保"一江清水送北京"、为让"中国之

〔1〕武盾："陕西精心呵护南水北调中线水源地"，载《陕西日报》2015年2月14日。
〔2〕王辉："委员建议设'秦岭委'"，载《华商报》2015年3月9日。

肺”健康呼吸，陕南三市人民付出了巨大的努力和牺牲，他们既要保护环境，还要忍受为维护良好环境所付出的发展机会损失，如关停大量工业企业、禁用化肥农药、限制开发与禁止开发等。因此，“陕南三市”毫无争议地是我国生态保护的典型地区，[1]也是生产和制造环境功能性价值最富集的地区。这些特点，就使得陕南三市成为我国获得“生态保护补偿”的核心地区。

作为获得生态保护补偿的核心区域，得到原本应得到而过去却从未得到的利益补偿，自然就构成为陕南三市经济发展的新的增长点。要让绿水青山真正转化为“金山银山”，三市人民世代为保护环境所付出的劳动被立法所承认，劳动的成果——“绿水青山”及其环境生态效益经由“补偿”实现其价值，三市的 GDP 将因此被赋予大量绿色的成分。环境保护将不再是导致陕南三市贫困的原因，也不再是三市人民的负担，将成为三市人民收入的重要来源。当三市人民真正并充分得到保护环境的利益的时候，这种收入增长也必然会催生新的产业形态。如(1)以获得“补偿”为目的的专业性生态服务型企业，象植树造林、水土保持、生态修复、野生动植物保护等专业性环保企业；(2)为推进环境生态保护，强化保护功能的科技性服务型企业，如环境保护技术及设备开发与生产等专业性公司；(3)为打包并便捷环境服务，实现服务价值而形成的碳汇市场、碳交易市场和生物多样性交易市场等。这些具体增长将是可预期的发展形态，随着三市人民收入的增长，三市经济社会结构的变化对发展模式、产业类型、企业形态等都将产生更多积极的影响和更大的推动作用。

三、新《环保法》规定的生态补偿机制

新《环保法》对建立生态保护补偿制度作了明确规定，那么，实现补偿的机制有哪些？新《环保法》第 31 条的 1~2 款对此作出了详细规定。在第 1 款中规定了“国家的财政转移支付”；在第 2 款中规定了“协商”和“市场”两种机制。其中“协商”又可以具体化为“横向转移支付”和“其他灵活的方式”两种具体方式。因此，按照新《环保法》第 31 条的规定，我国的生态保护补偿机制不外乎四种方式：国家的纵向转移支付、地区间的横向转移支付、

[1] 按照国务院《全国主体功能区规划》，秦岭地区属于 25 个国家重点生态功能区的“秦巴生物多样性生态功能区”。

市场交易以及其他灵活的经济援助方式等。以下对四种方式作些简要说明。

（一）纵向转移支付

2011年7月19日财政部下发了《国家重点生态功能区转移支付办法》，其中明确规定“为维护国家生态安全，引导地方政府加强生态环境保护力度，提高国家重点生态功能区所在地政府基本公共服务保障能力，促进经济社会可持续发展，中央财政在均衡性转移支付项下设立国家重点生态功能区转移支付”。[1]本文认为“重点生态功能区转移支付”主要适用于大尺度的、不容易确定具体受益者和生态保护的实施者的情况。陕南三市作为南水北调中线主要水源地，以及三市所在地陕西秦岭所承载的重要而特别的生态功能，决定了要准确判断陕南三市创造的环境功能性价值，以及特别清晰的区分生态利益的创造者各自所创造的利益份额，以及不同类型受益者（含地区）所得到的具体生态利益数量，具有很大的难度。因此，本文认为就陕南三市的生态补偿而言，目前最具有操作性的补偿方式就是国家的纵向财政转移支付。

（二）横向转移支付

横向转移支付是同级政府间的转移支付，主要是发达地区对落后地区的转移支付。横向转移支付使用在生态补偿领域，就是生态受益地区政府对生态保护地区政府的转移支付，如浙江、安徽就新安江流域进行的生态补偿，规定上游安徽水质达标，即可得到浙江一亿元的生态补偿。[2]所以，横向转移支付适用的是小范围的、受益方和保护方能够清晰确定的生态保护补偿。对陕南三市而言，横向转移支付最有可能在“引汉济渭工程”、[3]秦岭对关中的屏障（碳汇、造氧、水土保持等）作用等领域得以实现。但是否能实现，将得益于深入的研究、地方政府之间良好的协作、受益地方雄厚的经济实力

---

〔1〕《中央对地方均衡性转移支付办法》第1条规定：“为缩小地区间财力差距，逐步实现基本公共服务均等化，推动科学发展，促进社会和谐，根据《中华人民共和国预算法》，中央财政设立均衡 性转移支付。”

〔2〕 吴永泉：“新安江水质去年有提升 浙江兑现给予安徽亿元生态补偿金”，载《新安晚报》2014年6月5日。

〔3〕 引汉济渭工程是由汉江向渭河关中地区调水的省内南水北调骨干工程，是缓解近期关中渭河沿线城市和工业缺水问题的根本性措施。该工程是经国务院批复的《渭河流域重点治理规划》中的水资源配置骨干项目，也是国务院批准颁布的《关中—天水经济区规划》的重大基础设施建设项目。工程调水规模15亿立方米，到2017年将达到先期通水目标，到2030年，最终实现调水总规模后，将满足西安、咸阳、渭南、杨凌4个重点城市及沿渭河两岸的11个县城和6个工业园区、2000多万人的生活和工业用水，对缓解关中缺水、带动陕南发展将发挥重要作用。

以及上级政府的积极协调和推动等。另外，与南水北调中线引水工程相对应，陕西省人民政府也应出面积极争取并申请国家有关部门协调陕西与河南、河北、北京、天津之间实现南水北调省级政府间的横向转移支付，保护陕南三市的水资源利益。当然，我国现在基本不存在正式的横向转移支付制度，新《环保法》的规定对横向转移支付制度的正式形成也会产生积极的推动作用。

（三）市场交易

作为生态补偿的第三种方式，市场交易的建立，不仅必须具备明确的受益方和生态保护方，而且要能够方便的确定生态利益制造和受益的份额以及具体数量。也即交易主体及交易价格能够通过对生态利益的供求关系来确定。在现有条件下，市场机制的实现还只能采取渐进的方式进行推动，比如南水北调中线工程正常通水以来，除地区间的横向转移支付外，最终的解决办法应该是依靠市场机制，按照受水地区用户的用水量收取一定的生态补偿费，作为水的使用价格补偿给陕南三市，持续保护南水北调水源地，并最终实现“一江清水卖北京”或“一库清水卖北京”。但这种情况的实现显然不是一朝一夕的事情，也不可能完全由买卖双方自由决定，还得确保国家水资源所有权的充分实现。

（四）其他经济援助方式

比如地区间经济援助、对口支援等，这也是我国长期采取的主要方式。当然，这种方式只能是暂时缓解矛盾的一种方法，并不能从根本上解决问题。

最后，不管采取哪一种生态补偿机制，还必须充分关照到保护地群众的利益，不管是转移支付，还是其他方式得到的生态补偿，都必须依法拿出适当份额，支付给保护地的普通群众，因为他们才是生态利益的直接创造者，只有照顾到他们的利益，才能充分调动起他们保护环境的积极性，从而为南水北调中线水源地保护创造深厚的群众基础并提供持久性的动力。

四、实现补偿必需的路径

（一）科学确定生态利益的表现形态及数量

目前关于生态补偿的研究，理论研究的成分仍然远远大于对生态利益的实证研究，特别是陕西省及陕南三市在呼吁生态补偿的同时，更应该深入研究到底补偿什么和补偿多少的问题，确定的补偿数额要有科学依据，要有充分的说服力。要为生态补偿政策及立法提供理论支持。

（二）积极争取纵向财政转移支付

重点生态功能区转移支付是既有的政策，但到底转移多少与当地环境保护的实际情况有很大的关系，根据《国家重点生态功能区转移支付办法》的规定，确定转移支付的公式为："某省（区、市）国家重点生态功能区转移支付应补助数=∑该省（区、市）纳入转移支付范围的市县政府标准财政收支缺口×补助系数+纳入转移支付范围的市县政府生态环境保护特殊支出+禁止开发区补助+省级引导性补助"。从该公式可以看出，当地环境保护支出是影响转移支付数量的重要因素之一，地方财政缺口在很大程度上也与当地环境保护支出的数量相关。因此，陕南三市保护南水北调中线水源区的支出，包括水源地污水、垃圾处理运行等费用支出均属于国家转移支付的计算范围，所以，三市环境保护的力度与所能获得的转移支付是完全正相关的。

（三）广泛开展地方协商

协商是关联各方求得均衡的一种妥协，对于陕南三市来说，围绕南水北调中线调水，关联方就是所有受供地方政府。在国家转移支付不足以保障三市水源地环境安全的情况下，要确保"一江清水送北京"，加强与各受供地方政府的协商，寻求受供方的横向转移支付或者受供方其他灵活的支援方式，就既是陕南三市应有的责任，也是受供各方义不容辞的义务。因为，受供方作为调水利益的获得者，依据"谁受益、谁补偿"的环境法原则，本身就具有适当补偿水源地的法律上的义务。为此，三市应做好水源地保护性支出、包括发展机会成本的精确测算，以及与纵向转移支付之间的差额，用行动和数字说话，求得关联方的理解并达成一致，共同做好水源地保护工作。

（四）把调水工程补偿与生态功能区补偿结合起来看

原因是(1)中线调水水源地本身就是长江的上游地区，如源自秦岭腹地的汉江就是长江的最大支流，而且秦岭还是我国重要的地理分界线，对全国的气象变化有举足轻重的影响。所以，即使没有调水工程，这些地区也是我国重要的生态功能区，在水土保持、水源涵养等方面发挥着极其重要的作用，也应享受国家的转移支付，也应得到生态补偿。(2)重点生态功能区转移支付属"均衡性转移支付"。按均衡性转移支付的目标，应该是解决地区间财务不平衡问题，使全国不同地区享受均等的公共服务。重点生态功能区基本上都是老少边穷地区，这些地区长期以来的特点就是"财力有限、公共服务能力及水平远远低于其他地区"。因此，即使没有调水工程，即使不属于重点生态功能区，这些地方也应该享受均衡性转移支付。(3)作为调水工程水源地，要确保“一江清水送北京”或者“一库清水送北京”，水源地必然面临大范围的生态环境保护工作，以保障水质水量，特别是中线调水工程已于2014年12月12日正式通水，因此，加大力度保护水源地的任务必然更为迫切，任重而道远，只有通过不断完善生态保护补偿机制，陕南地区定会为中线调水、为全国的生态环境改善作出更大、更多、更积极的贡献。

●本文为李永宁教授于2015年11月30日参加在中国海南举办的“中国·芬兰环境与资源保护法国际论坛”的大会发言论文，论文被收录入2017年3月由中国科学技术大学出版社出版的《跨越与传承：中国·芬兰环境与资源保护法律制度比较研究》国际会议论文集。但需要说明的是论文的某些观点还是纲要性质的，或者还不一定精准，有心的读者或许会从中受到启发。

第二节　“汉水进京”与生态补偿

一、“生态补偿”正名及其对陕南经济发展的意义

（一）“生态补偿”的涵义正名

2014年4月24日，我国全国人大常委会通过了新修订的《环境保护法》（以下简称“新《环保法》”）。作为我国环境资源保护的基本法，新《环保法》第一次把生态补偿制度写了进去。新《环保法》的第31条明确规定：“国家建立、健全生态保护补偿制度。国家加大对生态保护地区的财政转移支付力度。有关地方人民政府应当落实生态保护补偿资金，确保其用于生态保护补偿。国家指导受益地区和生态保护地区人民政府通过协商或者按照市场规则进行生态保护补偿。”从新《环保法》对生态补偿的规定可以看出，法律对生态补偿涵义的规定与人们的理解有细微的区别，这种区别对于推动生态补偿研究有正本清源、继往开来的作用。

新《环保法》用了“生态保护补偿”的概念，而不是人们惯用的“生态补偿”概念，差别只在增加了“保护”两个字。这两字的差别，就使得新《环保法》的规定与现有的理论、政策争议作了很好的切割。因为，长期以来我国理论与政策界对生态补偿的研究有明显泛化的趋势，学者们创造了许多

概念，如“流域生态补偿”“矿产资源生态补偿”“污染治理生态补偿”等。在这些概念及研究中既有对保护环境所创造利益的补偿，如流域上游水源涵养；也有对因资源开采造成生态恢复的补偿，还有对污染环境引起的环境治理的补偿，“生态补偿”几乎是无所不包。从经济学的角度看，就是既有对环境正外部性的补偿，也有对环境负外部性的补偿。但事实是：环境污染和生态破坏这些负外部性活动，本来就是传统环境法着力解决的问题，如法律规定的对污染“损害后果”的赔偿。因此，由这些负外部性活动所产生之关系，并不是新生的社会关系，也就无需新设制度去解决它，在现行法律框架下就可能解决这些问题。所以，生态补偿只能是对“生态保护”的补偿，核心在“保护”，是对人类自觉保护行为的法律回应，是对由保护活动所产生利益的补偿。只有这样，才能厘清生态补偿的范围，也才能真正实现生态补偿。新《环保法》正是在这种意义上使用了“生态保护补偿”的概念。

（二）生态补偿对陕南经济发展的意义

我省陕南三市（汉中、安康、商洛）是南水北调中线重要的水源地，发源于汉中宁强县的汉江（包括其最大支流丹江）是南水北调中线取水口湖北丹江口水库的核心水源。丹江口水库汇流区总面积约 80 000 平方公里，其中 62 335 平方公里在我省境内，约占汇流区总面积的 78%；丹江口水库年入库总水量约 398 亿立方米，仅汉、丹江每年的流入量就有约 264 亿立方米，占丹江口水库年入库水量的近 70%。此外，陕南三市所在地的秦岭还被誉为“中国之肺”，是我国最重要的地理分界线，在调节气候、森林碳汇造氧、涵养水源、保持水土、增加生物多样性、保护濒危动植物等方面都发挥着显著的、不可替代的积极作用。要确保“一江清水送北京”、要让“中国之肺”健康呼吸，陕南三市人民付出了巨大的努力和辛劳，他们既要保护环境，还要忍受为维护良好环境所付出的发展机会损失，如关停大量工业企业、禁用化肥农药、限制开发与禁止开发等。因此，“陕南三市”是生态保护的典型地区，也是生产和制造环境正外部性利益最富集的地区。这些特点，也使得陕南三市成为我国获得“生态保护补偿”的核心地区。

作为获得生态保护补偿的核心区域，得到原本应得到而过去却从未得到的利益补偿，自然就构成为三市经济发展的新的增长点，三市人民为保护环境所付出的劳动被立法所承认，劳动的成果——青山绿水及其环境生态效益经由“补偿”实现其价值，三市的 GDP 因此被赋予大量绿色的成分，环境保护将不再是导致陕南三市贫困的原因，也不再是三市人民的负担，将转化成三市人民收入的重要来源。当三市人民真正并充分得到保护环境的利益的时候，这种收入增长也必然会催生新的产业形态。如(1)以获得“补偿”为目的的专业性生态服务型企业，象植树造林、水土保持、野生动植物保护等专业性公司；(2)为推进环境生态保护，强化保护功能的科技性服务型企业，如环境保护技术及设备开发与生产等专业性公司；(3)为打包并便捷服务交易，实现服务价值而形成的碳汇市场、碳交易市场和生物多样性交易市场等。这些具体增长点只是可预期的发展形态，随着三市人民收入的增长，三市经济社会结构的变化对发展模式、产业类型、企业形态等都将产生更多积极的影响。

二、新《环保法》规定的生态补偿机制

新《环保法》对生态保护补偿作了明确的规定，那么，实现补偿的机制有哪些？三市应该如何选择符合自己特点的补偿机制？新《环保法》第31条的第1~2款对此作出了明确的规定。在第1款中规定了“国家的财政转移支付”；在第2款中规定了“协商”和“市场”两种机制。其中“协商”又可以具体化为“横向转移支付”和“其他灵活的方式”两种具体方式。因此，按照新《环保法》第31条的规定，我国的生态保护补偿机制不外乎四种方式：国家的纵向转移支付、地区间的横向转移支付、市场交易以及其他灵活的经济援助方式等。以下对四种方式作些简要说明。

（一）纵向转移支付

2011年7月19日财政部下发了《国家重点生态功能区转移支付办法》，《办法》明确规定“为维护国家生态安全，引导地方政府加强生态环境保护力度，提高国家重点生态功能区所在地政府基本公共服务保障能力，促进经济社会可持续发展，中央财政在均衡性转移支付项下设立国家重点生态功能区转移支付。”本文认为“重点生态功能区转移支付”主要适用于大尺度的、不容易确定受益地区和生态保护地区的情况。三市作为南水北调中线水源地，以及三市所在地秦岭所承载的重要而特别的生态功能，决定了要特别清晰的区分生态利益创造者各自所创造的利益份额，以及不同类型受益者（含地区）所得到的具体生态利益数量，都将具有很大的难度。因此，本文认为就三市而言目前最现实的补偿方式就是国家的纵向财政转移支付。

（二）横向转移支付

横向转移支付是同级政府间的转移支付，主要是发达地区对落后地区的转移支付。横向转移支付使用在生态补偿领域，就是生态受益地区政府对生态保护地区政府的转移支付，如浙江、安徽就新安江流域进行的生态补偿，规定上游安徽水质达标，即可得到浙江 1 亿元的生态补偿。所以，横向转移支付适用的是小范围的、受益方和保护方容易确定的生态保护补偿。对陕南三市而言，横向转移支付最有可能在“引汉济黄工程”、秦岭对关中的屏障作用等领域得以实现。但是否能实现，将得益于深入的研究、地方政府之间良好的协作、受益地方雄厚的经济实力以及上级政府的积极推动等。当然，我国现在基本不存在正式的横向转移支付制度，新《环保法》的规定对横向转移支付制度的正式形成也会产生积极的推动作用。

（三）市场交易

作为生态补偿的第三种形态，市场交易的建立，不仅必须具备明确的受益方和生态保护方，而且要能够方便的确定生态利益制造和受益的份额以及具体数量。也即交易主体及交易价格能够通过对生态利益的供求关系来确定。在现有条件下，市场机制的实现还只能采取渐进的方式进行，比如南水北调中线工程正常通水后，是否可以按照用水量收取一定的生态补偿费，并最终实现“一江清水卖北京”或者“一库清水卖北京”？但这种情况的实现显然不是一朝一夕的事情，也不可能完全由买卖双方自由决定，还得确保国家水资源所有权的充分实现。

（四）其他经济援助方式

比如地区间经济援助、对口支援等，这也是我国长期采取的主要方式。当然，这种方式只能是暂时缓解矛盾的一种方法，并不能从根本上解决问题。

最后，生态补偿机制的建立，还必须充分关照到三市群众的利益，不管是转移支付，还是其他方式得到的生态补偿，都必须有适当份额为三市群众所得到，因为他们才是生态利益的直接创造者，只有照顾到他们的利益，才能充分调动起他们保护环境的积极性，从而为南水北调中线水源地保护、为秦岭保护提供持久性的动力。

三、实现补偿必需的路径

（一）科学确定生态利益的表现形态及数量

目前关于生态补偿的研究，理论研究的成分仍然远远大于对生态利益的实际研究，特别是我省及陕南三市在呼吁补偿的同时，更应该深入研究到底补偿什么和补偿多少的问题，确定的补偿数额要有科学依据，要有充分的说服力。为此，(1)我省各级政府应加大对生态补偿实证研究的支持力度，每年确定的科研项目应有一定数量生态补偿实证研究的课题，相关政府部门应支持生态补偿的研究，并在政策、资料及数据等方面为研究工作提供方便；(2)应扩大生态补偿研究成果的影响力，支持举办全国性生态补偿研究会议，支持出版与发表生态补偿研究成果，省内科研评奖也应向生态补偿实证研究有一定倾斜；(3)陕南三市及陕南地区高等院校应把生态补偿研究作为地区科学研究的主要任务之一，要力争在短时间内拿出有分量的研究成果，要在学术界形成影响力，并最终为生态补偿政策及立法提供理论支持。

（二）积极争取纵向财政转移支付

重点生态功能区转移支付是既有的政策，但到底转移多少与当地环境保护的实际情况有很大的关系，根据《国家重点生态功能区转移支付办法》的规定，确定转移支付的公式为："某省（区、市）国家重点生态功能区转移支付应补助数=∑该省（区、市）纳入转移支付范围的市县政府标准财政收支缺口×补助系数+纳入转移支付范围的市县政府生态环境保护特殊支出+禁止开发区补助+省级引导性补助"。从该公式可以看出，当地环境保护支出是影响转移支付数量的重要因素之一，地方财政缺口在很大程度上也与当地环境保护支出的数量相关。因此，陕南三市保护南水北调中线水源区的支出，包括水源地污水、垃圾处理运行等费用支出均属于国家转移支付的计算范围，所以，三市环境保护的力度与所能获得的转移支付是完全正相关的。

（三）广泛开展地方协商

协商是关联各方求得均衡的一种妥协，对于陕南三市来说，围绕南水北调中线调水，关联方就是所有受供地方政府。在国家转移支付不足以保障三市水源地环境安全的情况下，要确保"一江清水送北京"，加强与各受供地方政府的协商，寻求受供方的横向转移支付或者受供方其他灵活的支援方式，就既是陕南三市应有的责任，也是受供各方义不容辞的义务。因为，受供方作为调水利益的获得者，依据“谁受益、谁补偿”的环境法原则，本身就具有适当补偿水源地的法律上的义务。为此，三市应做好水源地保护性支出、包括发展机会成本的精确测算，以及与纵向转移支付之间的差额，用行动和数字说话，求得关联方的理解并达成一致，共同做好水源地保护工作。

（四）把调水工程补偿与生态功能区补偿结合起来看

原因是：(1)中线调水水源地本身就是长江的上游地区，如源自秦岭腹地的汉江就是长江的最大支流，而且秦岭还是我国重要的地理分界线，对全国的气象变化有举足轻重的影响。所以，即使没有调水工程，这些地区也是我国重要的生态功能区，也应享受国家的转移支付，也应得到生态补偿。(2)重点生态功能区转移支付属“均衡性转移支付”。按均衡性转移支付的目标，应该是解决地区间财务不平衡问题，使全国不同地区享受均等的公共服务。重点生态功能区基本上都是老少边穷地区，这些地区长期以来的特点就是“财力有限、公共服务能力及水平远远低于其他地区”。因此，即使没有调水工程，即使不属于重点生态功能区，这些地方也应该享受均衡性转移支付。(3)作为调水工程水源地，要确保“一江清水送北京”或者“一库清水送北京”，水源地必然面临大范围的生态环境保护工作，以保障水质水量，特别是中线调水工程今年将正式通水，因此，加大力度保护水源地必然更为迫切，任重而道远。

陕南三市是一个美丽的地方，这个地方的美丽不是也不应该仅仅属于当地人，应该让更多的人、全国的人民享受她的美丽；同样，为了延续她的美丽，陕南三市人民有责任保护她，全国其他地方的人民也有责任保护她。通过不断完善生态保护补偿制度，相信美丽的陕南定会为中线调水、为全国的生态环境改善作出更多、更积极的贡献。

●本文为李永宁教授于 2014 年 8 月 23 日参加在陕西汉中举办的“汉水进京与陕南发展”研讨会的会议发言论文。该文的背景是 2014 年年底南水北调中线即将实现通水，为此，陕西省组织相关专家在汉中就汉江水资源利用与陕南发展进行了讨论。李永宁教授在会议上的发言受到了媒体的关注和一定范围的流传。

PART6

陕西地方资源环境相关立法研究

第一节 陕西秦岭生态文明建设存在的问题及法律对策——以《陕西省秦岭生态环境保护条例》为分析对象

摘要：本文是利用参与执法检查的机会，在深入调研，对秦岭生态环境现状充分认识的基础上，以调研中发现的环境生态问题为切入点，把《陕西省秦岭生态环境保护条例》（以下简称《条例》）作为分析对象，从理论与实践两个方面进行深入探讨，然后得出秦岭生态文明建设的法治思路。在写作方法上，首先总结归纳了秦岭的生态环境功能，以此比照《条例》的实施对推动实现秦岭生态环境功能的作用，以此为基础，研究了秦岭生态文明建设存在的问题，从而折射并演绎出《条例》本身的立法缺陷与不足，最后以实现秦岭的生态环境功能为核心，从六个方面论证了完善《条例》的法制思路与具体措施。

秦岭，是横贯中国中部的东西走向山脉，被尊为华夏文明的龙脉。秦岭西起甘肃南部，经陕西南部到湖北、河南西部，主体位于陕西省南部与四川省北部交界处；秦岭西高东低，山势雄伟，长约 1600 公里，南北宽 100 公里~150 公里，海拔 1500 米~2500 米。主峰太白山高 3767 米。狭义的秦岭，则是指陕西省南部、渭河与汉江之间的山地，也称终南山。秦岭南北气候差异大，是中国地理上最重要的南北分界线。秦岭矿产资源丰富，主要有金、银、煤、钼、钒、铝、锌等，而且有大量的非金属矿和建材石料等。秦岭的大熊猫、金丝猴、羚牛、朱鹮、青羊、林麝、水獭、黑鹳等动物为我国的珍稀动物。秦岭还是我国“南北植物荟萃、南北生物物种库”和全国有名的“天然药库”。由于秦岭重要的生态、经济和环境功能，陕西省人大于2007年制定并颁布了《陕西省秦岭生态环境保护条例》（以下简称《条例》），在全国首次出台了专门针对一座山脉的立法。近10年来，《条例》对秦岭保护产生了重要而积极的作用。但秦岭保护还存在许多问题，如西安市2014年在秦岭北麓查处并拆除了202套违建别墅，再如央视2014年7月14日报道的《陕西：违规采石，秦岭生态环境遭严重破坏》等新闻，都反映了《条例》的贯彻落实还有不到位、不充分的地方，还需要对《条例》及执行情况进行研究、完善。本文以此为线索，在分析归纳秦岭生态环境问题的基础上，着重对《条例》的修改完善谈点个人看法。

一、陕西秦岭的主要环境生态功能

关于秦岭的生态环境功能，从一般表象上看，比如众所周知的秦岭是我国的南北方分界线，南方水田与北方旱地分界线，亚热带季风气候与温带季风气候分界线，长江流域与黄河流域分界线等。这些表象特征，其实是由秦岭独特的环境生态价值决定的。《条例》第1条就明确指出了秦岭的两大环境生态功能：“水源涵养功能”和“水土保持功能”。但这两大功能还远远不能涵盖秦岭环境生态功能的全部，因为秦岭的环境生态功能起码应包括以下几个方面：

（一）调节气候的功能

《史记》有“秦岭，天下之大阻”的记载，《汉书·东方朔传》云：“夫南山，天下之阻也”。秦岭山地对气流运行有明显阻滞作用，夏季使湿润的海洋气流不易深入西北，避免西北地区形成大雨或暴雨天气；冬季阻滞寒潮南侵，使汉中盆地、四川盆地少受冷空气侵袭。这种“阻滞”，对秦岭南北地区的气温、降雨量、湿热度、四季更替等发挥着自动调节的作用，减少了因气流的剧烈运动有可能形成的恶劣天气，并强化了秦岭南北方典型的地理环境与气候特征。

（二）涵养水源的功能

秦岭丰富的植被，特别是近60%的森林覆盖率[1]和树木发达的根系，茂

〔1〕 陕西省人民政府2007年1月通过并公布的《陕西省秦岭生态环境保护纲要》公布的秦岭森林覆盖率为56.3%。

盛致密的林冠层、疏松的枯枝落叶层和深厚的土壤层，为截留和蓄储大气降水创造了良好的环境和条件，对大气降水具有明显的截留、储存与再分配作用——降雨时吸储雨水，干旱时释放出储存的水分。通过雨水的再分配调节河川径流在不同时间的水流量，影响森林内的小气候环境；林冠层的遮盖还能减少林内山坡地表水的蒸发，这就是山林具有的水源涵养功能。秦岭作为我国最重要的山脉之一，同样具有这样的功能。

（三）水土保持的功能

2010年12月25日修订通过的《中华人民共和国水土保持法》第2条规定："水土保持，是指对自然因素和人为活动造成水土流失所采取的预防和治理措施。"根据该条规定，秦岭的水土保持功能就是指秦岭所具有的能够预防和治理水土流失的作用。秦岭预防和治理水土流失的作用集中表现在秦岭的森林和植被所具有的截留降水，调节和吸收地面径流，固定山坡土层泥沙，减少泥沙因雨水冲刷而流失，改良土壤的作用。

（四）维护生物多样性的功能

生物多样性，简单地说就是物种多样性，秦岭有2600多种植物，300多种动物。野生动物中有大熊猫、金丝猴、羚牛等珍贵品种，鸟类有国家一类保护对象朱鹮和黑鹳。大熊猫、金丝猴、羚牛、朱鹮被称为"秦岭四宝"。秦岭的物种多样性是与其生态系统多样性相对应的，秦岭作为我国重要的地理分界线，"一山有四季"，[1]决定了秦岭多重复杂的生态系统。因而，秦岭山区植物区系成分和动物种属成分具有明显的过渡性、混杂性和复杂多样性。

（五）濒危动植物养护的功能

濒危动物是指所有由于物种自身的原因或受到人类活动或自然灾害的影响，而有灭绝危险的野生动物物种。濒危植物是指由于环境的变化而使一些植物面临绝种的危机，这类植物被称作濒危植物。所以，濒危动植物就是指面临绝种危机的动植物。秦岭具有的濒危动植物保护功能就是指秦岭复杂的生态系统为各类不同遗传和生活特性的濒危动植物提供了良好并适宜的栖息场所，从而在每一个小气候范围或过渡性自然环境都会聚集并生存大量与之

〔1〕张超："太白山景区下雪，游客感受'一山有四季，十里不同天'"，载《华商报》2015年10月8日。

相适应的特定的动物或植物，成为濒危动植物的生存乐园。[1]

（六）森林炭汇功能

[2]森林碳汇就是指森林生态系统吸收和储存大气中二氧化碳的过程、活动或机制。[3]森林是陆地最大的储碳库和最经济的吸碳器。全球陆地生态系统中约储存了2.48万亿吨碳，其中1.15万亿吨碳储存在森林生态系统中。森林炭汇主要是通过森林等植物的生物性特征，即光合作用吸收二氧化碳，把大气中的二氧化碳固定到植物体和土壤中来实现的。秦岭作为我国最大的东西走向山脉，其丰富的森林资源所具有的碳储存功能自然是不可小觑的。

（七）森林造氧功能

森林通过光合作用吸收二氧化碳放出氧气，又通过呼吸作用吸收氧气和放出二氧化碳。光合作用制造的氧气比呼吸作用吸收的氧气多20多倍，[4]因此森林是二氧化碳的消耗者，氧气的制造厂。据统计，1公顷（15亩）森林一年生产12吨氧气。按这样的造氧能力，仅面积2949公顷的陕西太白国家森林公园一年就能生产3.54万吨氧气。

二、陕西秦岭环境保护存在的主要问题

2015年10月11日~10月16日，笔者有幸参加了“陕西省人大《陕西省秦岭生态环境保护条例》执法检查”，先后到陕西商洛、渭南两市的三县二区进行了为期一周的考察和调研，通过参与这次执法检查，笔者比较深入地了解了秦岭陕西段的生态环境保护现状，对存在的生态环境问题有了具体、直观的认识。归纳起来，笔者认为秦岭陕西段目前存在的主要环境生态问题表现在以下几个方面。

（一）退耕还林有待加强

退耕还林政策自1999年在陕西、甘肃、四川试点，2002年全面启动以

---

〔1〕“秦岭成为世界濒危动物的乐园”，载《陕西日报》1999年7月22日。

〔2〕关于秦岭的森林炭汇，由于信息不对称原因，我们找不到有足够说服力的研究数据，所以，此处的说明性文字基本是概念解释性的。当然，按照建立生态补偿制度的需要，以及落实中央生态文明建设的战略部署，也为了秦岭地区的环境保护利益，鼓励开展秦岭生态系统功能研究将是很必要的任务。

〔3〕造林司（气候办）：“中国林业应对气候变化网”，载http://www.forestry.gov.cn/thw/1861/content-784105.html，2016年1月1日访问。

〔4〕“森林是氧气的制造厂”，载《新农业》1982年第11期。

来，陕西省的退耕还林工作取得了显著的成效。“陕西从1999年开始退耕还林试点，2002年全面实施，工程涉及全省10个市102个县级单位，累计完成退耕还林任务3655万亩（其中退耕地还林1528.8万亩）。”〔1〕按照陕西省退耕还林规划，陕西全省需要退耕地还林2876.9万亩，减去已退的1528.8万亩，目前尚有1300多万亩坡耕地需要退耕还林。从我们检查的情况看，陕西的退耕还林工作虽然卓有成效，但仍然存在一定的不足，如从西安至陕南的秦岭道路沿线、山区村镇附近、群众宅居地周围以及矿产开发区域，普遍存在零星分布的坡耕地、裸露山坡或撂荒坡地，与周围已退耕成林的山坡地形成明显对比，那些没有受到明显人为影响的山坡地大多绿树成荫、郁郁葱葱；未退耕还林的坡耕地则十分荒凉，潜伏着严重的生态隐患。

（二）部分生态敏感区人为活动频繁

比如我们检查过的商洛市柞水县，是一个“九山半水半分田”的土石山区县，被称为西安市的“后花园”。之所以被称为西安的“后花园”，就是因为其自然环境没有或很少受到人为干扰，因而山青水绿，有着优美的自然景观、重要的观赏价值和生态价值。但就在这样的地方，因之前过分关注经济增长，盲目建起了一个又一个的“山庄”“乐园”，对原本的自然景观人为进行雕饰、改造，把西安市的“后花园”变成了个别人家的“家庭庄园”。早在2012年4月底《西安都市报》就以“陕西国家级贫困县别墅林立，村民担心耕地被占”〔2〕为题对柞水县的违规别墅建设进行过报道，但时至今日，这一问题还没有得到根本解决。在生态敏感区建设别墅，必然破坏原本的自然环境，导致山不再青、水不再绿，由此形成的过多的人类活动还会危害南水北调中线水源地，影响“一江清水供京津”。

（三）采石、采金等矿业开发活动，严重破坏山地生态系统，“对中国的可持续发展和实现生态环境与社会经济协调发展造成了消极的影响”〔3〕

我们着重对渭南市临渭区和潼关县的采矿活动进行了检查，发现虽然采

〔1〕呼照征、张燕、陈喆：“关于陕西省退耕还林后续产业发展的若干思考”，载《陕西学前师范学院学报》2015年第2期。

〔2〕陈红梅、冀晖：“陕西国家级贫困县别墅林立，村民担心耕地被占”，载《三秦都市报》2012年4月28日。

〔3〕林琳、王皓：“秦岭遭遇前所未有开发破坏，生态忧虑几何?”，载《陕西日报》2014年7月9日。

矿活动相比之前明显减少，但威胁山地生态系统的情形依然存在，具体表现为：(1)采矿点的选择以“不可视”[1]为前提，但“不可视”范围的山体一般都属于主山脉，开挖、爆炸主山脉必然对山体结构形成巨大安全隐患，也增加了矿山生态恢复的难度；相比之下，如果开发主山脉边缘比较低矮的“馒头山”，虽在“可视范围”，但再利用及恢复的难度必然会下降。(2)石材开采一般以层层剥离山体为手段，剥离山体的同时，山体植被以及经历若干年自然过程才形成的天然土层[2]同时被剥离，直接造成山体生态破坏，而且大面积的山体剥离也很难进行有效的生态恢复，并且极易形成地质灾害。(3)个别地方探矿、采矿形成的大量矿石、矿渣被任意堆砌，直接压迫、毁坏树木和山坡植被；在山体上随意开挖的横七竖八的矿洞、矿坑破坏山体结构的稳定性，存在明显的安全隐患。

（四）垃圾随意抛洒，乱堆滥放，影响环境和人身安全

近年来，关于秦岭垃圾乱堆滥放的报道经常见诸报端，如“部分游人图方便喜笑开颜秦岭垃圾遍地触目心寒”；“秦岭之殇！游客饮用水源中游泳，农家乐垃圾排河道”；“秦岭随处扔垃圾让人痛心　网友呼吁爱护父亲山”等。检查组在柞水的乾佑河、洛南县的洛河和潼关县的东桐峪三个地方发现垃圾问题比较严重。乾佑河在县城附近的河道存在倾倒生活垃圾和建筑垃圾的现象；洛河岸边也有抛撒垃圾的现象，肉眼可见洛河水质偏浑，存在一定程度水污染；在潼关县的东桐峪，矿工生活区厕所基本都是沿沟道而建，没有集储和处理粪便的设施，粪便几乎全部直排河道；在一个采矿点发现，矿坑水几乎未经沉淀就排入河道；生活污水、垃圾，甚至医疗垃圾（发现多处扔有吊针输液管）散落在河道，与矿渣搅在一起，五颜六色，随处可见。从东桐峪内 8 公里处顺沟而下，至入口的零公里处，河道水发黑、黏稠，几乎变成了糨糊状，环境破坏触目惊心。

（五）随意砍伐树木，影响山地植被，也影响山地水源涵养

近年来，由于退耕还林政策的积极作用，秦岭开始变绿了，绿水青山又回到了人们的视线里。但在秦岭的个别地方仍然存在乱砍滥伐的现象。我们

---

〔1〕 政府审批山区采探矿，一般不允许在“可视范围”开采，所以，采矿点一般都选在“不可视”的远山区，远离浅山区。此种做法明显有“掩耳盗铃”之嫌。

〔2〕 地球表面形成 1 厘米厚的土壤，约需要 300 年或更长时间。

在潼关东桐峪的检查中发现了两处砍伐树木现象：在东桐峪 6 公里处往下 200 米河道一侧有 10 余株直径 5 厘米～10 厘米的树木被砍；再往下大概 5 公里处，我们发现一老人在路边砍树，经询问，被告知是因为树长高了影响到电线安全才砍的，但电线架设的明显不合规范而且特别低矮。这种情况，问题明显不在树木，而在架设电线的单位和个人，也反映了矿产开发活动过程中，开发者对山地生态系统保护的极端漠视。

（六）污水处理厂间断运行，存在污水直排现象

2014 年 12 月，南水北调中线工程正式通水，作为南水北调中线工程的核心水源区，我省秦岭山区的汉中、安康、商洛为迎接中线通水，确保“一江清水供京津”，实施了一系列水源地保护措施，包括陕南各县县城所在地全部建起了污水处理厂，但从检查的情况看，个别污水处理厂运行还不是很完善，污水处理还有不尽如人意的地方。典型的如个别污水处理企业处理能力有限，不能全部处理已经产生的污水。调查中发现个别污水处理企业有间断停工、直排污水的现象；乡镇以下，特别是零星分散的村落、农家乐因缺乏污水集中处理设施，大多直排污水。我们检查时，沿一个污水处理厂的排水管道至出水口，发现水面有许多泡沫并散发着浓烈的氨氮味道，工作人员认为应该是残留洗剂用品导致的；说明污水处理，包括排放标准还有许多待改进提高的地方。

三、陕西秦岭生态环境保护立法存在的主要问题

陕西秦岭生态环境保护涉及多项立法，如《陕西省秦岭生态环境保护条例》《陕西省汉丹江流域水污染防治条例》等，其中最主要的是《陕西省秦岭生态环境保护条例》。该条例于 2007 年 11 月 24 日由陕西省人大十届 34 次会议审议通过，2008 年 3 月 1 日起正式施行。运行 8 年以来，该条例为保护秦岭陕西段作出了卓越的贡献，秦岭生态环境比之前有了很大的改善。但如前所述，秦岭陕西段还存在许多环境生态问题，这些问题的存在，反映了《条例》还有不完善的地方，主要表现在：

（一）《条例》的立法目的不明确

《条例》第 1 条规定：“为了保护秦岭生态环境，维护秦岭水源涵养、水土保持功能，保护生物多样性，规范秦岭资源开发利用活动，促进人与自然和谐相处，实现经济与社会可持续发展，根据国家有关法律、行政法规，结

合本省实际，制定本条例。”该条规定存在的主要问题是：

1.“维护秦岭水源涵养、水土保持功能，保护生物多样性”的规定意图穷尽《条例》所保护的秦岭的生态环境功能，但该规定列举的三项功能并没有包含秦岭的全部生态环境功能。如本调研报告第一部分所述，秦岭的生态环境功能起码还应该包含：调节气候、濒危动植物养护地、森林炭汇与森林造氧等功能。其中的森林碳汇与造氧构成《京都议定书》确立的“清洁发展机制”[1]的主要内容，是近年来国际社会共同确认的森林的最重要的环境生态功能和环境生态价值之一。如果秦岭保护的法规对此不涉及，将是很不完整的。

2.“规范秦岭资源开发利用活动”的规定，使《条例》被注入了鲜明的经济色彩，《条例》因此被用以调整秦岭资源开发利用过程的经济利益关系。这样等于承认针对秦岭的资源开发利用活动是“合法性”行为，因而，对因在秦岭上开发利用资源产生的问题只能通过“规范”加以调整以符合政府意图。这就很容易导致资源的无序开发，导致政府滥权或个别管理者的寻租行为，因为政府并不能精确判断什么样的开发范围和规模才是符合“人与自然和谐”要求的。所以，所谓的“规范秦岭资源开发利用活动”，最后影响的仍然是秦岭的整体生态环境。所以，这里的规定仍然是沿用了传统环境法“经济优先”的过时理念，应在修改《条例》时加以解决。

3.“促进人与自然和谐相处”当中的“促进”，字面的意思是：(1)促使前进；(2)推进；加快。因此，“促进人与自然和谐相处”就是“加快人与自然和谐相处”。反映的含义或者假定的前提就是“人与自然”之间当然的存在一定的对立或距离，因而需要加快让两者“接近”，也就是“和谐”。如果按这样的意思理解显然是错误的，因为人在事实上本来就属于自然的一部分，人与自然之间并无对立或距离，只是在两者“合一”的“共同”结构里，人应该并且能够做的只有“尊重自然、敬畏自然、顺应自然”，才能实现人与自然的完全“和谐”。此处使用“促进”一词反映了人在对待自然上的一种“主体支配客体的错误理念”，所以，应该使用“实现”一词，“实现人与自然的和谐相处”。

（二）《条例》确立的法律原则含义混乱，难以操作

《条例》第3条规定：“秦岭生态环境保护坚持统筹规划、保护优先、科

---

[1]《京都议定书》第12条。

学利用、严格管理的原则。”从中可以看出，《条例》虽然明确了秦岭保护的四个原则，但因为对“保护优先”原则认识上的局限性，并没有很好地坚持“保护优先”，就使得这四个原则相互打架，难以操作。原因是：

1. 把“坚持统筹规划”作为第一个原则，问题是“统筹”和“规划”的对象到底是什么？是把“环境保护”作为“统筹规划”的对象，还是把“合理利用资源”作为“统筹规划”的对象，抑或是把两者共同作为“统筹规划”的对象。这里很容易陷入环境保护优先，还是经济发展优先的传统争议当中，并导致认识混乱。从《条例》的背景和规定的内容本身看，可能更倾向于“统筹规划”环境保护与经济发展的关系。也就是既要保护秦岭，还要开山采矿。既然如此，又怎么可能实现《条例》规定的“保护优先”呢？

2. “科学利用”也反映了“利用”对象的矛盾性。因为单从该规定看不出利用的是环境生态，还是山林矿产。当“利用”指向的是山林矿产时，如何才能做到“科学利用”？就比如一层层的剥离山体，开采石材，导致山体生态、原有山体结构以及其上的绿色植被都荡然无存时，算是“科学利用”吗？“科学利用”的主体是谁也是问题，就实际的开发活动而言，“利用者”要么是开发者个人，要么是某个政府部门。不管是“个人”或者“政府某部门”，要做到“科学利用”，即尊重自然生态规律的“利用”，显然都很难逃脱个体的局限性甚至自利性，从而产生违背自然的开发利用活动。

3. “严格管理”可能更倾向于严格审批项目，严格监督已有项目，严格监管已有项目的运行过程。但不管怎么的“严格”，都主要是针对已有的开发项目的。问题是一个项目的取得是否“合法”，是否钻政策和法律的“空子”，显然不在“管理”之列。因而，单纯的“严格管理”，可能成为“以罚代管”，[1]“违法”变成“合法”的障眼法。就比如对一个根本违法审批的项目再怎么严格的管理，很显然也解决不了人与自然从一开始就“不和谐”的问题，也消除不了开发活动对秦岭生态环境的破坏恶果。

（三）《条例》关于财政扶持手段的规定过于原则，流于形式

《条例》第9条规定设区的市县人民政府应当将“秦岭生态环境保护资金纳入财政预算”，“省人民政府和秦岭所在地设区的市人民政府应当建立专项资金，用于秦岭山区基础设施建设”。第10条规定“省人民政府应当根据国

〔1〕 陈锋：“以罚代管就是放纵污染”，载《陕西日报》2013年7月8日。

家有关规定建立健全生态环境补偿机制，依法对秦岭生态环境保护地区给予经济补偿”。

1.《条例》第9条涉及的两项经济扶持手段分别是：专列财政预算；建立专项资金。但该二项经济扶持手段在《条例》中均为原则性规定，至于如何建立，资金来源，资金额度，实施主体，资金取得程序等，并没有明确规定；也没有针对两种不同的经济扶持手段分别要扶持的对象和范围作出明确的区分和界定；同时，对建立专项资金的渠道、资金的来源也没有清楚的说明。《条例》的其他部分也未对这些问题有更具体的规定；更没有针对上述规定内容专门制定的《细则》或《实施办法》。因而，该二项经济扶持手段并不具有现实操作性。

2. 第10条规定了建立生态环境补偿机制，但到底补偿什么？谁来补偿？补偿给谁？也没有作出明确的规定。理论上讲，补偿的对象应该是秦岭所具有的生态环境功能，秦岭地区人民为创造这些生态环境功能所付出的努力和艰辛；补偿的主体应该是获得环境保护利益的整个国家、南水北调受益地区以及获得秦岭环境保护利益的所有民众。但这些问题并没有在《条例》中作出规定，所以，《条例》对补偿的规定就只能依靠不确定的随机性政策来“兑现”，很难补偿到位，落实《条例》规定。

3. 从我们在秦岭有关地市进行执法检查的情况看，相关地市、区县针对《条例》执行情况的汇报材料和工作总结，几乎未见对这三种经济扶持手段的详细描述，也未见地方预算专列秦岭保护预算，相关的经济扶持政策也未写入地方的《经济社会发展规划》，这些现象充分反映《条例》所规定的这些经济扶持手段并没有得到地方政府的高度重视，也没有在地市区县的日常工作中得到全面落实。

（四）《条例》在水源保护方面，存在明显的制度缺漏

比如《条例》第四章“水资源保护”部分，缺少南水北调中线水源地保护的相应规定。在《条例》的第四章规定了“饮用水水源保护”相关问题，但《条例》中的“饮用水水源”指向的主要是依据《陕西省城市饮用水水源保护区环境保护条例》（2002年）规定的陕西省当地城市饮用水水源的保护；包括其后出台的《陕西省饮用水水源地环境保护规划实施意见（2010年～2020年）》（2011年）、《陕西省人民政府办公厅关于进一步加强饮用水水源环境保护工作的通知》（[2013] 14号）等规范性文件，划定的均为陕西省当

地城市集中式饮用水水源，并不包含南水北调中线工程的引水水源。

再比如对秦岭山区农村居民分散式饮用水水源的保护未见相关规定，对自然保护区及旅游景点水源保护、山区农家乐饮用水水源保护等也缺少针对性的规定。这些缺漏不仅影响秦岭地区人民群众的饮水安全，由此导致的乱排滥放和不规范管理，还可能对秦岭水资源整体的可持续利用形成比较大的安全隐患。

（五）《条例》第七章规定的法律责任不完全，缺乏系统性、完整性

《条例》第七章用了10条专门规定法律责任，但相比前五章的65条规定，法律责任明显偏少，很难保障前65条的贯彻实施。存在的主要问题有：

1. 在法律责任的10条规定当中，涉及政府及其工作人员责任的只有第75条的规定，责任形式除了“构成犯罪的，依法追究刑事责任”外，基本的责任形式就只有“给予行政处分”一种，对政府及其工作人员的法律责任规定明显偏轻。而且，如何“给予行政处分”，《条例》也未明确适用条件和具体形式。这样模糊的责任规定，为政府偏袒其工作人员提供了可能性，这就使得第75条规定的强制力大打折扣，甚至得不到贯彻落实，丧失应有的威慑力。

2. 《条例》第七章的10条规定，除了第75条对政府及其工作人员的责任规定，第73、74条是程序性规定，第72条是比照它法的笼统的责任规定，就只剩下第66~71条共6条法律责任是针对单位和个人的责任规定。针对单位的责任，主要是“取缔”“责令停止”违法行为，并处罚款等。存在的问题是：没有明确规定违法单位的“生态修复责任”，只是在个别条款中简单地规定了“承担治理费用”“补种树木”“采取补救措施”等，这种有简单指向的规定只构成生态恢复一个很小的内容，与“生态修复责任”完全大相径庭；同时，针对单位的罚款额度最高只有200万元以下，甚至不抵一套违建别墅的价格，违法成本明显偏低。

3. 针对单位和个人的6条法律责任，集中在生产开发活动、毁坏林木、危险品运输、勘探矿产、向河道倾倒废物、房地产开发六个方面，完全不能覆盖《条例》第一章至第六章的内容规定。如山区村庄不统一收集垃圾、建设排污设施；污水处理厂向河道直排未经处理的污水；交通设施破坏野生动物通道；未经批准在自然保护区开放旅游；单位不按要求植树造林等等。根据《条例》第七章法律责任的规定，这些违法行为显然都不包含在依《条例》处理之列，反映《条例》第七章的规定明显具有不完整性。

（六）《条例》存在的其他具体问题

以上五个方面是《条例》存在的比较大的、类型化的问题，除了这些问题之外，《条例》个别条款还存在一些具体问题。主要有：

1.《条例》对提高森林覆盖率的规定缺乏强制性。《条例》第21条规定："秦岭所在地各级人民政府应当采取天然林保护、封山育林、退耕还林、植树造林和预防火灾、防治病虫害等措施，提高森林覆盖率，改善秦岭的生态环境。"但到底提高多少，在多长时间期限内提高，采取何种措施提高，如何监管和评估是否提高，该条并未作出明确规定。

2.《条例》对"秦岭矿产资源开发规划"的审批权限规定明显不合理。《条例》第43条规定："秦岭矿产资源开发规划，经秦岭生态环境保护委员会审查后，报省人民政府批准。"该规定把"秦岭矿产资源开发规划"的审批权赋予省政府，那么，省政府审批规划的依据是什么，并不明确；而且，秦岭生态环境保护委员会主任由省长兼任，省长和省政府又是什么关系？同时，省政府本身就是秦岭矿产资源的最大开发者，由开发者审批开发规划，怎么可能保障规划的合理性呢。

3.《条例》关于移民搬迁的规定不具有操作性。《条例》第57条规定："秦岭所在地县级以上人民政府应当根据经济社会发展状况和秦岭生态环境保护的需要，制定移民搬迁规划，有计划、有步骤地组织实施，做好移民的安置工作。"该条中"根据经济社会发展状况"制定移民搬迁规划的规定完全不符合环境保护和生态文明建设的需要。因为，按照环境保护和生态文明的要求，移民搬迁的唯一标准应该是生态标准，只要生态脆弱，明显存在危及生态安全的隐患，就有移民搬迁的必要性。[1]

四、陕西秦岭生态文明建设的法制思路

从本文前面几部分的论述中，我们看到：在《条例》的立法框架下，陕西秦岭一些重要的环境生态功能（如秦岭的森林炭汇和森林造氧功能）并没有得到特别的重视和保护，秦岭环境保护的现状与十八大以来党中央提出的生态文明建设的一系列要求相比还有很大差距。出现这种情况，最主要的原

---

〔1〕张灵俐："近三十年来生态移民研究综述"，载《东北农业大学学报（社会科学版）》2014年第3期。

因就是《条例》还有不完善的地方，以及《条例》的某些规定不能充分适应“新常态”下生态文明建设的需要所导致的。因而，要实现秦岭地区的“山青、水秀、天蓝、地绿”，充分发挥秦岭的生态环境功能，使秦岭的“绿水青山”真正转化为老百姓能看得见摸得着的“金山银山”，重要的突破口就是顺应时代要求，修改并完善《陕西省秦岭生态环境保护条例》，为保护秦岭制定出既能顺应自然，又符合各方需要的新规矩、好规矩。为此，本文提出如下思路：

（一）贯彻生态文明体制改革新理念，修改《秦岭生态环境保护条例》

关于修改《秦岭生态环境保护条例》的必要性和可行性，必须关注的几个事件是2014年4月24日通过并施行的新《环保法》；2015年4月25日中共中央国务院通过并发布的《关于加快推进生态文明建设的意见》；2015年9月11日中共中央国务院通过并发布的《生态文明体制改革总体方案》。《环保法》是《条例》的上位法，上位法修改，《条例》作为下位法自然需要随之修改；中共中央国务院在不到半年时间内连续发布的两个生态文明建设的规范性文件是环保领域必须普遍遵守的大政方针，所有的工作都必须符合党和国家大政方针的要求，地方立法同样需要符合党和国家的大政方针。

1. 2015年1月1日开始施行的新《环保法》相对于旧《环保法》有许多根本性的改变，如确立了“保护环境是国家的基本国策”（第4条第1款）；“使经济社会发展与环境保护相协调”（第4条第2款）；“坚持保护优先”的原则（第5条）等。这些新确立的理念和原则，首次旗帜鲜明地指出了“经济发展”必须要让道于“环境保护”，把“环保优先”真正落到了实处。这就从根本上改变了以往涉及这两个问题时，总是陷入经济发展与环境保护孰轻孰重的争议当中，甚至要求“环境保护”服从于“经济发展”，把环境恶化当成是经济发展的必然代价的错误认识。在《条例》的第1条，在“保护优先”之前突出“统筹规划”，就明显留有“经济发展”不能完全让位于“环保优先”的传统思维，因此，有必要对《条例》进行修改，牢固树立起环保优先的理念。

2. 中共中央国务院《关于加快推进生态文明建设的意见》和《生态文明体制改革总体方案》明确了我国未来生态文明建设的指导思想、基本原则、主要目标、具体做法、政策手段等内容，特别是未来5年（至2020年）生态文明体制改革的理念、原则和必须建立起来的八项环保新制度等，这些规定如何落实？而且，两个规范性文件都明确了“绿水青山就是金山银山”“自然价值就是自然资本”的理念，特别是《生态文明体制改革总体方案》提出的在未来5年需要建立的八项制度中，把“健全自然资源资产产权制度”作为首要建立的制度，以解决类似“水源涵养”“退耕还林”“森林碳汇”等“环境功能性价值”[1]这种自然资产的价值实现问题，这些创新理念与制度都与山区环境保护，与承认和实现山脉的环境生态功能及其功能价值息息相关，因此，《条例》必须适时修改并纳入这些新改革内容，以推动我国生态文明建设的早日实现。

（二）明确并落实财政扶持手段的法律规定，确认并保护因环境保护产生的新的利益形态，保障秦岭环境保护的公平与正义

如前所述，《条例》主要规定了三种经济扶持手段：(1)专列财政预算；(2)建立专项资金；(3)构建生态补偿制度。但该三项经济扶持手段如何建立，资金来源，资金额度，扶持对象和范围，实施主体，资金取得程序等，在《条例》中，并没有作出明确规定。因而，影响到这些经济扶持手段的建立与作用的正常发挥。

1.《条例》第9条第1款规定设立“财政预算”是为了“秦岭生态环境保护”，但因为《条例》没有明确如何设立以及具体额度，因此，设立财政预算的规定基本没有落到实处。究其原因可能比较复杂：地方财政能力、地方经济社会重点问题、秦岭在各地方经济社会发展中所占比重（如西安市比重小，但陕南三市比重就大）、地方官员“为官一时”的政绩表现等等方面，加之对是否设立预算又没有硬性考核规定，就导致预算设立的规定形同虚设。因此，要解决这一问题，最核心的是要针对不同地区明确财政预算用于保护秦岭生态环境的比例，起码应该区分秦岭为主的地区和其他地区两种类型，再确定不同地区预算在总预算当中的各自比重，同时规定支出方向以及各具体方向的预算资金使用比例。这样，就有可能落实秦岭生态环境保护的财政预算规定。

2.《条例》第9条第2款规定建立“专项资金”是要用于“秦岭山区基础设施建设”，但《条例》并没有明确“山区基础设施”的具体内容，这就

---

[1] 李永宁：“论生态补偿的法学含义及其法律制度完善——以经济学的分析为视角”，载《法律科学》2011年第2期。

导致“专项资金”的建立缺乏明确的依据。因为，不管是山区污水、垃圾集中处理，还是河道、水资源的整治，只有明确了基础设施的内容，才可能有针对性地确定“专项资金”使用的具体范围和数量，也才能避免借山区基础设施建设之名大兴土木，把有限的财政专项资金用于城镇建设或挪作他用。所以，《条例》的修改，应该明确山区基础设施的具体范围、建设的顺序和完成的时间要求，才可能确保专项资金有针对性地、并符合客观实际地建立起来，并能发挥应有的作用。

3.《条例》第10条规定“健全生态环境补偿机制，依法对秦岭生态环境保护地区给予经济补偿”。《条例》的这条规定在当时情况下是很超前的，因为在新《环保法》正式公布之前，国家立法并没有明确生态补偿的内容。正因为如此，《条例》关于生态补偿的内容不能得到很好的落实就在所难免。按照新《环保法》第31条的规定，生态补偿主要采取国家“财政转移支付”、受益地区对保护地区的协商补偿和市场补偿三种补偿方式。[1]《条例》也应依循这一思路设计省域内的生态补偿制度，按照国发［2014］71号文件《国务院关于改革和完善中央对地方转移支付制度的意见》中有关“完善省以下转移支付制度”的意见，《条例》在完善生态补偿制度时应加入“增加省级财政对重点生态保护市县的转移支付力度”的内容，同时，应加入“省政府协调受益市县和保护市县通过协商或者按照市场规则进行地区间生态保护补偿”。这样规定，生态补偿的主体以及当事双方的权利义务就相对比较明晰了，也有利于补偿制度的进一步具体化。特别是我省“引汉济渭”工程的实施，也为开展省内不同地区之间的生态保护补偿提供了更大的实践空间。

（三）加强南水北调中线水源地保护，把汉丹江流域明确为南水北调中线工程水源地，并对汉丹江流域水源保护设立专门条款，确保一江清水供京津

在《条例》中增加南水北调中线工程水源地保护条款，应借鉴并吸收陕西省人民政府2014年3月17日第4次省政府常务会议审议通过并发布的陕政发［2014］15号文件《陕西省汉江丹江流域水质保护行动方案（2014年~2017年）》（以下简称《实施方案》）的相关规定，把省政府实施的行之有

---

〔1〕武盾：“成为国家水源地后，陕南发展，路在何方？——陕南三市应成为国家‘生态保护补偿’的核心地区”，载《陕西日报》2014年8月29日。

效的水源保护政策有条件的转化为地方立法。增设的南水北调水源地保护规定应该明确、清晰，具有可操作性，应主要包括以下内容：

1. 应明确规定出省断面水质标准类别。借鉴《实施方案》的规定，《条例》增设的出省断面水质规定应包括：(1)汉丹江干流出省断面水质应规定为Ⅱ类水质。《实施方案》规定2017年之前丹江干流出省断面水质保持Ⅲ类，之后提高到Ⅱ类。按此规定，2017年之后丹江出省断面水质必然有条件达到Ⅱ类。因此，《条例》应把出省断面水质统一规定为不低于Ⅱ类（汉江的现状是一直维持在Ⅱ类标准）。(2)与汉丹江干流出省断面水质类型相配套，《条例》对汇入汉江和丹江的一级支流水质也应该有相应规定。为了确保干流水质维持Ⅱ类水，因此，对汉丹江支流水质的规定应确定不得低于Ⅲ类水标准。两江干流省内各市、县（区）界断面和主要支流入干流水质稳定达到Ⅱ类水标准并不得低于《条例》实施之前的水质标准。确定相对偏高的水质标准，强力促进沿江市县加强水源保护，为南水北调尽心尽力。

2. 应明确相关保障措施规定。为了达到并维持汉丹江干流及主要支流Ⅱ类水水质标准，有必要在《条例》中规定相关的保障措施。这些保障措施应集中在以下几个方面：(1)汉丹江沿线经济结构定位。应明确汉丹江流域经济结构应以特色农业、山林特产业和生态环境产业为主，与旅游业、加工业和服务业等清洁产业相配套，并把增值自然资产〔1〕作为新的产业形态和增长点。(2)解决汉丹江流域的工农业污染。加大汉、丹江流域退耕还林力度，实施造林绿化，建设生态湿地和天然保护林，限制在敏感水源区开展网箱养鱼及其他养殖项目，严格管控游船、货船运营等。〔2〕关停并禁止审批所有污染性工业项目，关闭汉丹江干流及主要支流的全部排污口，禁止沿岸村庄生活污水排入汉丹江等，从根本上消除有可能污染汉丹江水质的所有源头。(3)生态移民。移民有扶贫移民、地质移民、生态移民三种类型。扶贫移民着重把偏远落后地区居民迁移到交通便利、经济发达地区，以改变贫穷面貌；地质移民主要是为了躲避有可能发生的地质灾害而进行的移民；生态移民是对于居住在自然保护区、环境破坏严重、生态脆弱以及自然条件恶劣等地区的居民所进行的移民。为了南水北调水源地保护，从源头上消除水源污染，《条

---

〔1〕 姜文来等："国有自然资产流失探析"，载《中国人口、资源与环境》1995年第4期。

〔2〕 根据《陕西省汉江丹江流域水质保护行动方案（2014年~2017年）》第3~4条整理。

例》应明确规定汉丹江流域生态移民的规模和时间表。修法时应避免两个认识误区：一是把生态移民与扶贫移民相混淆。应该认识到身居“绿水青山”之中的人，其实是守着“金山银山”的，他们本质上并不贫穷。要移民，必须对所移之人和家庭拥有或占有使用的“自然资产”利益给予充分的关照。二是把生态移民与地质移民相混淆。必须改变省内某些部门把陕南山区的许多移民定位为地质移民的错误认识[1]，必须明确汉丹江流域的所有移民都是基于南水北调水源保护之需要的生态移民。

3. 应明确政府对南水北调水源保护的支持与激励措施。要确保南水北调中线水源区的汉丹江流域始终维持优良的水质，汉丹江流域地方和人民必然要付出很大努力、作出很大牺牲。为此，《条例》在明确断面水质标准，以及水质保障措施的前提下，也应对政府需要采取的支持与激励措施作出明确规定。主要应包括：(1)经济发展机会成本的弥补。如关停传统污染企业的损失补偿及转产的成本补助，特别是被关停企业员工的生活补助金的透明、足额发放，都应在《条例》或其配套法规中作出明确规定。(2)绿色 GDP 的承认，以及“青山绿水”的自然价值的“资产化”。在限制产业发展，引导产业转型的过程中，对新兴的诸如“森林炭汇与森林造氧”等新的生态环保行业，必须在《条例》中明确其在绿色 GDP 中的地位，同时对绿色 GDP 的价值实现方式与途径作出规定，对当地政府与群众应当取之于绿色 GDP 的财政与个人收入规定适当的补偿方式。(3)生态移民的补贴与移出地的选择。根据我们调研的情况，总的认识是补贴太少、移出地缺乏永久性。因此，《条例》有必要对移民补贴以及移出地[2]选择作出明确规定，政府不仅应该足额承担移民费用，还应该对移民后的生存及移民家庭转业给予长期补助，确保移民能够移得出、还能留得住，生活更美好。

（四）强化并完善法律责任，按权力（权利）、职责（义务）相统一的原则，完善《条例》关于法律责任的规定

核心是贯彻“史上最严环境法”的精神，在加强政府及其工作人员行政

---

〔1〕 乔佳妮：“‘十二五’陕南百万移民搬迁无一户因灾受损”，载《陕西日报》2015 年 10 月 29 日。

〔2〕 关于移出地选择，普遍认为山区宜居地方稀缺，所以，移民基本安置在村镇附近，很难判断不会再次移民。根据我们调研的情况，柞水县作为一个主要的山区县，“九山半水半分田”，但仍然在县城周围兴建了大量别墅，充分说明把移民安置在大的乡镇政府所在地，甚至县城都有很大的空间。

责任的同时，进一步明确企事业单位的环境保护和环境治理行政责任；要加大违法成本，杜绝因违法成本低而放纵违法行为发生的现象，做到权责一致，奖惩分明，让环境保护成为每一个社会主体及个人的自觉行动，共同维护好秦岭的生态环境。为此，修法时应明确以下规定：

1. 明确行政机关的责任及其实现方式。《条例》对行政机关及其工作人员的行政责任只有第 75 条规定的“对于主管人员和其他直接责任人员依法给予行政处分”的规定。该规定存在的最大缺陷就是把行政机关排除在承担行政责任之外，只规定了“主管人员和其他直接责任人员”承担行政责任。那么，行政机关是否应当承担责任以及承担什么样的责任？《条例》虽然未规定行政机关应承担责任，但从《条例》的内容看，第一至六章对省以下政府机关设置了大量权利性条款和义务性条款。这些权利性条款和义务性条款主要有：(1)权利性条款，如监督权、批准权、规划权、审查权、行政管理权、行政处罚权等；(2)义务性条款，如监管义务、奖励与经济补偿义务、合理规划义务、资源保护义务、代为治理义务、移民搬迁与安置义务等。总体来讲，《条例》对政府的义务性规范设置比较多，甚至多于权利性规范，比较好的体现了政府的服务职能。但针对大量权利性规范和义务性规范，仅仅只设置了“第 75 条”一个责任条款作为对应的责任规范，就必然导致对于大量的行政机构“应当审批而不审批、应当作为而不作为、应当登记而不登记等不履行义务行为，”没有对应的责任规范进行惩处，从而很难保障政府监管的有效性。因此，《条例》修改时，应明确行政管理相对人可提出行政诉讼，对造成行政相对人损失的，可要求行政赔偿等规定。这样规定，既有利于保护行政相对人的利益，也便于全社会监督政府依法行政。关于行政主体究竟应当承担何种方式的行政责任，应主要选择恢复名誉、返还权益、撤销违法行政行为、纠正不适当行政行为和行政赔偿等具体方式。通过这些责任方式不仅对行政机关一般性的违法行为进行惩处，对行政主管部门滥用处罚权及渎职行为对行政相对人造成损失应当承担的行政及民事赔偿责任也应作出具体明确的规定。

2. 明确“降级、降职、开除”三种严重的行政处分的适用情况。《条例》第 75 条对于行政机关主管人员和其他直接责任人员只规定了“依法给予行政处分”，但并未明确应该针对何种行为给予何种行政处分。《中华人民共和国公务员法》第 56 条明确规定了对公务员的“处分分为：警告、记过、记大过、降级、撤职、开除。”等几种方式，建议结合《行政机关公务员处分条例》的规定，对于严重的环境生态行政违法违纪行为，依法应该给予降级、降职、开除处分的违法情形，进行归纳和列举；同时，对于适用警告、记过、记大过等比较轻微的行政人员环境违法违纪行为，应明确规定按《行政机关公务员处分条例》的规定执行。如此规定，对于政府机关主管人员及其直接责任人员会产生比较大的警示作用、也方便行政相对人以及社会大众广泛监督对违法违纪行政人员的行政处理，督促行政主管人员依法行政，正确履行环境职责与义务。

3. 加大企事业单位和个人的环境保护和环境治理责任。《条例》对于企事业单位或个人的行政处罚明显偏轻，不足以震慑单位或者个人的生态环境破坏行为。《条例》仅在第66条、第71条针对“禁止开发区的生产开发”和限制开发区的“房地产开发”两种情形，规定了50万~200万元的罚款处罚，其他的违法活动的处罚额度基本都在20万元以下。此外，第67条规定对毁坏树木的处“毁坏树木价值一倍以上五倍以下的罚款”，如此罚款对林木破坏者明显微不足道，因为保护区的树木，并不仅仅是自然存在的树木，更是稀缺性生态利益的承载客体，其发挥的环境生态价值与树木的经济价值相比，不知大出多少倍。但仅按树木自身市场价值处罚，是根本不可能有效惩处违法行为的。对生态环境破坏行为的偏轻性处罚往往导致违法成本很低，这可能是违法行为屡禁不止，甚至顶风作案、破坏生态环境的根本原因。因此，《条例》修改时，应该认真研究处罚额度，充分评估处罚对象的经济价值及环境功能价值，贯彻“史上最严环境法”的精神，加大处罚力度，在政策法律允许的范围内大幅度提高罚款额度，设置的罚则要足以震慑环境违法者，真正发挥保护“绿水青山”的积极作用。

（五）其他问题的修改

本文第三部分谈到了《条例》存在的其他具体问题，主要列举了三个。除了已经列举的三个具体问题之外，本部分进一步将这些问题归纳为八个具体的问题，并对这八个具体问题的修改与完善提出有针对性的建议。这些建议主要有以下内容。

1. 应进一步明确“增加森林覆盖率”的规定。《条例》第21条规定应“提高森林覆盖率”，但并未指出“提高”的标准和具体要求。因为各地森林资源及自然环境差异很大，如果明确规定提高的幅度确实存在很大的困难。

但在修法时，建议把“提高森林覆盖率”修改为“确保每年的森林覆盖率比上年有所提高”，这样规定，虽然不能确定提高的具体幅度，但对当地政府提出了明确具体的要求，避免了对原规定“增加森林覆盖率”当中的“增加”作其他扭曲性解释，比如理解成“在一个五年规划期里提高”，或者在某个长期规划的 10 年、20 年或更多年份内提高。

2. 修改秦岭矿产资源开发规划的审批权。由于《条例》第 43 条规定的“矿产资源开发规划，报省人民政府批准”的规定会导致“开发者批准开发规划”的尴尬情况，因此，本文认为修法时，该审批权应修改为“秦岭矿产资源开发规划，由省人大常委会审批”。这样规定，就可以避免由政府审批产生的“开发者自己审批开发计划”的尴尬情形。当地人大作为当地最高的权力机关，具有广泛的代表性，而且，人大本身并不具有开发矿产资源的经济工作职能，因此，由其审批是比较恰当的。

同时，《条例》第 16 条规定的“生态环境保护总体规划，报省人民政府批准实施”，存在同样的问题。本文认为，秦岭地区的“生态环境保护总体规划”理应属于当地地区“经济社会发展规划”的当然内容，可以包含在经济社会发展规划当中，也可以作为独立于当地“经济社会发展规划”的规范性文件，但都应与“经济社会发展规划一并报省人大批准实施”。

3. 细化并明确“移民搬迁”的规定。本文认为《条例》第 57 条关于移民搬迁的规定是不明确的，因此修改时应主要明确以下两个问题。一是关于移民搬迁规划，应具体包括“移民搬迁规划”和“移民搬迁行动计划”两种。“移民搬迁规划”应由县级以上政府制定，内容应该着重于移民搬迁的主要政策措施和基本方案，包括搬迁位置选择的基本原则和移民安置的总体方案；“移民搬迁行动计划”，应该规定由直接负责移民搬迁的政府部门或基层政府以及具体实施移民搬迁的单位制定，内容应该包括搬迁的具体政策，补贴与安置的费用分配、搬迁步骤、搬迁时间表等具体内容。二是移民搬迁的依据，《条例》规定的“根据经济社会发展状况”应修改为“根据环境保护需要和生态脆弱程度确定移民搬迁规划”，从而把秦岭山区的移民搬迁完全纳入秦岭生态文明建设的大格局中，克服当下把移民搬迁与扶贫、与地质灾害相挂钩的不当现象，解决移民搬迁动力不足以及存在的不确定性等问题。

4. 深入落实公众参与，充分汲取公众意见。《条例》第 14 条第 2 款规定的规划及建设项目涉及当地居民切身利益的“应当征求当地居民的意见”。建议《条例》修改时，该条规定应修改为“应当征得当地大多数居民的同意”。理由是：(1)避免长官意志影响当地群众利益，杜绝因此引起群体性突发事件发生；(2)防止“政绩工程”、政府短期行为等对当地生态环境的影响和破坏，如在风景名胜区违规批建或放任违建别墅或其他高档住宅区建设等。(3)充分体现并尊重当地居民拥有或占有使用的“绿水青山”就是“金山银山”的理念，尊重当地居民的自然资源权益，确保实现当地居民取之于“自然资产”的经济利益。

5. 完善退耕还林举措，扩大退耕还林成果。《条例》第25条规定“秦岭25度以上的坡耕地应当逐步退耕还林（草）”。《条例》公布至今已经8年有余，那么，“逐步”要到什么时间？“逐步”的步幅到底应该多大？这条规定没有给出清晰的界定。使得该条规定没有任何法律强制性，也没有落实和完成的时间表。从理论上讲“25度以上的坡耕地”是水土流失的主要根源，[1]因此，《中华人民共和国水土保持法》第20条明确规定“禁止在二十五度以上陡坡地开垦种植农作物”。现在来看，“逐步”的规定本身就是与《水土保持法》的规定相抵触的。许多省市，如山东省、重庆市、云南的昆明市，包括我省的延安市等地均已经实现了“25度以上的坡耕地”全部退耕还林（草）。保护秦岭是国家战略，我省作为第一个出台《陕西省秦岭保护条例》的省份，在“25度以上坡耕地退耕”问题上更不应该懈怠和落后。因此，建议修法时，应明确规定“25度以上的坡耕地应当退耕还林（草）”，删除原规定中的“逐步”二字。当然，例外是类似安康的古梯田，很难再将其定义为坡地，这些古梯田自然也就不在退耕还林之列。

6. 强化矿产资源开发单位的治理和赔偿责任。《条例》第46条规定矿产资源开发造成生态环境破坏和地质灾害的“开发单位不履行治理责任或者治理不符合要求的，由有关行政主管部门组织代为治理，所需费用由开发单位承担。”在本条规定中增加了行政主管部门的“代为治理责任”，该责任是借鉴了国务院《地质灾害防治条例》第42条的规定：“对工程建设等人为活动引发的地质灾害不予治理的，由县级以上人民政府国土资源主管部门责令限期治理；逾期不治理或者治理不符合要求的，由责令限期治理的国土资源主管部门组织治理，所需费用由责任单位承担”。结合该两条规定，可以看出，

〔1〕“为什么规定25度以上坡耕地要退耕”，载《草与畜杂志》1986年第2期。

《条例》的上述规定存在的问题是：(1)把开发造成的“生态环境破坏”与“地质灾害”完全等同，前者是资源开发活动引发的外在负效应，是与开发活动相伴随的常态现象；而地质灾害则是突发的，如“山体崩塌、滑坡、泥石流、地面塌陷、地裂缝、地面沉降等”。对于地质灾害，不服从“限期治理”或治理不符合要求的，采取“代为治理”是紧急消除危害的最佳途径。但对常态的“开发性活动”的“负效应”需要的是“边开发、边治理”，不可能采取“算总账式”的代为治理。(2)另一方面，如果对“开发性破坏”实施“代为治理”，无疑会减弱企业单位对治理的重视程度，甚至其治理意愿。但同时会极大增加“有关行政主管部门”治理的负担和治理责任，这就有可能导致另一个后果：就是行政单位针对“代为治理”出现消极情绪。因此，“代为治理”是不适合对开发性生态环境破坏的治理的。就算只是针对地质灾害的治理，相关法律已有明确规定，《条例》再作规定也无必要。因此，建议修法时删除第46条的第2款。

7. 纠正措辞含糊的法条用语，给企事业单位提供明确的行为指引。《条例》第55条规定“秦岭城镇乡村建筑物及环境设施的设计和建设，应当与当地生态环境相协调”，该条规定的“建筑”与“环境”相协调，作为文学用语，甚或建筑审美用语，应无疑义，因为它起码给人制造了把所有美好的“建筑”与“环境”想象到一起的思维空间。但作为法律用语，此处要求的“相协调”，究竟怎么才算相协调了？比如在风景秀丽的山谷小镇，是高大的建筑，还是低矮的建筑；是中式的风格，还是欧式的风格；是小木屋，还是水泥房子才算是与周围“环境”相协调的？就比如柞水山谷的“安得鲁西亚荷兰小镇”的粉色别墅与周围的生态环境“相协调”吗？或许根本给不出大众都能认可的答案。所以，建议在修改《条例》时删除类似让人不知所云的法律条文，给出明确的、让单位和个人能准确判断“该做什么，不该做什么”的行为范式。

8. 注重垃圾及污水处理设施的管护及运行管理，确保相关处理设施的正常运行。《条例》第58条规定：“在秦岭的城镇应当逐步建立、完善生活污水处理、生活垃圾无害化处理、供排水等公共设施，在秦岭的农村推广和普及使用沼气，人口相对集中的村庄应当加强生态环境保护和公共卫生管理，统一规划建设生活垃圾、污水排放等收集处理设施。”该条规定核心有两个含义：一是城镇“逐步建立”垃圾处理与供排水的“公共设施”；二是人口集中的村庄（简称“大村庄”）加强垃圾、污水“收集处理设施”建设。从中可以看出，该规定存在的不足及解决的思路应该是：(1)近几年来，受益于南水北调工程，依靠中央和省政府的财政支持，山区城镇（主要是县城）已经“逐步建立”起了垃圾处理与供排水的公共设施，下一步修法时，核心应该转向“公共设施”的运行管护，要确保其正常运转，需要通过立法明确运行的“资金保障”以及强有力的运行监管。(2)大村庄除了应建立起垃圾及污水的“收集处理设施”，接下来的问题就是确保持续运行的费用如何保障？因为对村庄而言，即便从农户收取一定的费用，但仍然极其有限，要确保设施的正常运行，资金的保障显然是最大的困难。所以，《条例》修改时，应该明确大村庄的“收集处理设施”所需资金的来源渠道。(3)除了城镇和大村庄，对小村庄和分散居住的村民、零星分布的农家乐，其垃圾和污水的处理也应当加以适当规定，虽然因客观原因可能做不到“集中处理”，但应明确小村庄、农家乐以及分散住户的生活垃圾不能随意抛洒，应该选择适当地点自行安全填埋处理，并严禁污水直排河道，避免造成面源污染和水源污染，确保秦岭生态文明的早日实现。

●本文为李永宁教授2015年10月参加陕西省人大组织的《陕西省秦岭生态环境保护条例》执法检查，在检查了渭南和商洛对《条例》的贯彻落实情况后，撰写的一篇研究报告，报告提交给了陕西省人大。同时，在2016年8月赴我国台湾地区参加“区域环境法治”两岸环境法论坛时，该报告的简写版被收录入会议的论文集。

第二节　《陕西省实施〈中华人民共和国抗旱条例〉细则》评注[1]

最近，很偶然的情况下，在网上看到了2015年5月刚刚实施的《陕西省实施〈中华人民共和国抗旱条例〉细则》（简称《细则》），感慨良多，就从头至尾认真地进行了阅读、思索，并几乎是逐条（所幸《细则》仅有25条）加了评注。当然，评注只反映我们个人对《细则》的理解，其中必然带有个

〔1〕 本文为国家社会科学基金西部课题《我国旱灾防治法律体系研究》的阶段性成果（项目编号：12XFX013）。

人的价值判断和偏见。虽如此，仍然以为费心做的这些评注，于读者，或许有所助益；于立法，或许有所借鉴。需要说明的是，文章对《细则》条文采用了比评注小 1 号的楷体字，对评注（正文部分）采用了宋体字，以方便读者阅读《细则》全文，并与评注进行对比分析。以下为《细则》及评注全文。

第一条 为了实施《中华人民共和国抗旱条例》，结合本省实际，制定本细则。

第二条 在本省行政区域内从事预防和减轻干旱灾害的活动，适用本细则。

该两条为立法依据和适用范围。无问题。

第三条 各级人民政府对抗旱工作实行行政首长负责制。县级以上人民政府防汛抗旱指挥机构负责组织、指挥本行政区域内的抗旱工作。

第四条 县级以上人民政府水行政主管部门负责本行政区域内抗旱的指导、监督、管理工作，承担本级人民政府防汛抗旱指挥机构的具体工作。

县级以上人民政府防汛抗旱指挥机构的其他成员单位按照《陕西省抗旱应急预案》明确的职责，负责抗旱有关工作。

第 3~4 条是关于抗旱工作管理体制的规定。存在的问题是：(1)第 3 条少了全省范围抗旱工作的组织领导机构的规定，应在该条明确规定“省防汛抗旱指挥部负责组织、领导全省的抗旱工作。”因为行政首长负责制并不意味着由行政首长直接组织和领导抗旱工作，“行政首长负责”主要是决策和宏观领导，以及对结果负责。(2)第 3 条的“防汛抗旱指挥机构负责组织、指挥……”从管理体制而言，并不是说防汛抗旱指挥机构是最高领导机构，可以组织和指挥本地区抗旱工作。按国法规定应是“在上级防汛抗旱指挥机构和本级人民政府的领导下”进行“组织、指挥”的，也就是说，必须同时接受同级人民政府和上级防汛抗旱指挥机构的双重领导，体现两个领导机关的管理意志，进行“组织和指挥”，并非可以独立“组织和指挥”抗旱工作。

第 4 条关于防汛抗旱指挥机构成员单位职责分工依据《陕西省抗旱应急预案》的规定存在明显瑕疵，有两个原因：(1)关于防汛抗旱指挥机构职责及其成员单位职责分工，是与该机构成立及编制确定相联系的，涉及政府内部职责分工，权责应该是明确并且固定的。至少应该出台相关正式文件进行规定。(2)“预案”严格讲是在旱灾发生时才启动的，但日常性的旱灾预防仍然需要相关部门作出努力并相互配合，所以，对日常性的工作依靠“预案”进行规定就表现得很不正式。

第五条　任何单位和个人都有依法参加抗旱的义务。村（居）民委员会、农村用水合作组织、抗旱服务组织及其他企事业单位应当协助配合当地人民政府做好抗旱措施的落实工作。

既然单位和个人都有抗旱义务，还专门强调村（居）民委员会、农村用水合作组织、抗旱服务组织及其他企事业单位对政府的协助义务，明显有画蛇添足之嫌，因为相比“协助义务”，这些组织原本就有更高程度的“主动抗旱义务”，况且，抗旱服务组织基本上都是隶属于水利部门的事业型服务组织，协助政府抗旱本来就是其当然义务。“协助义务”本身也是“主动抗旱义务”的题中应有之义。仅仅把微不足道的“协助义务”进行强调，就会淡化“主动抗旱义务”。而且，一旦旱灾发生后，政府要求这些组织配合抗旱，他们能拒绝吗？所以，特别突出“协助义务”并不具有特别重要的意义。

第六条　各级人民政府和县级以上人民政府有关部门应当开展抗旱宣传教育活动，推广抗旱新技术，普及旱灾防御知识，增强全社会抗旱减灾意识。

该条规定源于《条例》第10条：“各级人民政府、有关部门应当…”，可以看出，第10条中的“各级人民政府”和“有关部门”是用顿号隔开的，是并列关系。所以，我理解顿号后边的“有关部门”不仅仅指政府有关部门，应当主要指的是教育部门、科研部门（如科协院所）、消防部门等，绝非《细则》规定的“县级以上人民政府有关部门”。所以，《细则》作如此规定完全是自作聪明，明显扭曲了国家《条例》的本意，把宣传教育的任务完全压给了政府及其部门，力量及专业性明显不够，不足以达到很好的宣传效果。就比如宣传教育最佳的途径应该是学校教育，再如“抗旱新技术的推广”，可能更有力量的是各级科协组织和新技术的研发部门，而非政府及其下属部门。

第七条　任何单位和个人都有依法保护抗旱设施的义务，有权对破坏、侵占、损毁抗旱设施的行为进行投诉和举报。

投诉是指：权益被侵害者本人对涉案组织侵犯其合法权益的违法犯罪事实，有权向有关国家机关主张自身权利。投诉人，即为权益被侵害者本人。如今年国庆期间消费了天价虾的四川游客向青岛公安、工商部门进行的投诉。所以，此处用“投诉”明显是张冠李戴，因为，破坏抗旱设施的行为与某公民并无直接利害关系。但对破坏公共设施的，公民有权“检举和揭发”。另外，《条例》是把“保护抗旱设施和依法参加抗旱”共同作为义务放在一条进行规定的。省《细则》把这两者拆分开成2条，看似条款多了，但实质意义不大。

第八条　县级以上人民政府水行政主管部门应当会同发展改革、财政、农业等部门依法编制本行政区域的抗旱规划，报同级人民政府批准后实施，并抄送上一级人民政府水行政主管部门。

《条例》及其他省的地方立法，规定的规划编制主体一般都是“水行政主管部门会同有关部门”，但《细则》把“有关部门”明确为“发展改革、财政、农业等部门”，这样限定范围明显太窄，因为抗旱规划必然涉及工业及城市用水、生态用水、生活用水、林业用水甚至地下水利用也会统筹考虑，涉及部门远非“发展改革、财政、农业”三个部门，此处规定可以说是挂一漏万，试图想要把范围具体化，反倒更加模糊不清。同时，等于是将“发展改革、财政、农业”三个部门之外的更多部门的规划编制责任和义务一笔勾销了，最终还可能给规划编制的牵头部门——水利部门造成许多不必要的麻烦。

第九条　抗旱规划主要包括下列内容：

（一）旱情、旱灾概况及规律；

（二）抗旱原则和目标；

（三）区域内水资源开发利用现状及评价；

（四）抗旱能力评估；

（五）抗旱应急水源和应急设施建设；

（六）旱情监测预警及指挥调度系统；

（七）抗旱组织体系及抗旱服务组织建设管理；

（八）抗旱物资储备；

（九）抗旱预案体系；

（十）规划实施保障措施。

关于规划内容，《条例》用了一条63个字，内容基本上包含在上述(五)(六)(七)(八)四款内，而《细则》则用了一条十款内容112个字（不含标点符号和序号）。除了与条例内容实质相同，但并未作任何细化和体现地方特色的(五)(六)(七)(八)四款外，多出来的六款内容到底有什么意义？首先必须明确此处是对抗旱规划的规定，笔者理解抗旱规划应该是旱灾发生时的应对之策。因此：

“（一）旱情、旱灾概况及规律；（二）抗旱原则和目标”，这两款内容与“应对之策”基本上风马牛不相及。因为规划只是预设的方案，“旱情、旱灾概况及规律”还没发生呢，怎么可能预知，如果已经明确知道“旱情、旱灾概况及规律”，就应该是灾后的有针对性的行动措施了，不可能是规划。所以把与规划无关的内容罗列在规划的条目中，恐怕只会冲淡对应有内容的重视程度和对应有内容的仔细表述。“抗旱原则和目标”是抗旱立法应当确立的有关抗旱的基本问题，是应该单独成为条目的。规划中需要的是“行动方案和步骤”，如果规划中还谈原则和目标，也应该是规划的原则和目标，而非其他。

“（三）区域内水资源开发利用现状及评价”，更是与抗旱不沾边，因为旱灾来临时，就已经表现出现有开发利用状况明显不能应对旱灾的情形了，因此才会成灾，所以，这时候再去论证或了解开发利用的情况，是不可能对抗旱有任何帮助的。再者，假定了解“水资源开发利用现状”有助于规划行动方案或者进行水量分配，但这个时候显然是不需要对这种现状进行任何评价的，因为，这种评价不仅于事无益，也可能贻误抗旱机会。

“（四）抗旱能力评估”，能力建设是日常的工作，规划所需要的只是对已有能力的充分、有效整合，绝不是对已有能力进行评估。而且，旱灾来临时，不管抗旱能力大小强弱都得应对，不可能因为能力有差异就履行不同的抗旱义务，也不可能因为能力太小就不需要抗旱，所以，如果抗旱规划中加入这样的内容，实在不知道言下之意是什么。

“（九）抗旱预案体系”，本细则以及国法《条例》都专门有“预案”的规定，在规划当中没必要再涉及“预案”，规划和预案是两个不同性质的问题。假如规划当中还要包含预案，就必然会导致重复。

所以，关于规划，应该突出的是(五)(六)(七)(八)四款的内容，应该对该四款内容结合陕西地方特点作更具体详细的规定。但《细则》对该四款内容的规定与《条例》实质无异。所以，《细则》的规定，既不是对《条例》内容的具体化，也不是把《条例》内容作必要的地方化处理。仅仅是在这四款内容之外加入了一些无关紧要的枝叶，显得冗长了，完全冲淡了地方立法对应有内容的强调和关注。

第十条　县级以上人民政府应当组织做好骨干水利工程、抗旱应急及其配套设施建设，形成大中小蓄水、引水、提水、调水等多层次的抗旱工程体系。

乡（镇）人民政府和农村集体经济组织应当在供水保证率低或者无供水设施的浅山区和丘陵地区，因地制宜修建小水窖、小水池、小泵站、小塘坝、小水渠等农村抗旱水利工程。

按《条例》第16条的规定，该条其实具有预防性质，而且突出了政府在农田水利及饮水水源两个方面的建设责任，强调政府修建蓄水、引水、提水工程和雨水集蓄利用工程的责任。但《细则》的规定完全是避重就轻，把政府对农田水利和饮水水源的修建责任，包括建设小微畜、引、提等水工程的责任推脱得一干二净，完全违背了《条例》这个上位法的规定。比如《细则》该条规定的是“县级以上人民政府应当组织做好……建设，形成抗旱……工程体系”。但《条例》的表述是“县级以上人民政府应当加强……建设”“地方人民政府应当修建……工程”等。所以，《条例》规定的是政府的建设责任，而省《细则》只规定了政府的组织领导责任。但就不知道政府“组织谁”，并由谁做好工程建设？此外，该《细则》还使用了一个限定词“骨干水利工程”，但“骨干水利工程”到底指哪些工程？似乎应该有相关解释。再有，《细则》把修建“小水窖、小水池、小泵站……”等小微抗旱工程的主体规定给“乡镇人民政府和农村集体经济组织”与《条例》规定的“地方人民政府”也不一样，国法的规定当然包括县级以上人民政府，但省法的规定明显推卸掉了县级以上人民政府修建“小微抗旱工程”的责任和义务。

第十一条　县级以上人民政府水行政主管部门和乡镇人民政府应当落实抗旱工程设施管理主体和责任，对工程设施建设和维护情况进行监督检查。

抗旱工程设施管理单位或者经营者应当对所管理的工程进行定期维护，保障正常运行。

《条例》规定的是“水行政主管部门应当组织做好……管理和维护”，是“组织、管理责任”，但《细则》把组织管理责任歪曲成“落实……管理主体和责任”“进行监督检查”责任。这两者是截然不一样的。国法是对政府的责任性（组织管理）规定，而省《细则》变成了对政府的赋权性（监督检查）规定。而且，《细则》在“水行政主管部门”之外还把“乡镇人民政府”也拉进“落实……管理主体和责任”的条款里，等于是给水行政主管部门加了一道保险，有两个主体承担“落实”责任，最后形成谁也不承担责任的格局。

第十二条　各级人民政府应当采取政策引导、资金补助等形式，鼓励、扶持社会组织和个人研发、使用抗旱节水设备，建设、经营、管理中小微型抗旱工程设施。

《条例》不仅包括上面内容，还包括了扶持“农田节水技术……发展旱作农业”等，这里需要强调的是“抗旱节水设备”与“农田节水技术”应该是不一样的，后者，也就是国法的规定范围更大，有更多的“预防旱灾”的含义，包括正常的农业生产过程的节水，以及农业经营结构战略调整等内容；还包括“扶持社会组织和个人建设、经营抗旱设施”。但省《细则》不恰当的将政府扶持责任的范围缩小了，只局限到用于“抗旱”的“小微型抗旱工程设施”的建设等。

第十三条　县级以上人民政府应当做好干旱期城乡居民生活供水的应急水源贮备保障工作，干旱灾害频发区应当建设城镇抗旱应急备用水源。

县级以上人民政府水行政主管部门应当做好抗旱应急水源工程、封存水井启用管理工作，保障干旱期城乡居民生活用水。

《条例》第16条规定的抗旱应急工程建设的主体是“县级以上人民政

府”，但《细则》把“工程建设”相关责任更改到“水行政主管部门”名下，把《条例》当中规定该由水行政主管部门承担管护责任的“农田水利基础设施”和“农村饮水工程”两个老大难问题未加任何规定。这种差异有可能导致政府对应急工程的重视程度降低，也可能因此加大水利部门的责任。而且按照水利部《抗旱应急水源工程建设项目管理办法》所指的应急水源的范围仅指“抗旱应急备用井和引调提水工程”（第2条）。省《细则》笼统的规定水利部门做好应急工程，但到底做什么类型的工程也不清楚。

第十四条　干旱灾害频发区的县级以上人民政府，应当依托现有防汛物资仓库或者抗旱服务队仓库，建立抗旱物资储备库，储备相应种类和数量的抗旱设备和物资，制定使用管理办法，形成省、市、县三级抗旱物资储备体系。

县级以上人民政府财政部门应当安排专项经费用于抗旱物资储备。

第14条“依托现有”四字的使用，使得该条呈现出鲜明的附条件性职责设定特色。因为，如果没有仓库，或者原来的仓库有瑕疵，是不是就不需要履行“建立……储备……制定……形成……”的责任和义务了？或者对应的履行有瑕疵的责任和义务？所以，建立物资储备的唯一依据应该只是“抗旱需要”（《条例》第19条），至于“抗旱需要”如何判断，主要源于抗旱规划、预案的相关规定，包括旱情发展及现状等，还有赖于政府智慧，但绝非依据现有“仓库”，如果仓库特大，存贮的抗旱物资也可能会超过“抗旱需要”；反之，可能无法满足抗旱需要。那么，具体存贮多少，就有可能受制于不合理的长官意志。

第十五条　各级人民政府应当加强旱情监测站点建设，配置旱情监测设施，完善旱情监测网络系统。

县级以上人民政府水利、农业、气象等有关部门，应当及时向本级人民政府防汛抗旱指挥机构提供水情、雨情、墒情、农情和供水等信息。

县级以上人民政府防汛抗旱指挥机构应当依托国家防汛抗旱指挥系统专用通道和公共通信网，建立和完善旱情采集、传输、接收、处理、发布等信息系统。

关于信息提供主体，《条例》规定的是“水行政主管部门和其他部门”，意在突出水行政主管部门的主导地位，发挥水行政主管部门在信息提供方面的组织、集中、指导的主导性责任。《细则》则直接规定为“水利、农业、气象等部门”，把几个部门完全并列，降低了水行政主管部门在其中的主导地位和在信息提供方面的主要职责。另外，“水利、农业、气象”部门之外的其他部门还要不要承担信息提供责任也成问题。这样规定，显然不利于信息的集中、快速和全面提供。

第3款又是一个“依托……建立……”式规范表达方式。问题依旧是若没有“依托”条件，还要不要建立？如果“依托”有瑕疵，是否也要建立一个有“瑕疵”的信息系统？因为“依托”的是国家专用通道，如果所提供的信息有问题，是不是要把责任推给国家呢？另外，《条例》规定抗旱信息系统建立的主要责任主体为防汛抗旱指挥机构，目的是实现成员单位信息共享（第26条），信息提供和分享的单位应该主要是当地防汛抗旱指挥机构及其成员单位，与全国联网的“国家防汛抗旱指挥系统专用通道和公共信息网”并无直接联系。因此，这里所指的信息系统应属于防汛抗旱成员单位内部信息系统。当然，该信息系统可以连接至“国家防汛抗旱指挥系统专用通道和公共信息网”，但与该信息系统建立的初衷与功能并无多大关系。

第十六条　县级以上人民政府防汛抗旱指挥机构组织编制本行政区域抗旱预案，经上一级人民政府防汛抗旱指挥机构审查，报本级人民政府批准后实施。

县级以上人民政府防汛抗旱指挥机构成员单位应当根据本级抗旱预案，编制部门专项抗旱预案，报本级人民政府防汛抗旱指挥机构备案。

灌区管理单位应当商有关设区的市或者县（市、区）的人民政府防汛抗旱指挥机构编制抗旱供水预案，经有管辖权的水行政主管部门批准后实施。

关于抗旱预案的编制主体及权限，《条例》明确规定的是“防汛抗旱指挥机构组织其成员单位编制”，而非《细则》当中的“防汛抗旱指挥机构组织编制”。区别在于组织成员单位“共同”编制，工程大、事务多、麻烦多。但《细则》规定的由防汛抗旱指挥机构“组织编制”，其实就是“单独编制”，工程小、事务少、麻烦少，随机性大。这样规定明显具有推卸“组织领导”责任、减轻防汛抗旱指挥机构（实为水行政主管部门）“组织编制”工作量的嫌疑。

第十七条　抗旱预案应当包括下列主要内容：

（一）防汛抗旱指挥机构和成员单位职责；

（二）干旱灾害的预警机制；

（三）干旱等级划分；

（四）旱情、旱灾信息的收集、分析、报告、通报；

（五）抗旱预案的启动程序；

（六）不同干旱等级的应急措施；

（七）旱情紧急情况下水量调度预案；

（八）灾后评估和恢复。

第1款涉及机构设立时的功能、权责划分，应有独立或专门规定，此处再做表达没有实质意义；第3、6款应该合并，因为明确等级仅仅是为了说明不同等级的应对措施。不是为了划着等级让人看，不能喧宾夺主；第5款的启动程序与接下来的第18条存在重复，启动程序的前提与具体规定，在接下来的第18条有专门规定，此处就无需再涉及了。第8款的灾后评估就不是抗旱预案解决的问题。因为，评估的目的在于恢复，而灾后恢复只能是根据受灾情况来进行，是不可能提前作出预案的。此外，必须明确(1)预案的执行单位。不是简单地给出各单位职责就能明确执行到位；(2)“旱情紧急情况下水量调度预案”最关键的是应该明确保障措施，否则“调度”落实不了怎么办？

第十八条　发生干旱灾害，县级以上人民政府防汛抗旱指挥机构应当启动抗旱预案，开展抗旱工作，并报告上一级人民政府防汛抗旱指挥机构。

本“开展抗旱工作”的职责设定无关痛痒。如果是针对防汛抗旱指挥机构的，在启动预案后，更重要的是组织抗旱工作，如果仅仅“开展抗旱工作”，那等于是把防汛抗旱指挥机构等同为一般的老百姓，还要防汛抗旱指挥机构干什么？

第十九条　发生干旱灾害时，县级以上人民政府防汛抗旱指挥机构应当按照抗旱预案，制定抗旱应急水量调度实施方案，具体明确调度水源、水量、时间、路线及沿线相关单位的职责。

跨行政区域调水的应急水量调度实施方案由共同的上一级人民政府防汛抗旱指挥机构制定。

本条规定的主要是“调度水”，似乎干旱发生时，只需要防汛抗旱指挥机构调度水就可以解决，有点过于把问题简单化了，也把防汛抗旱指挥机构的责任义务轻看与有意淡化了。因为，调度水的前提是有水可调，如果没水可调呢？所以，可能更主要的责任是挖泉、掏井、寻水，包括人工降雨、再生水利用等更加实际一些的措施。

第二十条　发生干旱灾害，水库、水电站、闸坝等水工程管理单位和建有自备水源的企业、社会组织、个人必须服从人民政府防汛抗旱指挥机构统一调度和指挥，执行调度指令。

发生中度以上干旱灾害，需要跨行政区域调度抗旱应急水量的，由其共同的上一级人民政府防汛抗旱指挥机构负责。

抗旱应急水量调度指令应当抄送上一级人民政府防汛抗旱指挥机构。

该条第2款“发生中度以上干旱灾害，需要跨行政区域调度抗旱应急水量……”的规定，给跨区域调度水量设置了一个前提：即“中度以上干旱灾害”。这种限定存在的问题是，假如发生的是轻度干旱，但相邻市县或者省外地区正好有丰富的水源（水库或者河流），也很便利使用，却不能向相邻区域调度水量是否不合理。《细则》的这项规定有点自缚手脚，不当排斥区域间的合作。笔者不明白这种设定的法律依据到底是什么？

第二十一条　县乡两级人民政府设立的抗旱服务组织主要承担下列任务：

（一）临时饮水困难地区的应急送水；

（二）开展流动抗旱灌溉服务；

（三）抗旱设备维修、抗旱物资管理；

（四）参与抗旱应急水源工程建设和管理；

（五）开展抗旱技术咨询、培训和新技术、设备、工艺示范推广；

（六）对社会组织和个人兴办的抗旱服务组织给予业务指导。

县级以上人民政府应当按照国家规定，从政策、资金、技术等方面对抗旱服务组织进行扶持。

财政部、水利部《抗旱服务组织建设管理办法》第三章明确规定了抗旱服务组织的工作职责，所以，抗旱服务组织在建立时候其工作职责就是明确的（除非没有依法建立）。作为水利部门组建的事业性服务实体（《抗旱服务组织建设管理办法》第2条），就是围绕水利部门工作服务的，每个抗旱服务组织对自己的职责都应该是充分了解的。所以，在该《细则》中再重复规定这些内容，没有丝毫意义。按《条例》的规定，《细则》就算涉及该内容，也应该是进一步明确怎么扶持建立抗旱服务组织，包括支持社会组织和个人兴建抗旱组织。《细则》的现有规定将政府应承担的抗旱服务组织建设职责严重淡化了。另外，对抗旱服务组织的扶持，也包括两个方面，一是县乡人民政府应该建立抗旱服务组织；二是鼓励社会组织和个人兴办抗旱服务组织。所以，《细则》最关键的就是落实《条例》的这两个规定。而不是毫无意义的罗列在工商登记已经载明的事项，或者只是模棱两可的规定对抗旱服务组织进行扶持。

第二十二条　紧急抗旱期，公安机关、交通运输部门应当保障运送抗旱救灾物资和人员的交通工具优先通行。气象部门应利用云雨资源适时开展人工增雨作业。供电单位应当保障抗旱救灾供电需求。

根据《道路交通安全法》第53条的规定，“警车、消防车、救护车、工程救险车执行紧急任务时，可以使用警报器、标志灯具（优先通行）”，第40条规定，遇有“自然灾害……可以实行交通管制”。因此，《细则》的该条规定并不符合上位法《道路交通安全法》（全国人大常委会立法）的规定。因为，只有“使用警报器、标志灯具”的特殊车辆才可以优先通行，并非任何交通工具都能优先通行。除非因“自然灾害”实行了交通管制的情况下该条才是有效的。所以，该条的“应当保障”，中间应该再加上两个字“依法”，变成“应当依法保障”，就可以克服与上位法相抵触的情形。

第二十三条　旱情解除时，县级以上人民政府防汛抗旱指挥机构应当及时公告。

公告的意义是什么？应该是恢复生产、解决群众生活问题、修复被破坏的水利工程、对抗旱征用的物资归还和进行补偿等。仅仅“公告”，显然是没有任何意义的。除非特大干旱，公告的目的是让离家者安全回家，让还在筹划中的救灾及捐助行动同时结束。

第二十四条　违反本细则的行为，法律、法规有处罚规定的，适用其规定。

第二十五条　本细则自2015年5月1日起施行。

除以上具体问题，《细则》存在的其他问题还有：(1)缺抗旱资金纳入财政预算，专款专用的规定（仅在14条谈到抗旱物资储备时涉及需要安排财政资金）；(2)没有具体奖励条款；(3)水行政主管部门责任义务规定太少；(4)明确政府资金扶持的手段措施少见；对政府资金支持的保障措施不力；(5)对群众抗旱除了义务规定，没有鼓励性措施的规定，公众参与不足。(6)概念、用词存在错误，如把“检举揭发”写成“投诉和举报”；(7)省《细则》仅有挂一漏万的区区25条，叫《细则》名不副实，应该改叫《办法》；(8)存在违反《上位法》的情形；(9)通篇没有一处“农田基础水利设施”的表述，预防性规范严重不足。

●本文为李永宁教授在完成所主持的2012年国家社科基金“我国旱灾防治法律体系”时，于2016年年初对陕西省相关地方立法进行研究时撰写的评注性论文。论文经李军波博士整理和进一步加工发表于2016年出版的《西北法律评论》第12卷上。

第三节　陕西省《固废条例》（修改二稿）的修改建议

一、对陕西省《固废条例》修改二稿“总则”的修改意见

第一条〔立法目的〕

为了防治固体废物污染环境，保障公众健康，合理利用资源，维护生态安全，促进经济社会可持续发展，根据《中华人民共和国环境保护法》、《中华人民共和国固体废物污染环境防治法》及有关法律、行政法规，结合本省

实际，制定本条例。

该条确定了五个立法目的：分别是(1)防治固体废物污染环境；(2)保障公众健康；(3)合理利用资源；(4) 维护生态安全；(5) 促进经济社会可持续发展。比国家《固废法》(以下简称《国法》) 多了一个立法目的："合理利用资源"。存在的问题是：

1.《固废法》的目的应该就是"防污染","合理利用资源"根本不是《固废法》的立法目的。合理利用资源应该是"资源保护法"的立法目的；如果涉及废物利用，则应当是《循环经济促进法》及其相关立法的立法目的。因此，陕西《固废条例》(以下简称《省规》) 作此规定，必然与相关资源保护法以及《循环经济促进法》的立法目的重复。立法目的的混乱必然影响《省规》"防污染"的立法目的的实现。

2."维护生态安全"与"防治污染环境"以及"促进经济社会可持续发展"相冲突。因为(1)"防治污染环境"，就是为了"环境安全"，两者是因果关系；从广义而言，生态安全与环境安全又是一致的。所以，"生态安全"与"防治环境污染"也是因果关系。既然两者是因果关系，就不适合作为并列的立法目的；如果从狭义而言，"生态安全"的反义词应该是生态退化。所以，"维护生态安全"，就是克服生态退化，生态退化的原因很多，乱砍滥伐、乱采滥挖都可能导致生态退化，从这个意义上看，生态安全与固体废物污染、与《固废条例》毫无关联。包括《国法》对此目的的表述都是不正确的。(2)再者，"经济社会可持续发展"本身就包括了"生态安全"，如果生态不安全，怎么可持续呢？在此意义上看，此处该表述，也是重复的、多余的。所以，在这里突出"生态安全"是不恰当的。

3. 五个立法目的，其中两个——"合理利用资源""维护生态安全"与《固废条例》毫不相干，看似包罗万象，但严重弱化了《固废条例》的作用。因此，建议修改时删除这两个立法目的。

第二条〔适用范围〕

本条例适用于本省行政区域内固体废物污染环境的防治及其监督管理活动。

本条例所称固体废物是指在生产、生活和其他活动中产生的丧失原有利用价值或者虽未丧失利用价值但被抛弃或者放弃的固态、半固态和置于容器中的气态的物品、物质以及法律、行政法规规定纳入固体废物管理的物品、物质。

放射性废物污染防治，依照放射性污染防治法律、法规的规定执行。

该条存在的问题是：

1. 第1款中的“及其监督管理活动”有画蛇添足之嫌。因为“防治”当然的包含有“监督管理”之意，加以特别强调，难道是为了突出政府权力？权在政府手里，应该也没必要强调。而且，政府相关部门最重要的是“行政执法”、依法行政，而不是所谓的“监督管理”人民。

2. “适用范围”明显漏掉了“液态废物的污染防治”。《国法》第89条规定：“液态废物的污染防治，适用本法；但是，排入水体的废水的污染防治适用有关法律，不适用本法。”

《国法》是在“附则”中对“液态废物”作了规定。《省规》此处无规定，也无“附则”。所以，建议此处【适用范围】增加一款，专门规定“液态废物”的法律适用问题。

第三条〔防治原则〕

固体废物污染环境的防治实行减量化、资源化、无害化的原则，推行清洁生产，发展循环经济。

企事业单位和其他生产经营者对其产生的固体废物承担防治责任，对造成的环境损害承担法律责任。

公民应当增强环境保护意识，采取低碳、节俭的生活方式，尽量减少生活垃圾产生，自觉履行环境保护义务。

《国法》第3条“国家对固体废物污染环境的防治，实行减少固体废物的产生量和危害性、充分合理利用固体废物和无害化处置固体废物的原则，促进清洁生产和循环经济发展。

国家采取有利于固体废物综合利用活动的经济、技术政策和措施，对固体废物实行充分回收和合理利用。

国家鼓励、支持采取有利于保护环境的集中处置固体废物的措施，促进固体废物污染环境防治产业发展。”

《国法》第 5 条："国家对固体废物污染环境防治实行污染者依法负责的原则。产品的生产者、销售者、进口者、使用者对其产生的固体废物依法承担污染防治责任。"

《省规》对原则的规定与《国法》明显不一致。《国法》用第 3 条、第 5 条规定了原则，其中第 3 条规定的是"固体废物防治原则"，第 5 条规定的是"固体废物污染环境防治法律原则"。防治原则——核心在针对固体废物本身防治的政策和方针，本质上讲应该是固体废物污染防治的措施和手段。但《国法》已经错误地把"措施与手段"定位成了"原则"，也就导致了后来的地方立法的混乱。污染防治法律原则——核心在针对造成的环境污染的责任承担的准则。两者的关注点是不一样的，分别是"采取什么手段？责任由谁承担？"的问题。《国法》使用第 3 条、第 5 条原则就比较完整地包容了两个方面的含义。

但《省规》与《国法》明显不一样，问题是：

1. 只是使用了《国法》的第 3 条原则。只仅仅对"固体废物本身防治的政策和方针"——防治措施和手段，作出了规定。但明显淡化了《国法》的第 5 条，没有明确地指出"针对造成的环境污染的责任承担的准则"的法律原则。但确在本条的第 2 款"羞羞答答"的、并且极不明确地概括了《国法》第 5 条的规定。这种显然是不恰当的。——不恰当在于：《国法》强调"污染者负责"，《省规》则将其分解为"生产者治理"+"损害者担责"两个方面。这样规定就有可能导致政府监管的目标发生偏离：是突出"生产者治理"，还是突出"损害者担责"？产生的效果有可能是迥异的。

2. 第 1 款当中使用的"推行"二字，明显欠妥。《国法》使用的是"促进"，反映的是间接的目的条款，《省规》直接用"推行"，成了直接的立法目的，硬是把《清洁生产促进法》《循环经济促进法》两部法的立法目的和《省规》防固废污染的目的相等同。

3. 第 1 款当中简单概括出"减量化、资源化、无害化"三原则缺乏准确性，因为《国法》当中的"减量"，不仅包括减少固废物数量，还包含了减少"危害性"两个方面。只是用"减量化"三个字显然不足以概括这两层意思。更根本讲"三化"应该是措施和手段，所以，《省规》如果能直接回归正确定位则更具有积极意义。

4. 第 2 款当中使用的"环境损害"的用语明显不妥，因为《固废条例》

仅仅并且唯一的立法目的就是“环境污染的防治”。环境损害，可能是环境污染导致的损害，也可能是环境“破坏”引起的损害，如前所述：乱砍滥伐、乱搭滥建、乱采滥挖等引起的“环境损害”——显然与《固废条例》毫无关系！另外，环境损害，还包括对人的损害，《固废条例》该规定何种手段祛除对人的损害？所以这里的表述完全是不准确的。

5. 第 3 款的规定明显不妥。因为政府可以鼓励、引导公众消费行为，但不可能对公众的“消费行为”下命令、提要求，规定“公众应该怎么样消费，不应该怎么样消费”。所以，该条适合放在政府责任条款，作为对政府的义务性规定。并且使用“鼓励”或“支持”的词汇。

第四条〔政府职责〕

县级以上人民政府应当将固体废物污染环境防治工作纳入本级国民经济和社会发展规划，统筹规划固体废物收集、贮存、运输、处置基础设施建设，加强执法能力建设，实施宣传引导，完善监督管理体系，所需经费列入财政预算。

乡（镇）人民政府、街道办事处做好本辖区内固体废物污染环境防治工作。

1. 第 1 款使用的“统筹”二字，与《国法》当中“统筹”二字的含义明显不一致。《国法》是编制城乡建设、土地利用、产业发展等规划时，应当“统筹”固体废物减量、无害化、综合利用等。《省规》的“统筹”完全变了味，成了“统筹”固体废物防治“基础设施建设”，把“防污染”变成了“抓建设”。

2. “实施宣传引导”是各级人民政府的职责，并不仅仅是“县级以上人民政府”的职责，因此第 1 款当中规定“实施宣传引导”似乎只有“县级以上人民政府”才有此职责。因此，这样规定是不妥当的。而且，把“实施宣传引导”放在这个地方，与其他几个规定也不对称，逻辑混乱。

同时，该条中只是“县级以上”的“经费列入预算”，那么乡镇级呢？乡镇级不需要预算，还是可以由上级随意划拨开支？

3. 建议将“实施宣传引导”与第 3 条第 3 款的意思合并，沿用《国法》第 6 条第 2 款的规定，作为《省规》第 4 条的第 3 款的内容。

第五条〔部门职责〕

县级以上环境保护行政主管部门对本行政区域内固体废物污染环境防治工作实施统一监督管理。

县级以上人民政府有关部门按照各自职责分工，负责固体废物污染环境防治的相关工作。

该条存在的问题是：

第2款第2句的“负责……相关工作”与《国法》规定的部门在各自职责范围内的“监督管理工作”不一致，有明显弱化部门职责之嫌；同时不使用“监督管理工作”的用语，也让相关部门会放松、甚至忽略掉自己的管理责任，将管理责任完全推给环保部门。

因此，建议第2款当中的“负责……相关工作”改为“负责……监督管理工作”。从而与《国法》对部门职责的规定相一致。也减轻有可能给环保部门造成的巨大工作压力。

第六条〔目标责任考核〕

各级人民政府应当建立和完善环境保护目标责任制，将固体废物污染环境防治工作纳入政府和部门年度目标管理，作为主要负责人政绩考核的重要内容。

该条存在的问题是：

环境保护目标责任制是我国现行的环境管理八项制度之一，是我国环境体制中的一项重大举措。它是通过签订责任书的形式，具体落实到地方各级人民政府和有污染的单位对环境质量负责的行政管理制度。固废防治是该制度的当然内容之一。把该制度在此单列成一条，没有必要，也没有任何意义。另外，我国现行的环境管理，除了目标责任制以外，还有《党政领导干部生态环境损害责任追究办法（试行）》《领导干部自然资源资产离任审计的试点方案》等，这些新制度比目标管理严格多了。所以，建议删除第6条的规定，因为该条的存在明显无足轻重，应该补充一些政府防治固废污染的义务性规范。

第七条〔政策措施〕

县级以上人民政府应当采取财政、税收、价格、政府采购等经济、技术政策和措施，调整产业结构，鼓励先进工艺技术的研究开发和推广应用，减少固体废物产生量，提高固体废物回收率和综合利用率。

鼓励环保志愿者、社会公众和其他社会组织参与固体废物污染环境防治的公益性活动，鼓励单位和个人购买、使用再生产品和可重复利用产品。

鼓励社会各类投资主体参与固体废物处理处置项目建设运营，促进固体废物污染环境防治产业发展。

该条存在的问题是：

1. 第1款当中的“价格”手段，根据政府权力清单，政府仅对“危险废物处置”和“生活垃圾处理”两项收费标准有定价权，而且，这种定价权也很难有弹性空间用于政策操作。因此，此处突出“价格手段”并无太大意义，建议删去“价格”两字。

2. 再从语法上看，第1款当中的“财政、税收、价格、政府采购等经济、技术政策和措施”语法也不对，因为不管财政，税收，价格，还是政府采购，都不是技术政策。而且，该条款接着的“鼓励先进工艺技术的研究开发和推广应用”本身就属于技术政策，与前面的“技术支持”表述也重复。所以，建议前面一句应该改为“财政、税收、政府采购等经济政策和措施”。

3. 第2款当中的“环保志愿者”无疑属于“社会公众”；但“环保志愿者”和“社会公众”加在一起也不是社会组织。因此“其他社会组织”表述中的“其他”二字源于何处就不得而知。所以，第2款可以修改为：“鼓励公众和社会组织参与固体废物污染环境防治的公益性活动，鼓励单位和个人购买、使用再生产品和可重复利用产品。”

第八条〔职业健康〕

直接从事危险废物、生活垃圾收集、清运、处置的人员，由所在单位对其进行岗前职业培训，配备防护装备，定期组织健康体检，依法办理社会保险或者意外伤害保险，保障其享有的休息、休假、疗养等权利。

1. 对“生活垃圾收集、清运、处置的人员”“定期组织健康体检”的规定，意味着单位对所有清洁工也要安排“定期体检”，这种规定与目前的现实需要存在太大差距，还可能引起太大纷争。而且，一般的生活垃圾也不存在能够预见的危害性。所以，该规定显然多余也不现实，建议删除。但可以保留对“危险废物”处置人员的上述规定。

2. “依法办理社会保险或者意外伤害保险，保障其享有的休息、休假、疗养等权利”的规定纯属“多此一举”，因为《劳动法》及其相关法律法规均已有明确规定；此内容也与《固废法》毫无关联，建议删除。

第九条〔环境责任保险〕

产生、收集、贮存、运输、利用和处置危险废物的单位和个人可以参加环境污染责任保险，提高对环境污染事故损失的赔付能力。

该条存在的问题是：环境责任险是自愿保险，此处做这么个没有任何效力的规定，没有任何意义。建议删除。

另外，如果需要保留此条款，可以改为“政府鼓励利用和处置危险废物的单位和个人参加环境污染责任保险”。

总则

该部分起码少了四部分内容。

草案有很多内容，甚至个别条款的整条内容都与《固废法》关系不大，如第6条、第9条。但原本应该属于固废法的内容，有太多内容没有写进草案，比如以下内容。

1. 没有奖励条款规定（《国法》第8条）。
2. 少了检举控告权规定（《国法》第9条）。
3. 缺少生活垃圾主管部门（《国法》第10条第3款）。
4. 没有对液态废物的规定（《国法》第89条）。

所以，建议对草案继续深入研究，仔细修改。

二、对《省法》几个关关注点的建议

（一）对利用、处置工业固体废物的第三方资质或者能力的要求

第十八条〔第三方利用或者处置〕

企事业单位和生产经营者交由第三方利用或者处置固体废物的，第三方应当具备相应的固体废物利用、处置资质或者能力。

企事业单位和生产经营者应当对第三方利用或者处置固体废物的设施设备、技术工艺进行核实确认，不得将固体废物交由不具备固体废物利用、处置资质或者能力的单位处理。

该条第 2 款对废物生产单位将废物交第三方时作了两个限制：确认第三方资质；不得将废物交无资质单位。这样规定，等于是把对第三方资质的"确认责任"全部归责给废物生产经营单位。相比第三方，废物生产一方的责任明显偏大，发证机关的监管责任、市场管理部门的管理责任、第三方本身的诚信责任等都被忽视掉了。因此，建议将第 2 款修改为："工业固体废物生产经营单位不得将废物交由无资质第三方处置；无资质第三方不得利用或处置工业固体废物。"

（二）生活垃圾分类是否合理、可行

第二十七条〔生活垃圾分类〕

城乡生活垃圾分为以下四类：

（一）可回收物，包括废弃的纸制品、塑料、玻璃、金属制品和纺织品等。

（二）有机易腐垃圾，包括餐饮垃圾、家庭厨余垃圾和废弃的蔬菜、瓜果、花木等。

（三）有害垃圾，包括废弃的家用电器与电子产品、充电电池、纽扣电池、灯管、医药用品、杀虫剂、油漆、日用化学品、水银产品以及废弃的农药、化肥包装物等。

（四）其他垃圾，包括混凝土、土渣、煤渣、灰渣、砖瓦、碎石块、废砂浆、泥浆等惰性垃圾，家庭装修废弃物、废弃家具和不可降解的一次性用品、普通无汞电池等。

建议：分类还是遵循常规做法，让普通群众能看明白分类的含义。因此对分类"（二）有机易腐垃圾"建议直接改为"厨余垃圾"。因为"花木"当中的"花"易腐，但"木"就难说了，可能更多的是不易腐。而且，很少人会把"花"当垃圾，所以，花木也许更应该归入其他垃圾。其次，"有机易腐"是什么意思，寻常百姓也可能不知道，还得增加名词解释，这就没必要了。

再就是“落叶”如何归类？——建议放入“其他垃圾”。因为“落叶”的内容可能比较复杂，包含了部分生活垃圾，如塑料袋、废纸、烟头等，还可能有艾滋病人随地吐痰留下的唾液，就成危险废物了。但不可能对“落叶”进行更细的分类。

“有害垃圾”的分类复杂，想穷尽，但穷尽不了。比如“充电电池、纽扣电池”似乎并不能穷尽所有有害电池（如大大量的一次性有毒有害电池），所以建议可以归类简化，修改为“有害垃圾，包括电器电子产品、电池、日光灯、化学产品、过期药品等”，就基本能涵盖原规定的含义了。

“其他垃圾”分类复杂。可以概括表达为“其他垃圾，包括建筑装修垃圾、煤灰渣、废弃家具、纸巾及厕所用纸等”。原规定当中使用了“惰性垃圾”和“不可降解”两个高深词汇，还得专门规定名词解释，不然怕没上过理工科大学的普通群众看不明白。

（三）一次性输液瓶（袋）和其他未列入国家危险品废物名录但含有毒有害物质规制是否合适

第三十四条〔危险废物范围〕

本条例所称危险废物是指列入国家危险废物名录或者根据国家规定的危险废物鉴别标准和鉴别方法认定的具有危险特性的固体废物。

处置一次性输液瓶（袋）和其他未列入国家危险废物名录但含有毒有害物质，或者在利用和处置过程中产生有毒有害物质的，应当按照国家和本省有关无害化处理的标准和要求处置。有毒有害废物名录和管理办法，由省环境保护行政主管部门会同省有关部门制定并公布。

建议：《省规》第二章第二节专门是“医疗废物”的规定，而且“第二节第42条”第2款还对“医疗废物”的概念含义进行了规定。那么，“一次性输液瓶（袋）”明明是“医疗废物”，放在第二节里面就更合乎情理一些。另外是“危险废物”防治，并非只针对名录，所以，未在名录的危险废物自然应该包含在内，这是法律本身对未来事件预见性的要求。因为，危险性产品随着技术进步会不断出现的，当然应该纳入法律防治当中。

（四）从事危险废物收集、贮存、利用、处置的经营单位不同情形下许可证办理情况

第三十六条〔经营资质〕

从事危险废物收集、贮存、运输、利用、处置的经营单位，应当依法申领危险废物经营许可证，并向发证机关提交年度经营情况报告。

禁止伪造、变造、转让、租借危险废物经营许可证。

此处建议参照《国法》规定。具体分“收集、贮存、运输、处置”的经营单位和“利用”的经营单位，并对两者资质规提出不同要求。《国法》对前者要求是“县以上环境保护行政主管部门申领经营许可证”；对后者要求向“国务院或省级环境保护部门申领”。监管严格程度明显不一样。而且，借鉴“天津大爆炸”经验，笔者认为，此处应该加上“申领经营许可证，应征得所在地大多数群众同意”既落实知情权，也增加监督。

●本文为李永宁教授于2015年10月应邀为省人大组织的《陕西省固体废物污染环境法治条例（草案）》修改讨论会撰写的会议发言论文。

第四节　《陕西省环境保护公众参与办法》修改意见〔1〕

为了落实环境保护部《环境保护公众参与办法》（以下简称《部规》），2015年陕西省环保厅牵头制定了《陕西省环境保护公众参与办法（起草稿）》（以下简称《省规》）。陕西省法学会环境资源法学研究会和西安市法学会环境资源法学研究会于2015年11月14日共同召开了研讨会，专门就《省规》进行了研讨，专家学者就《省规》的篇章体例、立法目的、原则、法律责任等进行了深入讨论，提出了如下建议。

〔1〕此修改意见是2015年11月14日陕西省、西安市环境资源法学研究会召开的专题讨论会的整理稿，由梁欢、张晓丽、张二荣负责记录整理，李永宁教授进行了认真修改。参与的专家主要有：李永宁、李集合、韩利琳、李霞、田义文、刘莉、王继恒、丁岩林、郝少英、黄政、李雅萍、王兆平、李军波、吴胜利、纪胜利、李亚菲、陈娟丽、戚岳汉等专家学者。整理时未注明专家个人具体意见。特此说明。

一、立法目的有欠缺

《部规》的立法目的："为保障公民、法人和其他组织获取环境信息、参与和监督环境保护的权利，畅通参与渠道，促进环境保护公众参与依法有序发展"，省规在第4条的第4款则用"畅通渠道、接受监督"把部规第1条"目的条款"的内容之一改为省规里"原则条款"的内容。但"目的"和"原则"是绝然不一样的，"目的"是目标，有结果的意思。"原则"则是准则，是为达致目标在"过程当中"应该采取或坚持的准则。目的具有终极性，原则则具有间接性。所以省规的做法等于是降低了"畅通参与渠道"在《办法》当中的重要性和地位，从而也影响到省规后面条款设计时对促进"畅通……"的相关制度的设计。

二、"原则"的规定不明确

《部规》第3条、《省规》第4条对此作了规定。《部规》用了"依法、有序、自愿、便利"八个字，《省规》在第4条用了"依法有序、理性有效""平等自愿、公益优先""畅通渠道、接受监督"三个条款对部规的八个字作了更详细、具体的规定。

《省规》的"依法有序、理性有效"概括了《部规》的"依法、有序"四个字，增加了"理性有效"四个字。存在的问题是：（1）《部规》把"依法"和"有序"分开表达应该是要突出"有序"的特殊性和重要性。有序，可以是"依法"而"有序"；也可能是在存在法律空白时候遵守政府行政管理而实现"有序"。所以，突出"有序"，起码可以解决"无法可依"时候的有序。但省法把这四个字合起来改成"依法有序"，意思就发生了根本性的变化，变成了只是"在遵循法律法规前提下的有序"，将可能纵容"无法可依"时候的无序状态。（2）"理性有效"纯粹是多余的重复，因为，如果"依法"，必然是理性的，如果政府也"依法"，那公众的参与也必然是"有效"的。而且，"理性"也可能会超越"实在法"，假如存在"法非良法"现象，或者出现"法"该修未修的时间差，强调"理性"，是否意味着可以不遵守"法律"？

《省规》的"平等自愿、公益优先"，看似具体化了《部规》，但其实使得《部规》的规定更加模糊不清。原因是："公益"怎么界定？是环境生态公益，还是“经济发展”公益，抑或是在环境生态与经济发展的关系当中体现的“公益”？另外，如果存在多个“公益”时候，又该是哪个“优先”呢？再者，如果是公益、私益相结合的“公私益”呢，怎么判断哪个优先呢？最后，公益优先的法律依据又是什么？那个上位法规定了公益必须优于私益？

《省规》的“畅通渠道、接受监督”，把部规当中“畅通参与渠道”的内涵严重压缩了。因为部规谈的“畅通渠道”，说的是公众参与的畅通，包括部规第 2 条规定的所有参与的内容。但按省规的“畅通渠道、接受监督”，明确的表达的只是“监督渠道”的“畅通”，比部规规定的内容范围小太多。

三、公众参与范围重复

《省规》第 2 条已明确规定适用范围，简洁明了，而第 5 条又以罗列的方式写了 8 条，这种具体化反而显得繁琐复杂，许多专家认为第 5 条可以删除。

四、参与方式与途径规定有待商榷

有专家认为《省规》第 6 条关于途径和方式的规定很细致，但无需一一罗列。当今科技发展迅速，通讯工具更新换代速度快，譬如本条所罗列的微信、微博很快将可能被新的平台所替代，怎可能罗列穷尽呢；再者，本条第 5、6 款也并非参与途径而是参与平台，可用“互动平台”等加以概括。

还有学者认为“方式”与“途径”应该是有严格区别的。“方式”，指的是“采取的方法和形式”；途径，指的是路径。比如“征求意见”是方式，这种“方式”可以通过“电话、信函、传真、网络”等具体“路径”来实现。因此，两者是完全不一样的。简单地把这两者归入“途径”，不具有准确性。因此，应进一步明确化。

五、听证会缺乏可操作性

有专家认为听证是公众参与的主要途径，只有落实听证才能真正保障公众的参与权。但实践中有许多听证会是由“听证专业户”撑场的，可能与听证项目毫无利害关系，对决策起不到任何作用，以致听证会“流于形式”。《省规》中对环保部门召开听证的条件、听证的范围及主体资格并未明确规定；第 11 条规定的环境保护行政主管部门对涉及重大环境项目审批应主动邀请公众参与，在此“重大环境项目”又如何界定也值得深究？故而应对听证会作出一个详尽的规定来切实地保障公众的参与权。

六、环境信息公开制度应进一步明确

有专家认为《省规》有关环境信息公开制度的规定还不明确，哪些属于主动公开范围？哪些属于申请公开的范围？企业的环境信息和监测部门的信息如何公开、有哪些公开方式以及不公开的责任承担都未涉及。建议在第三章增加相关内容完善信息公开制度。

七、环境公益诉讼规定缺乏操作性

有专家认为第六章对“环境公益诉讼”规定篇幅太少，既不具体又不明确，仅仅用简单的三个条文无法体现出其价值，建议将本章删去。

也有部分专家学者认为可保留本章，但应具体规定。譬如：第 28 条规定“应建立健全环境公益诉讼机制”的说法过于笼统，建议将其作具体化规定加以落实。

还有专家认为对“环境公益诉讼机制”，环保部门并不能一家建立，建议将其修改为“环境保护主管部门商人民检察院和最高人民法院建立健全环境公益诉讼机制”；有法官代表认为自新《环保法》规定环境公益诉讼以来，他所了解的长安区人民法院并未有一起环境公益诉讼的案件。建议第六章应将重点放在环境公益诉讼如何立案、和解、环境损害如何评估等实务上。

八、缺乏地方特色

有专家认为地方政府规章是为执行法律、行政法规，因此，地方性法规、规章应结合本行政区域的具体情况和实际需要而制定。即在不违背上位法的基础上应更加突出地方特色，结合本地经济发展、资源保护等方面的特点，比如黄河、渭河流域，秦岭保护等应含涉其中，这样才能切实保障地方及当地群众的利益。但《省规》通篇只是对《部规》进行了所谓的具体化，这种“具体化”并未反映本地区区域特点，存在与《部规》趋同化的问题。

九、缺乏保障机制

有专家认为“信息是前提，参与是核心，救济是保障”。如何保障公众参与？若有人阻碍公众参与是否应有惩罚措施？若公众参与权受损时，应如何救济？若政府不公开或公开不真实信息，又应承担怎样的责任？《省规》对此缺乏明确的法律责任规定，使之沦为一纸空文。建议《省规》应增加“法律责任”专章规定。

十、其他问题的修改

（一）严格概念界定

有专家认为日常生活中，人们往往会把公众与“群众”“人民大众”“人民群众”等词相互代替或混用。但从法学意义上讲“公众”有多维性的特点，体现在它具有多层次的立体结构，一般由个人、群体和社会组织三个部分构成，但《省规》第10条把公众和社会组织并列规定，可能具有重复的嫌疑，因此，建议对该规定进行修改，让该规定的含义更明确。

（二）注意措辞的精确性

首先，《省规》整个篇章既有“环境保护主管部门”又有“环境保护行政主管部门”的表达方式，两者虽指同一含义，但考虑到法律的严谨性，是否应注意前后措辞的一致性。其次，法律并未赋予公众参与法规制定的权利，因此第二章“公众参与制定政策法规”标题值得商榷。最后，公众参与范围广泛，第三章仅以行政许可和行政处罚作为标题加以概括，略显以偏概全；并且内容上公众参与决策也绝不仅限于环评、行政许可、行政处罚三个制度，公众参与范围略显过窄，是否修改为“公众参与实施法律制度”更为妥当？还有第24条“绿色思想”的提法明显不妥，规定“绿色思想”是想要突显“黄色思想”吗？所以，建议将“绿色思想”修改为“绿色文明的公众意识”，可能更好一些。

（三）个别条款存在需要修改的具体问题

1. 有专家认为《省规》第8条规定“在环境保护地方性法规草案和政府规章起草过程中，参与起草的环境保护主管部门应根据要求……征求公众意见”。《省规》是由环保厅牵头起草的，就算作为政府规章，用来规定人大和地方政府职权范围内的工作是否恰当呢？

2. 有专家认为《省规》第9条规定“公开征求意见的，公众可以根据公布的时限、程序、方式等要求提出意见和建议，环境保护行政主管部门对公众提出的合理意见应予采纳，不采纳的，应当给予答复并说明情况”；本条有两处须进一步明晰，其一，未规定明确的信息公布时限，这将会出现“走过场现象”发生，即事实上有公布，但时间持续过短，公众不能及时获取信息并提出意见；其二，对于不予采纳的意见须答复的说明过于笼统，因为可能有成千上万“微信意见”，难道需要逐条答复吗？因此，建议有针对性的给予答复，比如可以规定“对经过听证会、论证会的意见和建议，不予采纳的，给予答复。”这样规定可能大大降低“答复”的压力。

3. 有专家认为《省规》第 11 条“……对涉及重大环境项目审批或者环境投诉污染问题等，邀请公众参与协商、论证”；这里的“重大环境项目”如何界定，是否需进一步明晰？使其更具有可操作性。其次，除重大环境项目之外其他项目无须邀请公众参与吗？比如：小餐馆并非重大环境项目，但其开在居民楼底下，危害更大，所以，“开餐馆”是否也应该邀请周围的、可能利益会受损的相关公众参与协商、论证呢？

4. 有专家认为《省规》第 12 条“对依法应当编制环境影响报告书的建设项目，建设单位应当在编制时通过以下方式向可能受影响的公众说明情况，公开征求意见”；本条只是说明了应当公开信息，但没有说明公开的信息本身会造成什么样的影响，比如项目、政策对人们生活、健康有什么样的影响，只有公开了这些信息，才可能刺激公众参与的积极性。

5. 有专家认为《省规》第 17 条“环境保护主管部门支持和鼓励公民、法人和其他组织对环境保护公共事务进行舆论监督和社会监督”。本条中的“公共事务”是什么？“环境公共事务又是什么”？从规定中看不出意思，可操作性差；且“舆论监督”本属“社会监督”范围，把这两者并列也属重复。

6. 有专家认为《省规》第 21 条“对举报的事项，受理举报的机构应当登记对属于本部门职责范围内的举报事项，予以受理，依法调查处理，并在规定期限内将处理结果以书面形式告知举报人……”；《部规》第 13 条规定将调查情况和处理结果都告知举报人，而本条却只是将处理结果告知举报人，不利于矛盾的解决。“对不属于本级政府、部门职责范围内的举报事项或举报事项应当通过行政复议和诉讼途径解决的，不予受理，但应当及时告知举报人”，对这种情况可直接参照《行政复议法》解决，而无需在此重复规定，建议将此部分删除。

7. 有专家认为《省规》第 23 条“公众对破坏生态、污染环境的单位和个人举报情况属实的，环境保护行政主管部门，应当对举报人予以奖励”；本条规定对举报情况属实就予以奖励，条件是否过于单一，是否还需满足其他条件？建议将此规定进一步具体化，以使该规定能更好落实。其次，对举报人予以奖励，奖励本是为了更好地促进公众参与，因此，如果能明确奖励方式是不是能更好地激发公众的积极性呢？

●此修改意见是2015年11月14日陕西省、西安市环境资源法学研究会召开的专题讨论会的整理稿，由李永宁教授指导研究生梁欢、张晓丽、张二荣记录整理，李永宁教授进行了认真修改。参与的专家主要有：李永宁、李集合、韩利琳、李霞、田义文、刘莉、王继恒、丁岩林、郝少英、黄政、李雅萍、王兆平、李军波、吴胜利、纪胜利、李亚菲、陈娟丽、戚岳汉等专家学者。整理时未注明专家个人具体意见。整理稿同时提交给了陕西省环保厅。

第五节　对《榆林市城镇环境卫生管理条例》（总则）的修改意见

一、关于《条例》名称

存在的问题是：

1. “城镇”还是“城市”？

2. 要不要“市容”？或者“环境卫生”能否包括“市容”？

关于第一个问题。按国家、陕西省上位法规定，一般都指的是“城市”，陕西省把范围扩大到“实行城市化管理的地区”；西安市明确了包括“建制镇”，但“建制镇”也在《城市规划法》规定的“城市”的范围内。所以，我理解按上位法规定，“非建制镇”应该不属于法律上城市的范围。另外，参考绝大多数同位法，一般都规定的“城市”。如果把“非建制镇”按“城市”管理，会不会产生低效率甚至限制发展等问题。所以，建议把《条例》中的“城镇”还是改为“城市”。至于借鉴的四川的“条例”，涉及“乡”，我没看内容，可能更多指的是农村，与城市是没有关系的。对农村环境保护立法肯定是方向，也符合新《环保法》的规定，但肯定与本《条例》关联性不大。

关于第二个问题。

首先应该搞清楚“市容”和“环境卫生”两个概念。

城市市容是指城市的整个容貌。其基本内容包括对建筑景观、公共设施、环境卫生、园林绿化、广告标志、公共场所等方面的容貌要求。

环境卫生是指城市空间环境的卫生。主要包括城市街巷、道路、公共场所、水域等区域的环境整洁，对公众维护环境整洁的基本行为要求，城市垃圾、污水、粪便等生产生活废弃物收集、清除、运输、中转、处理、处置、综合利用，城市环境卫生设施规划、建设等。

可见“市容”和“环境卫生”是根本不一样的东西，不可能互相包容或者替代，因此《条例》名称不包括“市容”，是不恰当的，既不符合上位法规定，也与城市管理的实际要求不符。应该在名称中加入“市容”两个字。

二、关于立法目的（第1条）

国家和省的上位法立法目的是三个：(1)加强市容和环境卫生管理；(2)创造好的工作、生活环境；(3)促进精神和物质文明。

作为同位法的西安市的条例把第三个目的改成了“保障人民的身体健康”。

榆林的《条例》也是三个立法目的：(1)促进环境卫生建设；(2)提高城镇管理水平；(3)创造宜居环境。

榆林的这三个立法目的存在的问题是：

1. “促进环境卫生建设”应该是市容和环境卫生管理的题中应有之义，但不是全部或者主要内容，而且市容风貌的改善也应该促进，不能光是促进环境卫生建设。因此，该立法目的明显“狭隘”，有城市“环境卫生建设促进法”的嫌疑，存在单纯追求项目建设利益的功利性偏差。

2. “提高城镇管理水平”的提法，内涵及外延都比较模糊。因为，城市管理是指对城市一切活动进行管理，包括政治的、经济的、社会的和市政的管理。狭义的城市管理通常是指市政管理，即与城市规划、城市建设及城市运行相关联的城市基础设施、公共服务设施和社会公共事务的管理。那么，该立法目的到底是要管那个？由谁来管？如果是“市容环境卫生行政管理部门”作为执法主体，管这么多，是否存在管理权限越界和扩大化的嫌疑。

3. “创造宜居环境”与市容环境卫生管理的功能相比明显缩小了城市管理的终极目的。因为城市不光要“宜居”，还要“适宜”生活，“适宜”生产，适宜学习，适宜休闲观赏。而且，“宜居”也仅仅是“适宜生活”的一小部分内容。所以，该立法目的严重压缩了市容和环境卫生管理的终极目的。

因此，建议立法目的修改尽量借鉴中省立法，避免标新立异导致弄巧成拙。

三、关于适用范围（第2条）

国务院《条例》定的范围是“城市”；榆林在该条主要借鉴的是陕西省的条例，与陕西省条例的主要区别是：榆林条例增加了“镇（乡）人民政府所在地的城镇建成区和开发区、园区、工矿区、旅游区”。

涉及的问题是镇乡范围算不算“城市”，如果不算，适用“城市”管理的规定显然不合适，再者，把镇乡纳入《条例》，明显扩大了上位法的适用范围，是否与上位法相抵触？这个可能还需要研究。

或者借鉴同位法西安市的《条例》，只增加规定“建制镇”作为《条例》的适用范围之一。

四、关于基本原则（第3条）

国务院《条例》是三原则：统一领导、分区负责、专业人员管理与群众管理相结合的原则。省《条例》是五原则，增加了“公众参与和社会监督”两个原则。

与上位法不同的是榆林的《条例》增加了“分级管理”，同时把“专业管理”变成了“专业服务”。另外还借鉴保定市《条例》，增加了“科学规划、因地制宜、保护环境、依法管理、文明管理”几个内容。

问题是：

1. 城市的“分级”和“分区”往往是交叉和重合的，所以“分级管理”和“分区负责”必然是基本重合的，而且就建立责任政府的要求而言，“管理”更多的是“负责”，故没必要突出分级管理，应该突出的是“分区负责”。再者，“统一领导”在我国的行政体制下，必然隐含了“分级管理”的内容，也属于重复。因此，建议删除“分级管理”的提法。

2. “专业服务”经常被人理解为“第三方服务”，如《国务院办公厅关于推行环境污染第三方治理的意见》中主要推动的就是治理服务专业化，也可以叫作“专业服务”。所以专业服务与专业人员管理是两个完全不同的概念，但市容和环境卫生管理最主要的是属于“专业人员管理”，而非“第三方”的“专业服务”。当然可以创新管理方式，引入购买服务，但专业人员管理是永远也避免不了的，这也是政府责任的主要体现。

3. 借鉴的保定市的几个原则性内容，就更显得毫无意义。理由是：“统一领导”自然包括了“规划”。因为如果没有好的规划，就很难落实统一领导；城市的“地”基本具有同一性，似乎不需要“因地制宜”；“保护环境”应该主要是环保部门的工作，城管部门核心在“环境”的“卫生”；管理自然是“依法管理”，不依法就成了违法行政，会被追究责任；“文明管理”是对管理的基本要求，不需要特别强调，如果不文明公众也是不可能容忍和答应的。所以，保定市的几个原则性内容根本没有可借鉴之处，增加这些内容完全是画蛇添足。

所以，关于原则，还是应该借鉴上位法的规定。陕西省条例当中的“公众参与和社会监督”过于笼统，建议以国务院条例为参考。

五、关于部门职责（第5条）

第1款“并负责本条例的组织实施”似有不妥，因为“环境卫生行政主管部门”应该是本条例的执法主体，也是责任主体。“组织实施”的职责应该属于条例的制定机关或者地方政府。

第3款当中的“按照各自职责权限”表达错误，应该是“其他实行城镇化管理的区域”的“管理部门”，“负责……工作”。

第4款“市发改、教育、工信……协同做好城镇环境卫生管理工作”的规定，似乎是明确“相关部门”的责任，但无疑会淡化“主管部门”的职责，可能造成扯皮和推诿，建议删除该款规定。同时，该规定当中的“执法”不明确具体是哪个部门，“建规”似乎是“事业”或者是“企业”单位，与其他行政部门相并列也明显不妥。

六、关于科学推广（第6条）

本条在总则部分，应该具有宏观性和统揽性，统揽市容环境卫生事业各方面的科学推广，支持与鼓励。但该条仅仅列出的是“垃圾分类、利用和处置”方面的科学推广，显然作为总则部分的内容是不恰当的。因此建议把该内容可以合并入“垃圾管理”部分的相关条款，同时，建议该内容应该借鉴国务院《条例》第7条，概括或更具体的说明“鼓励城市市容和环境卫生的科学技术研究，推广先进技术，提高城市市容和环境卫生水平”等内容。

七、关于宣传教育（第7条）

表达有两个瑕疵：

一是“市、县（区）、镇（乡）人民政府及环境卫生行政主管部门应当……”该表述会让人误认为“乡（镇）人民政府”也有“环境卫生行政主管部门”，表述不准确。应该是“市、县（区）人民政府及环境卫生行政主管部门和镇（乡）人民政府应当……”在语法上就不存在问题了。

二是“提高公民的……公共道德水平”的表述，让人感觉公民的公共道德水平似乎很低，带有贬义。同时，“公共道德”是一个内容很广泛的范畴，也并非仅仅通过该条例就能提高的。建议修改为“提高公民的环境卫生意识，增强社会公德”。“社会公德”是社会对公民的道德要求，而不是公民本身的道德水平。

八、关于监督举报（第8条）

第1款的表述似有异议，因为“监督”应该主要是来自外部的，环境卫生行政主管部门作为环境卫生主要的管理主体和责任主体，不可能自己监督自己的，只能由社会，或者公民、法人或其他组织进行监督。因此，建议删除第一款。

第2款中的“投诉”用词不当，因为“投诉”主要针对的是个人利益受损因此向有权处理的部门（单位）进行的投诉。但此处表达的显然是非受害人面对市容环境卫生领域的问题或违法行为时应该怎么做，因此，建议把“投诉和举报”改为“检举”即可。

●本文为李永宁教授于2017年5月20日应榆林市人大邀请，为榆林市起草的首部地方性立法撰写的修改建议，同时参加了5月26日的修改讨论会。

PART7

陕西地方资源环境问题媒体访谈与立法建议

第一节 《陕西日报》谈"汉水进京与陕南发展"——陕南三市应成为国家"生态保护补偿"的核心地区

一、"生态补偿"正名及其对陕南经济发展的意义

2014年4月24日，全国人大常委会通过了新修订的《环境保护法》（以下简称"新《环保法》"）。作为我国环境资源保护的基本法，新《环保法》第一次把生态补偿制度写了进去。新《环保法》第31条明确规定："国家建立、健全生态保护补偿制度。国家加大对生态保护地区的财政转移支付力度。有关地方人民政府应当落实生态保护补偿资金，确保其用于生态保护补偿。国家指导受益地区和生态保护地区人民政府，通过协商或者按照市场规则进行生态保护补偿。"从新《环保法》对生态补偿的规定可以看出，法律对生态补偿涵义的规定，与人们的理解有细微的区别，这种区别对于推动生态补偿研究有正本清源、继往开来的作用。

陕西省陕南三市（汉中、安康、商洛）是南水北调中线重要的水源地，发源于汉中宁强县的汉江（包括其最大支流丹江），是南水北调中线取水口湖北丹江口水库的核心水源。此外，陕南三市所在地的秦岭，还被誉为"中国之肺"，是我国最重要的地理分界线，在调节气候、森林碳汇造氧、涵养水源、保持水土、增加生物多样性、保护濒危动植物等方面都发挥着显著的、不可替代的积极作用。要确保“一江清水供北京”、要让“中国之肺”健康呼吸，陕南三市人民付出了巨大的努力和辛劳，他们既要保护环境，还要忍受为维护良好环境所付出的发展机会损失，如关停大量工业企业、禁用化肥农药、限制开发与禁止开发等。因此，“陕南三市”是生态保护的典型地区，也是生产和制造环境正外部性利益最富集的地区。这些特质，决定了陕南三市应成为国家“生态保护补偿”的核心地区。

作为获得生态保护补偿的核心区域，得到原本应得到而过去却从未得到的利益补偿，自然就构成为三市经济发展的新的增长点。三市人民为保护环境所付出的劳动被立法所承认，劳动成果——青山绿水及其环境生态效益，经由“补偿”实现其价值，三市的 GDP 因此被赋予大量绿色的成分，环境保护将不再是导致陕南三市贫困的原因，也不再是三市人民的负担，将转化成三市人民收入的重要来源。当三市人民真正充分得到保护环境的利益的时候，这种收入增长也必然会催生新的产业形态。如(1)以获得“补偿”为目的的专业性生态服务型企业，像植树造林、水土保持、野生动植物保护等专业性公司；(2)为推进环境生态保护，强化保护功能的科技性服务型企业，如环境保护技术及设备开发与生产等专业性公司；(3)为打包并便捷服务交易，实现服务价值而形成的碳汇市场、碳交易市场和生物多样性交易市场等。这些具体增长点只是可预期的发展形态，随着三市人民收入的增长，三市经济社会结构的变化对发展模式、产业类型、企业形态等都将产生更多积极的影响。

二、新《环保法》规定的生态补偿机制

新《环保法》对生态保护补偿作了明确的规定，那么，实现补偿的机制有哪些？三市应该如何选择符合自己特点的补偿机制？新《环保法》第 31 条的第 1 款、第 2 款对此作出了明确的规定。在第 1 款中规定了“国家的财政转移支付”；在第 2 款中规定了“协商”和“市场”两种机制。其中“协商”又可以具体化为“横向转移支付”和“其他灵活的方式”两种具体方式。因此，按照新《环保法》第 31 条的规定，我国的生态保护补偿机制不外乎四种方式：国家的纵向转移支付、地区间的横向转移支付、市场交易以及其他灵活的经济援助方式等。

三市作为南水北调中线水源地，以及三市所在地秦岭所承载的重要而特别的生态功能，决定了要特别清晰的区分生态利益创造者各自所创造的利益

份额，以及不同类型受益者（含地区）所得到的具体生态利益数量，都将具有很大的难度。因此，三市目前最现实的补偿方式，应是国家的纵向财政转移支付。

最后，生态补偿机制的建立，还必须充分关照到三市群众的利益，不管是转移支付，还是其他方式得到的生态补偿，都必须有适当份额为三市群众所得到，因为他们才是生态利益的直接创造者，只有照顾到他们的利益，才能充分调动起他们保护环境的积极性，从而为南水北调中线水源地保护、为秦岭保护提供持久性的动力。

三、实现补偿必需的路径

科学确定生态利益的表现形态及数量。目前关于生态补偿的研究，理论研究的成分仍然远远大于对生态利益的实际研究，特别是我省及陕南三市在呼吁补偿的同时，更应该深入研究到底补偿什么和补偿多少的问题，确定的补偿数额要有科学依据，要有充分的说服力。为此(1)我省各级政府应加大对生态补偿实证研究的支持力度，每年确定的科研项目应有一定数量生态补偿实证研究的课题，相关政府部门应支持生态补偿的研究，并在政策、资料及数据等方面为研究工作提供方便；(2)应扩大生态补偿研究成果的影响力，支持举办全国性生态补偿研究会议，支持出版与发表生态补偿研究成果，省内科研评奖也应向生态补偿实证研究有一定倾斜；(3)陕南三市及陕南地区高等院校应把生态补偿研究作为地区科学研究的主要任务之一，要力争在短时间内拿出有分量的研究成果，要在学术界形成影响力，并最终为生态补偿政策及立法提供理论支持。

陕南三市是一个美丽的地方，这个地方的美丽不是也不应该仅仅属于当地人，应该让更多的人、全国人民享受她的美丽。同样，为了延续她的美丽，陕南三市人民有责任保护她，全国其他地方的人民也有责任保护她。通过不断完善生态保护补偿制度，相信美丽的陕南定会为中线调水、为全国的生态环境改善作出更多、更积极的贡献。

陕南人民为南水北调工程做出了巨大的牺牲和贡献，功不可没。

●本“观点摘登”为2014年8月23日李永宁教授于陕西省汉中市召开的“汉水进京与陕南发展”研讨会上的发言。摘登于《陕西日报》2014年8月29日第8版全版。摘登时记者对李永宁教授的发言进行了一定的删减。同期报纸还摘登了李佩成院士，陕西省决策咨询委员王圣学教授、谭策吾厅长，汉中市王春丽副市长共 5 名专家和领导的观点。关于另外四人的观点，有兴趣的读者可参见 2014 年 8 月 23 日的《陕西日报》。

第二节 《当代陕西》谈南水北调陕西水源地保护——“南水北调”的陕西贡献

《当代陕西》： 2014 年底，总长 1432 公里、历时 11 年建设的南水北调中线工程正式通水。怎样评价我省汉中、安康、商洛 3 市对南水北调工程的贡献？

李佩成： 众所周知，我国中线调水工程的水源主要来自陕南的汉江和丹江，约占 93 亿立方米调水总量的 70%。把宝贵水资源供给调入水区也就是受用水区，陕南便成为中线调水名正言顺的水源地或主要水源地。作为水源地，这就是陕南作出的第一位，也是最直接、最突出的贡献。

李永宁： 的确，最近我看到中央电视台播放的一则广告，内容大概是“十堰，南水北调工程的核心水源区”，我心里有点酸，感觉很尴尬。十堰是丹江口水库的所在，这里无疑属于取水口，但说成是核心水源区还有待商榷。我省陕南地区占丹江口水库汇流区总面积近 80%，陕西汉江丹江出境水量占丹江口水库入库水量的 70%，这两个数据足以说明我省陕南地区属于南水北调的核心水源区，但相比十堰，我们的宣传力度明显不够，外界对我省在南水北调中的贡献认识也远远不够。陕南作为水的发源地、原产区，3 市提供着水土保持、水质净化等工作，其中为了防止面源污染，从根源上保证水质，陕南地区对 240 万人进行生态保护移民搬迁，这是十堰库区 10 万移民的 24 倍，所付出的艰辛难以想象。因为呼吁少、宣传少而弱化，甚至抹杀这些贡献，令人惋惜。

张宝通： 从我研究的经济领域看，两位专家谈到的水源地冠名之争其实大有深意。陕南群众为保证一江清水供北京，牺牲十分巨大。水资源虽说属于国家，属于全国人民，但保护水资源的清洁供应，这个沉甸甸的责任落在了陕南群众肩膀上。为了保持水土，陕南人民植树造林、退耕还林，将沿江的大量矿场、采石场、采砂场通通关闭，沿江还建立起管理制度，一些县选拔群众作为“河长”，逐段负责巡视，接力守护汉江。仔细算一算，这是一笔非常庞大的经济支出，如果沿岸群众没有这样的环境保护意识和牺牲付出，丹江口的水会是什么样？所以，这一点上我赞同两位专家的观点，陕南应列入核心水源区，不能忽视陕南人民为保护水质作出的巨大贡献。

连片贫困区遭遇发展瓶颈

《当代陕西》：众所周知，陕南三市大部分区域是集中连片贫困区，成为南水北调水源区后，将对陕南人民的生产生活及区域经济发展产生哪些影响？

张宝通：影响非常巨大，一是当地政府财政收入和支出问题。每年中央财政对陕南汉江丹江流域生态功能补偿是 21.67 亿元，汉中市 8.7 亿元，安康市 7.7 亿元，商洛市 5.2 亿元。另外，国家也加大了对汉江丹江上游的水土流失治理重点投入，每年 20 多亿元，采取了一系列措施对陕南重点扶持，但这弥补不了调水对陕南经济发展的影响。

为了保护水源，陕南三市被国家列入限制开发区域，很多矿产、森林、水土等资源不能开发，甚至要关停一些企业，如黄姜皂素这种支柱性产业。机会成本损失、经济红利流失、环保投入等具体数据显示，仅汉中退耕还林、水土治理带来的耕地利用损失、更严苛的产业门槛导致的引资增量损失、水资源和森林利用等生态利用损失等，中线调水每年给汉中带来成本损失大约为 280 亿元。

经济损失这样严重，当地群众的生存发展如何保证？今后地方的发展出路在哪儿？这都是中、省需要共同思考的问题。

李佩成：从水资源利用的角度看，影响分为长期和短期。现在工程通水，清水供应已经实现，很多人认为调取一部分水没有什么大问题。实际上，这一江清水关乎陕西沿岸数百万人的生产生活。在水量一定的情况下，减少的是当地群众人畜饮用、农业灌溉、工业用水等水资源的可利用量。在丰水季节这一矛盾不会激化，但在干旱或者降雨量少的情况下，当地生产生活用水和调取用水会产生矛盾。这对陕南，乃至省内关中地区都会造成影响，因为陕西省内也有引汉济渭工程，这些矛盾需要冷静思考，有效解决。

生态补偿机制有待完善

《当代陕西》：很多专家呼吁生态补偿，以弥补陕南三市为保证水源水质的投入。各位专家如何看待生态补偿机制？

李永宁： 2014年4月24日，全国人大常委会通过了新修订的《环境保护法》。作为我国环境资源保护的基本法，新《环保法》第一次把生态补偿制度写了进去。新《环保法》第31条明确规定："国家建立、健全生态保护补偿制度。国家加大对生态保护地区的财政转移支付力度。有关地方人民政府应当落实生态保护补偿资金，确保其用于生态保护补偿。国家指导受益地区和生态保护地区人民政府，通过协商或者按照市场规则进行生态保护补偿。"陕南三市属于生态保护的典型地区，应成为国家"生态保护补偿"的核心地区。

按照法律规定，我国的生态保护补偿机制不外乎四种方式：国家的纵向转移支付、地区间的横向转移支付、市场交易以及其他灵活的经济援助方式等。目前看来，三市最容易实现的补偿方式，是国家的纵向财政转移支付，由国家财政拨款到地市，拿这笔钱去保护环境。而其他补偿机制，理论研究的成分仍然远远大于对生态利益的实际研究，特别是我省及陕南3市在呼吁补偿的同时，更应该深入研究到底补偿什么和补偿多少的问题，确定的补偿数额要有科学依据，要有充分的说服力。

我省各级政府应加大对生态补偿实证研究的支持力度，每年确定的科研项目应有一定数量生态补偿实证研究的课题，相关政府部门应支持生态补偿的研究，并在政策、资料及数据等方面为研究工作提供方便；扩大生态补偿研究成果的影响力，支持举办全国性生态补偿研究会议，支持出版与发表生态补偿研究成果，省内科研评奖也应向生态补偿实证研究有一定倾斜；陕南三市及陕南地区高等院校应把生态补偿研究作为科学研究的重要任务之一，要力争在短时间内拿出有分量的研究成果，要在学术界形成影响力，并最终为生态补偿政策及立法提供理论支持。

生态补偿机制的建立，还必须充分关照到三市群众的利益，不管是转移支付，还是其他方式得到的生态补偿，都必须有适当份额为3市群众所得到，因为他们才是生态利益的直接创造者，只有照顾到他们的利益，才能充分调动起他们保护环境的积极性，从而为南水北调中线水源地保护、为秦岭保护提供持久性的动力。

李佩成： 我们应当相信，国家一定会补偿陕南人民因奉献而造成的损失，例如：增加生态补偿，也可能按照市场经济原因扩大调出水的收益。但正如我以前所说过的，这需要一个过程，包括认识过程和操作过程。

探寻保护和发展平衡点

《当代陕西》：保障南水北调中线工程水量充沛、水质达标，是陕西义不容辞的责任。与此同时，如何将制约陕南发展的最大瓶颈转变为突破发展的最大机遇？

张宝通：作为南水北调中线水源地，陕南多数区域被国家主体功能区规划确定为限制发展区，加之这里又是集中连片的贫困地区，长期以来难以实现突破发展。与此同时，2009 年，陕西省提出了循环经济概念，指出陕南的发展方向为循环经济，并向中央呼吁南水北调工程要饮水思源，建立水资源补偿机制，争取国家转移支付资金，这都是非常正确的路子。但陕南的发展仍进度缓慢，远不如陕北、关中。

原因在哪儿？作为绿色经济概念里的循环经济，是一个比较高端的产业，无论是无污染的工业还是有机农业，都需要大量资金投入解决污染问题，对于贫困落后的陕南来说，自身没有经济实力来投入，靠我们省内自己来搞，无论从科研能力、人才储备、资金来讲都远远不够。第二，国家转移支付的生态补偿，规定只能用于保护环境，经济发展问题还得靠自己。

要从根本上彻底解决问题，陕西应当抓住南水北调中线工程水源地这一身份地位，争取将陕南绿色循环产业基地升格为国家级绿色产业示范区。同时，通过部省共建、京陕共建等措施，为秦巴山区争取大规模、高起点的发展。绿色产业基地比循环经济产业覆盖面更宽，更能反映陕南秦巴山区的资源特点，与保护南水北调中线水源地更贴近，陕南应该搭上国家南水北调的顺风车，与湖北、河南联手，把安康、商洛、汉中与十堰、南阳捆绑，全都进入绿色产业示范区，成为我国第一个跨区域的绿色产业示范区，这样矛盾就会自然化解，陕南也能发展起来。

李佩成：我想强调的是，既然调水已成事实，而且意义重大，我们陕西人民包括陕南人民，就要有“变坏事，为好事”的思想精神。例如：充分利用降水量大的特点，发展雨养农业——包括林果业、油菜业、水产业和名特产业；发展水能利用，改革水力发电的收入分配。因中线调水不让建立污染企业，从长远看对陕南当地也是件好事！要有决心做到建设山川秀美的美丽陕南，实现国家、陕西、陕南皆大欢喜。

●本文刊登于《当代陕西》2015年第2期，由记者陈荣景、张帆采访完成，同时采访的还有李佩成院士和著名经济学家、陕西省决策咨询委员会委员张宝通教授。因为对三个人分别的采访内容有一定衔接关系，而且篇幅不是很长，故本文收录时对原采访稿未做删减。

第三节　《中外对话》谈环境保护相关问题

一、有很多声音认为：增加转移支付能够促进国家重点生态功能区生态环境质量的改善，但是这种影响较为微弱。您能否结合案例，来谈谈生态功能区转移支付资金的有效性，有哪些举措可以提高生态保护的有效性，监管机制有哪些？

就目前来讲，实施重点生态功能区转移支付制度，是一项有效并具有较强操作性的制度。笔者在2011年4月的《国家社会科学基金项目成果要报》（总第721期）上就曾指出“考虑私人补偿中主体的复杂性，应尽量设置科学、合理、方便群众的具体程序，最大限度降低实现补偿的制度（程序性）成本……设立的财政转移支付制度应具有长期性和稳定性”。笔者当时之所以认为要依赖转移支付解决补偿问题，是因为对于大尺度的生态补偿（如长江流域），在现阶段要确定受益主体，包括不同受益者分享的利益数额几乎都是不可能的，所以要想开展地区间或者私人间的利益补偿难度很大，成本也很高。因此，作为一种渐进性的、现实的解决办法最好的就是政府转移支付这种形式。

关于转移支付资金的有效性，起码包含了以下几个方面：(1)有利于促进生态功能区进行产业调整，因为产业调整必然面临对污染严重企业的关停并转，以及鼓励环境友好型企业发展。实现这两者都需要资金，对于经济欠发达地区而言，转移支付资金在一定程度上可以满足这两方面基本的资金需求。(2)实现对重点功能区市镇污染防治设施的直接投资，重点生态功能区一般经济规模都不大，且多处于落后地区，普遍缺乏污染治理设施。如许多偏远区县基本没有污水处理厂，有了转移支付的资金就可以拿出一部分投资污水处理厂等污染防治设施。(3)转移支付资金还可用于环境保护教育、医疗和基本福利保障，对区域人口素质的提高产生积极的推动作用，有利于增强人们的环境保护意识以及保护环境的自觉性和积极性。如我们陕西的陕北地区这几年环境就得到了显著的改善，从原先的“沙进人退”发展到“人进沙退”的可喜局面，其中转移支付功不可没。

要提高转移支付对于生态保护的有效性，应该着重做好以下几个方面：一是转移支付的分配必须充分关照不同功能区环境保护的特殊性，应该集中解决一些主要的环境生态问题，不能撒胡椒面，分配的转移支付资金数量要符合当地的实际需要；二是转移支付的分配应该保持长期性和稳定性，形成合理预期，方便地方形成利用转移支付的长期规划，解决环境保护的长期问题；三是要确保转移支付能真正用于生态环境保护，特别是与环境保护相关的基础设施建设，建立起持久性环境保护的物质基础。

为此，应该创造如下监管机制：一是审计监督。我国审计署下设财政审计司，财政审计司的重要职责之一就是组织审计省级人民政府管理的中央转移支付资金。重点生态功能区转移支付作为中央转移支付的内容，当然属于审计监督的对象。二是人大监督。人大负有对政府财政预算及执行的监督职能，特别是省级人大，应着重监督中央转移支付资金是否分配到位，是否主要用在生态环境保护用途上，以及资金的使用效果如何等问题。三是媒体监督。重点生态功能区转移支付有两大目标：实现不同地区公共服务均等化和保护生态环境。可见，重点功能区转移支付与公众利益密切相关。因此应公开转移支付的数额、支出方向等内容，加强公众的知情权和公众参与的程度，自觉接受媒体监督，确保转移支付能发挥应有的作用。

二、这次提到，要加大对南水北调中线水源地、青海三江源等地的资金转移力度。南水北调工程目前来说，是一项争议性很大的工程，您怎么看待和这项工程相关的转移支付以及生态补偿等问题？

首先，我觉得即使在所谓民主宪政体制下也不可能有绝对一致的事情，所以，做任何事情都可能有争论，特别是涉及调水工程，之所以有争议，更多的可能是科学问题，是科学上的猜测，如调水可能引起上下游水环境发生某种不好的改变，起码目前科学家和科学都证实不了。

其次，与调水工程相关的转移支付以及生态补偿肯定是必需的。原因是(1)中线调水水源地本身就是长江的上游地区，如源自秦岭腹地的汉江就是长江的最大支流，而且秦岭还是我国重要的地理分界线，对全国的气象变化有举足轻重的影响。所以，即使没有调水工程，这些地区也是我国重要的生态功能区，也应享受国家的转移支付，也应得到生态补偿。(2)重点生态功能区转移支付属“均衡性转移支付”。按均衡性转移支付的目标，应该是解决地区间财务不平衡问题，使全国不同地区享受均等的公共服务。重点生态功能区基本上都是老少边穷地区，这些地区长期以来的特点就是“财力有限、公共服务能力及水平远远低于其他地区”。因此，即使没有调水工程，即使不属于重点生态功能区，这些地方也应该享受均衡性转移支付。(3)作为调水工程水源地，要确保“一江清水送北京”或者“一库清水送北京”，水源地必然面临大范围的生态环境保护工作，以保障水质、水量，特别是中线调水工程今年将正式通水，因此，加大力度保护水源地必然更为迫切，任重而道远。

三、新《环保法》第一次提到了“生态补偿”，请结合国家重点生态功能区转移支付，来谈谈如何推动生态补偿机制的建立和实施

新《环保法》第31条明确提出“国家建立、健全生态保护补偿制度”。并用两款规定了生态补偿制度的内容，第1款为“国家加大对生态保护地区的财政转移支付力度。有关地方人民政府应当落实生态保护补偿资金，确保其用于生态保护补偿”。第2款为“国家指导受益地区和生态保护地区人民政府通过协商或者按照市场规则进行生态保护补偿”。分析第31条，笔者认为新《环保法》的规定对于生态补偿的研究有正本清源、继往开来的作用。

首先，新《环保法》用了“生态保护补偿”的概念，而不是人们惯用的“生态补偿”概念，差别只在增加了“保护”两个字。这两字的差别，就使得新《环保法》的规定与现有的理论、政策争议作了很好的切割。因为，长期以来我国理论与政策界对生态补偿的研究有明显泛化的趋势，学者们创造了许多概念，如“流域生态补偿”“矿产资源生态补偿”“污染治理生态补偿”等。在这些概念及研究中既有对保护环境所创造利益的补偿，如流域上游水源涵养；也有对因资源开采造成生态恢复的补偿，还有对污染环境引起的环境治理的补偿，“生态补偿”几乎是无所不包。按经济学的理解就是既有对正外部性的补偿，也有对负外部性的补偿。但事实是：污染环境和生态破坏这些负外部性解决，本来就是传统环境法着力解决的问题，既不是新生的

法律社会关系，也就无须新设制度去解决它，需要的只是完善现行法律就有可能解决的。所以笔者一直坚持环境法中的生态补偿就是，也只能是对“生态保护”的补偿，是对环境保护活动所创造利益的补偿。只有这样，才能厘清生态补偿的范围，也才能真正实现生态补偿。笔者认为新《环保法》正是在这种意义上使用了“生态保护补偿”的概念。关于这一点，有兴趣的读者可阅读笔者发表于《法律科学》2011 年第 2 期的“论生态补偿的法学含义及其法律制度完善”那篇文章。

其次，新《环保法》第 31 条的第 1 款、第 2 款还对生态补偿的机制作出了明确的规定。在第 1 款中规定了“国家的财政转移支付”；在第 2 款中规定了“协商”和“市场”两种机制。其中“协商”的实现无非是“横向转移支付”或者其他灵活的方式，如地区间的经济援助。因此，按照新《环保法》第 31 条的规定，笔者认为新《环保法》规定的生态补偿机制不外乎四种方式：国家的纵向转移支付、地区间的横向转移支付、市场交易以及其他灵活的经济援助方式。其中国家的纵向转移支付，也就是目前实行的“重点生态功能区转移支付”，这种转移支付适用于大尺度的、不容易确定受益地区和生态保护地区的情况，如三江源生态补偿、西北荒漠化治理以及秦岭生态保护补偿等。横向转移支付是同级政府间的转移支付，主要是发达地区对落后地区的转移支付。用在生态补偿领域，就是生态受益地区政府对生态保护地区政府的转移支付，如浙江、安徽就新安江流域进行的生态补偿，规定上游安徽水质达标，即可得到浙江 1 亿元的生态补偿。所以，横向转移支付适用的是小流域、受益方和保护方容易确定的生态保护补偿。当然，在我国现在基本不存在正式的横向转移支付制度，新《环保法》的规定对横向转移支付制度的正式形成也会产生积极的推动作用。

市场交易作为生态补偿的第三种形态，应该是生态补偿机制的完善形式，其建立的前提不仅仅是必须具备明确的受益方和生态保护方，而且能够方便的确定制造和受益的份额以及具体数量。笔者认为在现有条件下，市场机制的实现还只能采取渐进的方式进行，比如南水北调中线工程正常通水后，是否可以按照用水量收取水费，并最终实现“一江清水卖北京”或者“一库清水卖北京”？但这种情况的实现显然不是一朝一夕的事情，也不可能完全由买卖双方自由决定，还得确保国家水资源所有权的实现。除此之外，第四种生态补偿形式就是其他灵活的方式，比如地区间经济援助、对口支援等，这也是我国长期采取的主要方式，当然，这种方式只能是暂时缓解矛盾的一种方法，并不能从根本上解决问题。

最后，笔者认为生态补偿机制的建立，还必须充分关照到当地群众的利益，不管是转移支付，还是其他方式得到的生态补偿，都必须有适当份额为当地群众所得到，因为他们才是生态利益的直接创造者，只有照顾到他们的利益，才能充分调动起他们的积极性，从而为生态环境保护提供持久性的动力。

●2014 年，新《环保法》通过的当天，中外对话的记者即打来电话向我采访上述几个问题，但因为笔者当时正忙于在广西南宁举办的中欧环境治理项目法官环境法培训，未及时跟踪通过的新《环保法》，所以就婉拒了及时性的电话采访，答应记者之后对他的问题进行回应，但因为各种原因，广西的培训结束回到西安才最终回应了记者，不过因为新闻特殊的时效性要求，笔者的回应并未被媒体刊用。但所谈问题对于了解及研究有关问题仍然具有一定价值，故收录于此。

第四节　关于依法审查《陕西省实施〈中华人民共和国抗旱条例〉细则》适当性的建议

陕西省人民代表大会常务委员会：

陕西省人民政府 2015 年第 3 次常务会议通过，2015 年 5 月 1 日开始施行的《陕西省实施〈中华人民共和国抗旱条例〉细则》（简称《细则》）通篇存在大量问题，主要有：

1.《细则》共 25 条，《中华人民共和国抗旱条例》（简称《条例》）共 6 章 65 条，《细则》仅占《条例》的 1/3 篇幅，规范内容不细致，缺乏地方特色，名不副实。

2.《细则》虽然只有 25 条内容，但除了第 1、2 条，第 24、25 条的程序性规定以外，其余 21 条全部存在各种各样的问题，据不完全统计，问题条款占《细则》全部条款的 84%。

3.《细则》存在许多不应缺漏的内容。如（1）缺少抗旱资金纳入财政预算的保障性条款；（2）缺少对表现突出单位和个人的具体奖励条款；（3）缺少政府资金扶持的具体手段和相关保障措施；（4）缺少对群众抗旱的鼓励性措施，公众参与性规范严重不足。（5）缺少基本的旱灾预防性手段，如未见促进“农田基础水利设施”建设的相关表述。

4.《细则》某些概念、用词存在错误。如第 7 条把“检举揭发”误写成“投诉和举报”，“投诉”只是就个人利益受侵害的情况由具体受害人向有关国家机关主张权利的情形，与“检举”存在本质不同。

5.《细则》存在与上位法相抵触的情形。如第 22 条关于优先通行权的规定与《中华人民共和国道路交通安全法》第 53 条存在明显抵触。

6.《细则》存在避重就轻，推卸政府责任的问题。如第 14 条、第 15 条分别有“依托现有”的表述，就使得该两条规定呈现出鲜明的职责设定特色。

上述问题，只是冰山一角（详见《附件》），严重影响陕西省地方立法的声誉，影响陕西省人民政府的形象，影响《中华人民共和国抗旱条例》在陕西省的正确实施。为此，建议陕西省人民代表大会常务委员会依据《中华人民共和国立法法》第 97 条的规定，依法对《陕西省实施〈中华人民共和国抗旱条例〉细则》的适当性进行审查。

陕西省人大立法咨询专家

西北政法大学法学研究所所长、教授

李永宁

2016 年 5 月 10 日

附件：《陕西省实施〈中华人民共和国抗旱条例〉细则》评注（具体见本书第六部分的内容）

●本建议于 2016 年 5 月提交给了省人大，但未见回应。

第五节　完善生态环境损害赔偿制度，全面促进生态文明建设

我国生态环境损害赔偿制度主要由《生态环境损害赔偿制度改革试点方案》（以下简称《试点方案》）以及七个试点省分别的《实施方案》两部分构成。深入研究这些方案，结合了解到的试点省的一些实施情况，我们认为我国生态环境损害赔偿制度在适用范围、磋商制度、评估及资金管理等八个

方面还存在一些问题，需要进一步完善。以下就此谈几点建议。

一、我国生态环境损害赔偿制度存在的主要问题

1. 生态环境损害赔偿制度的适用范围不够周延。(1)《试点方案》适用范围的第1项为“较大及以上”突发环境事件。“较大”以下的突发环境事件被排除在适用范围之外；“较大”的认定标准与生态环境损害也不存在直接的关联性。(2)《试点方案》适用范围的第2项为“重点生态功能区、禁止开发区”，除此之外的其他生态环境功能区被排除在了适用范围之外，这种限定明显不科学。

2. 诉前磋商制度关键内容缺失。(1)磋商所达成的赔偿协议的内容和效力不明确。为明确赔偿协议效力，试点地方大都额外增加了司法确认程序；(2)磋商的时间期限未加限制，容易造成磋商拖延并影响生态环境修复；(3)磋商期间的损害防治义务未明确，存在边磋商边损害的风险；(4)磋商过程缺乏专家参与性规定。以上内容缺失将严重影响磋商的开展、磋商过程的公正性以及磋商协议的充分落实。

3. 损害赔偿具体范围存在漏项。(1)生态环境损害的监测、生态环境损害赔偿磋商以及生态环境损害赔偿诉讼等过程中产生的费用未被明确纳入赔偿范围；(2)生态环境修复措施以及修复过程中可能产生的二次损害的预防与消除费用也未被考虑。这些赔偿漏项的存在对生态环境损害赔偿制度适用的效率以及赔偿的充分性可能造成消极影响。

4. 生态环境损害赔偿诉讼规则阙如。(1)生态环境损害赔偿案件的诉讼管辖无规可依，特别是对横跨多地的损害赔偿诉讼的地域管辖未作规定；(2)缺少赔偿责任认定、划分和承担的可操作性规定；(3)相关证据提交及其证明力均未作规定；(4) 与环境民事公益诉讼重合时该如何处理等诉讼问题均不明确。生态环境损害赔偿诉讼实施比较困难。

5. 生态环境损害鉴定评估制度不完善。(1)缺乏关于鉴定评估基准、鉴定评估机构、鉴定评估规则等方面的规定；(2)缺乏鉴定评估结果在生态环境损害赔偿诉讼中证明力的规定；(3)环保部推荐的第一、二批环境损害赔偿鉴定机构均为环保部门直属单位，未引进民间鉴定机构并形成监督竞争机制。难以保证鉴定的中立性、客观性和公正性。

6. 生态环境损害赔偿资金的管理规定缺乏。(1)损害赔偿资金来源、性

质、日常使用以及监管等制度内容均未明确；(2)赔偿资金的归口部门、确保专款专用的机制、资金使用效果的评价与追责等不明确；(3)紧急状况下的资金拨付机制也不明确。以上管理性规定的缺陷将导致生态环境损害赔偿资金的合理使用无章可循。

7. 生态环境损害赔偿过程中的公众参与和信息公开制度过于简化。(1)《试点方案》仅规定"鼓励公众参与"，并未将公众参与作为公众的一项权利予以确认；(2)公众参与和信息公开的具体环节及内容、参与的主体类型、参与和公开的具体程序与方式、参与权与信息获取权的救济等内容均告缺失；(3)不公开损害赔偿相关信息的责任也不明确。生态环境损害赔偿的民主化与科学化途径不畅。

8. 缺少全国性的生态环境损害赔偿基金。(1)全国性生态环境损害赔偿信息与典型案件收集、分析，以及损害赔偿工作指导，缺少最顶层、整体性、灵活性的资金支持；(2)对部分资金不足的社会组织提起的生态环境损害赔偿公益诉讼，没有资金支持的正常渠道；(3)缺少赔偿资金不足时的社会分担机制；(4) 对于无明确赔偿义务人以及历史上发生的生态环境损害事件的调查、鉴定评估，甚至索赔也没有充分的资金支持渠道。

二、完善生态环境损害赔偿制度，全面促进生态文明建设的对策建议

1. 应将除人身、财产损害之外的所有生态环境损害全部纳入生态环境损害赔偿制度的适用范围。具体应将《试点方案》中的三项扩展为以下九项：(1)发生突发环境事件，对生态环境造成较大损害的；(2)在省级以上人民政府依法划定的重点生态功能区、禁止开发区发生环境污染或生态破坏事件的；(3)在县级以上人民政府依法划定的集中式饮用水水源地发生环境污染或生态破坏事件的；(4)对特定区域内省级以上重点保护动植物物种造成重大破坏的；(5)严重影响区域生物多样性的；(6)对国有或集体特定范围以内耕地、林地、草原、林木资源等造成重大破坏的；(7)发生环境污染或者生态破坏事件，致使具有重要生态功能的湿地发生自然状态的明显改变，湿地生态特征明显退化的；(8)发生海洋生态环境损害事件，依据海洋环境保护法等法律应予赔偿的；(9)发生其他造成除人身与个人、集体财产损害之外的严重生态环境事件的。

2. 应强化磋商的专家参与并明确磋商协议的法律效力。具体包括以下内

容：(1)经磋商达成的生态环境损害赔偿协议应当包含当事人、生态环境损害事实、评估鉴定结果、修复方案、履行责任的方式与期限等内容。协议依法应当赋予强制执行力；(2)磋商期限。为了防止磋商被恶意拖延，影响生态环境修复，应当为磋商设定最长期限；逾期达不成协议的，赔偿权利人应当立即行使诉权；(3)磋商达成前的防治义务。为避免因磋商导致受损生态环境错失最佳修复时机，以及为了预防损害的进一步扩大，应当为赔偿权利人设定针对受损生态环境的及时防治义务。此项义务不得因磋商权的发动和行使而被免除。因义务履行所花费用，应由赔偿义务人承担；(4)专家参与保障机制。专家参与磋商的目的在于为磋商工作的开展提供专业支持、合法性保证并监督磋商的公正性。因此，建议磋商应当吸收法律及环保等方面的专家参与。参与的内容应当包括：磋商方案的制定、磋商会谈、协议达成等。

3. 合理增加生态环境损害赔偿的具体范围。以下 11 项费用应当被确定为生态环境损害赔偿的具体范围：(1)生态环境损害监测费用；(2)控制、减轻、清除生态环境损害后果的各项处置措施费用；(3)前项处置措施产生的次级生态环境损害消除及赔偿费用；(4)生态环境修复费用；(5)生态环境修复期间的监测费用；(6)生态环境修复期间服务功能的损失；(7)生态环境功能永久性损害造成的损失；(8)因确定生态环境损害的性质、范围、程度而支出的调查、评估、鉴定与咨询等费用；(9)生态环境损害赔偿诉讼中的律师费、执行费以及其他必要费用；(10)生态环境损害赔偿磋商过程中的必要费用；(11) 其他必要费用。

4. 从实体和程序两个方面完善生态环境损害赔偿的诉讼规则。实体方面的诉讼规则应当包含：(1)归责原则与举证责任。建议生态环境损害赔偿适用严格责任原则。赔偿权利人仅需负担初步证明责任，即只要证明损害与被告特定行为之间具有因果关系，赔偿责任即告成立。(2)责任承担。主要有两种情形：当存在修复可能性时，应当以修复性责任为主；当无修复可能性时，应当以金钱赔偿性责任为主，但总体上应当以修复责任为主。另外，考虑到损害赔偿数额过大，应当允许赔偿义务人分期赔付相关损失。

程序方面的诉讼规则则应当包含：(1)案件管辖。鉴于生态环境损害案件影响较大，建议一审案件由损害行为发生地、损害结果地或者赔偿义务人所在地中级以上人民法院管辖；(2)诉前救济。对正在发生的生态环境损害，为避免损害扩大，应当允许申请诉前禁令、诉前财产保全、诉前证据保全等措施；（3）证据规则。应当规定具备资质的相关鉴定、咨询、评估机构所出具的监测数据、鉴定、评估报告以及咨询意见等，经过开庭质证，均可作为认定生态环境损害责任的有效证据；（4）与环境民事公益诉讼之间的衔接。可以有三种设置思路：一是赋予生态环境损害赔偿权利人优先起诉权。二是赋予生态环境损害赔偿权利人与公益诉讼主体同等的诉权，即哪方先行起诉，则另一方诉权即不能行使。三是根据《民事诉讼法司法解释》的相关规定以合并审理的方式使二诉权同时实现。最终如何设置，必须有明确规定。

5. 从基准、机构、人才等方面完善生态环境损害鉴定评估制度。应当包括：（1）建立生态环境损害鉴定评估技术与标准体系。相关技术和标准的设置应当有利于基线确定、因果关系的判断以及损害赔偿数额的认定；（2）生态环境损害鉴定评估机构的设立、运营与扶助。应明确鉴定评估机构的设立条件、运营资质与规则，并对鉴定评估机构的设立和运营提供必要扶助；（3）鉴定评估专家库的建立。明确入库专家的学科领域、遴选条件与申请程序以及专家库的具体运作方式和机制；（4）建议在中国生态文明研究与促进会设立全国性的民间生态环境损害赔偿鉴定评估机构，利用该机构的优势地位和全国性影响力，在生态环境损害赔偿鉴定领域推进形成监督和竞争机制，确保建立起科学、公正、中立的鉴定评估规则体系。

6. 构建生态环境损害赔偿资金的日常管理与紧急拨付制度。具体制度包括：（1）资金来源。赔偿义务人缴付的生态环境损害修复费用以及其他前期费用、生态环境损害无法修复时缴付的赔偿款项、社会捐赠的生态环境损害修复资金、财政拨款与补助等生态环境损害赔偿金；（2）资金用途。各项资金专项用于生态环境损害修复的，应当专款专用。无专项用途的，应用于与生态环境保护密切相关的用途；（3）资金的管理、使用与监督。各项资金应当纳入省级财政进行预算管理，遵循预算法等财政法律、法规所规定的资金使用程序进行使用、监管和追责。（4）紧急拨付制度则是指生态环境治理与修复急需资金的便捷拨付与监管性规则，应当着重从拨付情形、拨付方式与途径、监管与责任追究三个方面进行相应规则的设计。

7. 健全生态环境损害赔偿公众参与和信息公开的实施机制。应当包括：（1）应明确公众参与的领域。考虑将生态环境修复方案的制作、执行与赔偿磋商设定为公众可以参与的领域；（2）分类确定参与公众的主体类型与具体方式，并设置合理的公众参与程序；（3）明确参与主体所发表意见的法律效力；

(4)建议将生态环境损害监测数据，鉴定、评估报告，磋商方案，磋商协议，生效判决，生态环境修复评估情况以及生态环境损害赔偿资金收缴、管理与运用情况，评估鉴定专家库等明确列入信息公开范围；(5)设置合理、便捷的信息获取程序与公开发布方式；(6)明确公众参与权与信息获取权受损时的救济途径。

8. 依托“中国生态文明研究与促进会”，成立“中国生态环境损害赔偿基金”及其管理委员会。具体思路为：(1)在“中国生态文明研究与促进会”内部设立“中国生态环境损害赔偿基金管理委员会”，作为其分支机构，并报民政部备案；(2)鼓励社会主体向基金捐赠创始资金；(3)国家财政向该基金拨付适当数量创始基金以及年度生态环境损害赔偿资金；(4)基金主要运用于六个方面：一是为生态环境损害赔偿研究提供资金支持，二是建立全国性生态环境损害赔偿资料和信息系统；三是遴选和建立生态环境损害赔偿鉴定评估专家库；四是资助地方生态环境损害赔偿磋商与诉讼；五是资助部分环保公益组织提起生态环境损害赔偿公益诉讼；六是资助跨区域乃至全国范围内的生态环境保护活动与项目。

2017 年 12 月 11 日

●本建议由学校于 2017 年年底提交给了陕西省委，截至本书定稿，尚未有回音。

第六节　修改《陕西省秦岭生态环境保护条例》，全面促进陕西秦岭生态文明建设

【建议要点】《陕西省秦岭生态环境保护条例》在立法目的、法律原则、经济扶持手段、南水北调引水水源保护等方面还存在一些问题，与新《环保法》《关于加快推进生态文明建设的意见》《生态文明体制改革总体方案》等法律及规范性文件还存在某些冲突。本对策建议提出，应修改《秦岭生态环境保护条例》；明确并落实财政扶持手段的法律规定；确认并保护因环境保护产生的新的利益形态；应设立专门条款把汉丹江流域确定为南水北调中线引水水源；按权力（权利）、职责（义务）相统一的原则，完善法律责任。还

对提高森林覆盖率、规划审批权、移民搬迁依据、公众参与方式、坡耕地退耕还林、代为治理责任、分散式垃圾及污水治理等提出了建议。

西北政法大学李永宁教授于2015年10月11日~16日参与了陕西省人大常委会《陕西秦岭生态环境保护条例》执法检查，个人完成的《陕西省秦岭生态文明建设存在的问题及其法律对策》调研报告，对修改和完善《陕西省秦岭生态环境保护条例》，全面促进陕西秦岭生态文明建设提出了一些对策建议。

一、《陕西秦岭生态环境保护条例》存在的问题

1. 立法目的不明确。（1）“维护秦岭水源涵养、水土保持功能，保护生物多样性”的规定意图穷尽秦岭的生态环境功能，但并没有包含秦岭的全部生态环境功能。如调节气候、森林炭汇与造氧等功能。（2）“规范秦岭资源开发利用活动”的规定具有鲜明的经济色彩和传统环境法“经济优先”的旧有痕迹，容易导致开发失序，影响秦岭生态环境。（3）“促进人与自然和谐相处”的规定，反映了在对待自然上“主体支配客体的错误理念”，不能完全做到“尊重自然、敬畏自然、顺应自然”的生态文明新理念。

2. 法律原则含义混乱，难以操作。（1）把“坚持统筹规划”作为第一个法律原则，但到底是“统筹规划”环境保护，还是“统筹规划”“合理利用资源”，规定的并不清楚，很容易导致孰先孰后的认识混乱。（2）“科学利用”也存在一定的矛盾性。因为不明确“利用”的是环境生态，还是山林矿产。“利用”的主体是单位、个人，抑或政府？但不管是谁，都很难逃脱个体的局限性甚至自利性，并产生违背自然的利用活动。（3）“严格管理”主要针对已有的开发项目，无从解决项目初始的“合法性”问题，极易导致“以罚代管”，难以从根本上消除开发对秦岭生态环境的破坏。

3. 财政扶持手段的规定过于原则，流于形式。（1）第9条规定了两项经济扶持手段：专列财政预算；建立专项资金，均为原则性规定。如何建立，资金来源，资金额度，实施主体，扶持的对象和范围、资金取得程序等没有明确规定，经济扶持手段不具有现实操作性。（2）第10条规定的建立生态环境补偿机制，但补偿什么？谁来补偿？补偿给谁？怎么补偿？也没有作出明确规定。具体补偿工作只能靠随机性政策来勉强“兑现”，很难补偿到位。

4. 水源保护存在明显的制度缺漏。对"饮用水水源保护"的规定均指向的是当地城市集中式饮用水水源的保护，并不包括南水北调中线工程引水水源的保护。自然保护区及旅游景点水源保护、小村庄及分散居住的农户、山区农家乐饮用水水源保护等，都缺少针对性的规定。不仅影响秦岭地区人民群众的饮水安全，对南水北调中线引水、对秦岭水资源的可持续利用都存在较大影响。

5. 法律责任不完全，缺乏系统性、完整性。(1)对政府及其工作人员的责任只有第75条的规定，基本的责任形式只有"给予行政处分"一种，并未明确适用的条件和具体责任形式，法律责任明显偏轻。(2)针对单位的责任，主要是"取缔""责令停止"违法行为，并处罚款等。没有明确违法单位的"生态修复责任"，以及针对单位的罚款额度最高只有200万元以下，甚至不抵一套违建别墅的价格，设置的违法成本明显偏低。(3)法律责任难以覆盖相关权利义务规定。如山区村庄不统一收集垃圾、建设排污设施；未经批准在自然保护区开放旅游；单位不按要求植树造林等违法行为都不包括在依法处理之列，反映法律责任的规定具有不完整性。

6. 其他具体问题。(1)提高森林覆盖率的规定缺乏强制性。没有相应的提高幅度、时间期限等规定，容易造成对"提高"的扭曲性理解。(2)"秦岭矿产资源开发规划"的审批权赋予省政府，存在"由开发者审批开发规划"的某些痕迹。(3)"根据经济社会发展状况"制定移民搬迁规划未能体现生态脆弱地区环境保护的现实需要和生态文明建设的客观要求，对生态移民的规定不到位。

二、修改《陕西秦岭生态环境保护条例》，促进陕西秦岭生态文明建设的对策建议

1. 修改《秦岭生态环境保护条例》。(1)今年开始施行的新《环保法》确立了"保护环境是国家的基本国策"（第4条第1款）；"使经济社会发展与环境保护相协调"（第4条第2款）；"坚持保护优先"（第5条）等理念和原则。首次实现了"经济发展"要让道于"环境保护"的战略转变。上位法的这些重大调整，对下位法提出了新要求。(2)中共中央国务院今年连续发布了《关于加快推进生态文明建设的意见》《生态文明体制改革总体方案》，明确了我国未来生态文明建设的指导思想、基本理念和原则、主要目标、具体做

法、政策手段等内容，特别是未来5年（至2020年）生态文明体制改革的理念、原则和必须建立起来的八项制度等。这两大规范性文件的精神，有必要在秦岭保护的立法中得到贯彻和落实。

2. 明确并落实财政扶持手段的法律规定，确认并保护因环境保护产生的新的利益形态，保障秦岭环境保护的公平与正义。(1)关于“秦岭生态环境保护财政预算”的设立，需要的是针对不同地区明确该财政预算在地方预算中的比例，应该区分以秦岭为主的地区和其他地区两种类型，确定不同地区的预算比例；应明确规定预算支出方向以及各具体方向的使用额度。这样，就有可能落实财政预算的规定。(2)对于“秦岭山区基础设施建设专项资金”，应该明确山区基础设施的具体范围、所需资金规模、建设的顺序和完成的时间要求，才能确保专项资金的针对性，并符合实际需要地建立起来。(3)“健全生态环境补偿机制”应依循新《环保法》第31条的规定，采取财政转移支付、受益地区对保护地区的协商补偿和市场补偿三种具体补偿方式。应明确省级财政对重点生态保护市县的转移支付力度，同时协调受益市县和保护市县通过协商或者按照市场规则进行省内地区间的生态保护补偿等。

3. 加强南水北调中线水源地保护，把汉丹江流域明确为南水北调中线工程水源地，并对汉丹江流域水源保护设立专门条款，确保一江清水供京津。(1)落实省政府［2014］15号文件《陕西省汉江丹江流域水质保护行动方案(2014年~2017年)》。明确规定汉丹江出省断面水质，把出省断面水质统一规定为Ⅱ类，主要支流水质不得低于Ⅲ类水标准。(2)应明确相关保障措施规定。首先，针对汉丹江流域的经济结构，应突出把“增值自然资产”作为新的产业形态和增长点。其次，把解决工农业污染、加大退耕还林力度、限制网箱养鱼及其他养殖项目、严格管控水上运营等作为四大生态文明建设着力点。再次，应明确汉丹江流域生态移民的规模和时间表，避免把生态移民与扶贫移民和地质移民相混淆。(3)强化支持与激励措施。应该明确关停企业损失及转产补偿，特别是企业员工生活补助金的透明、足额发放；要推动建立绿色GDP核算体系，推动实现“自然价值”的“资产化”；要从根本上解决生态移民补贴少、移出地缺乏永久性的问题。

4. 强化并完善法律责任，按权力（权利）、职责（义务）相统一的原则，完善法律责任的规定。(1)针对行政机关不正确行使权力、履行义务的情况，为保障行政相对人利益，建议增加行政管理相对人可依法提起行政诉讼，对造成行政相对人损失的，可要求行政赔偿等规定；(2)建议结合《行政机关公务员处分条例》，对于依法应该给予降级、降职、开除处分的严重违法违纪情形，进行归纳和列举；(3)充分评估环境生态破坏的经济价值及环境生态价值，明确规定生态修复责任，加大处罚力度，加大企事业单位和个人的环境保护和环境治理责任。

5. 其他问题的修改。(1)进一步明确“增加森林覆盖率”的规定。建议把“提高森林覆盖率”修改为“确保每年的森林覆盖率比上年有所提高”，避免对“增加森林覆盖率”当中的“增加”作扭曲性解释。(2)把“秦岭矿产资源开发规划”的审批权修改为“由省人大常委会审批”。“生态环境保护总体规划”也应与“经济社会发展规划一并报省人大批准实施”。(3)把移民搬迁依据“经济社会发展状况”修改为“根据环境保护需要和生态脆弱程度确定移民搬迁规划”，使移民搬迁纳入秦岭生态文明建设的大格局中。(4)规划及建设项目“应当征求当地居民的意见”应修改为“应当征得当地大多数居民的同意”。(5)针对25度以上坡耕地退耕还林，应明确规定“25度以上的坡耕地应当（全部）退耕还林（草）”。(6)“代为治理责任”可能减弱企业单位对治理责任的重视程度，并增加“有关行政主管部门”治理的负担和责任。因此，建议删除该规定。(7)纠正措辞含糊的法条用语，如“建筑与环境相协调”的表述，因为难以找出大众都认可的“相协调”的标准范式。所以，建议删除类似让人不知所云的法律条文。(8)注重垃圾及污水处理设施的管护及运行管理，确保相关处理设施的正常运行。要从注重“设施建设”，转向“设施”的运行管护以及运行的“资金保障”；明确大村庄的“集中处理设施”所需资金的来源渠道；对小村庄和分散居住的村民、零星分布的农家乐，其垃圾和污水的处理加以适当规定，鼓励自行安全填埋处理，避免污染周边环境，确保秦岭生态文明早日实现。

●本建议由学校于2016年4月份提交给了省人大，后省人大电话作者要求将建议稿电子版发送给省人大，省人大将该建议印刷给了人大代表，该建议对《陕西省秦岭生态环境保护条例》的修改产生了一定的积极影响。

Afterword

后 记

1999年，时任中共中央总书记的江泽民同志发出西部大开发的号召，从那时起，我和西北政法大学的黄河教授就开始关注与西部开发相关的一些法律问题。最初的几年，我受当时西北政法学院经济法系系主任黄河教授的鼓励和指导，用了比较多的时间，运用经济学的外部性理论研究了西部开发中的有关法律问题。2000年为响应中国法学会西部开发法律问题研究的征文活动，我与黄河教授共同撰写了《外部性损害与国家补偿法律制度研究——兼论西部开发的法律对策》一文，该文有幸入选当年举办的中国法学会西部开发法律研究会成立大会的会议发言论文，这是我们当时最重要的研究成果。因黄河教授当时公务繁忙，不能赴云南出席会议。我和西北大学的巩富文同志（现任陕西省高级人民法院副院长）作为陕西省仅有的两个学术界代表，在时任省法学会秘书长王富州老先生的带领下参加了当年在云南昆明举办的中国法学会西部开发法律研究会的成立大会及学术研讨会。

在那次会上，有两件事让我深受感动。首先是在我做完大会发言后，王富州老先生快步走到我的座位旁，难掩喜悦地告诉我，他认真听了我的发言。他说："按照你和黄老师的观点，咱西部发展慢的主要原因之一是长期释放外部性引起的，照这样推理，国家现在出台的支持西部发展的优惠政策及全国其他地方对咱的支援，就是应该的。你们这个观点有说服力。"再就是大会当天中午，吃完中午饭，回到酒店房间休息时，我当时尚不认识，也未曾谋面的蔡守秋老先生来房间找我，说我上午的发言，他听了后感觉有点意思，但因为口音的原因，有些地方他没听清楚，问我能不能把打印好的论文给他一份，他想把没听清楚的地方再看看。我当时难抑兴奋之情，论文能得到蔡守秋老前辈的认可，是我根本没想到的。这两件事情，给了我两个启发：一是我暗自下决心要集中精力全面深入分析西部发展缓慢的制度性原因，为西部开发法制保障寻找理论支撑；二是在学术研究的道路上，从外部性切入，运用法律经济学方法研究西部社会经济发展中的问题，是个正确的方向。蔡老前辈的欣赏给了我无比的自信。回西安后，黄河教授也一再要求并鼓励我继续外部性问题的研究，我们两个人之后又合作撰写了多篇与外部性问题相关的论文。正是这个机缘，开启了我近20年对中国西部开发、发展及生态补偿等法律问题的研究。

2002年年底，国家社科基金年度项目申报时，《项目指南》中意外出现了几乎与我和黄河教授撰写的《外部性损害与国家补偿法律制度研究——兼论西部开发的法律对策》论文相同的课题名称：生态保护与利益补偿法律机制问题研究。看到这个选题，我和黄河教授都很自信这个项目应该成为我们的囊中之物了！于是，我考虑黄河教授的学识和资历都比我长，他在全国法学界有一定的影响，又是我崇敬的学兄，就建议由他担任主持人申报，他果断拒绝了，说是要锻炼和培养我，硬是以系主任和学兄的名义指示并要求由我担任主持人，他作为主要参加人申报。论证报告经过他的多次修改，最终由我担任主持人，于当年年底前完成了申报工作。2003年，寒假后开学不久，就传来课题立项的消息。最先是我们学校科研处的姜建兴同志专门打电话给我，告诉我课题获得国家社科基金一般项目立项，我接到电话时，一时语塞，足足有一分多钟没说出话来，最后也只蹦出了一句话："苍天不负有心人!"说话的同时，眼眶里已溢满了幸福的泪水。因为那个时候，我们学校作为"文革"后复校较晚的学校，全校总共也只有2项国家社科基金课题，申请国家课题像是买彩票一样，经常是连续几年立项空白。那个时候，特定的人才需求形势，决定了学校的重心在教学上，对科研的重视程度还远远不够。记得当年我们学校科研奖励政策的主要内容之一是公开发表一篇论文，学校奖励10块钱（据说是为了鼓励成果登记出台的刺激政策），但就是区区10块钱，科研处也经常发不出，常常要等到第二年科研经费下来之后才能兑现。2004年，黄河教授被任命为陕西省高级人民法院副院长。随着身份变化，他能用于课题研究的时间和精力受到一定影响；我与他共同讨论，聆听他指点的时间和机会也明显减少了。加之我在2004年下半年因风湿病断断续续住院半年，之后又到长安大学师从著名生态学家李佩成院士攻读博士学位，课题研究进程受到严重影响。

2003年，黄河教授当选为第十届全国人大代表。去北京开会前，他给我说，作为法学界的一名全国人大代表，依法认真履职，向大会提交议案和建议案，是履职的一个重要方面。我俩经过反复探讨，认为可以提交一个生态建设方面的议案。但怎样撰写议案，我俩都不太懂，只知道议案应包括案由、案据、具体方案。后来，又找来我们学校的李军波老师共同商量，但时间太紧，没能形成一个具体的文稿。最后，黄河教授说，在开会期间，他问一下老代表和大会对撰写议案的要求，结合现有的研究成果再撰写。十届一次会议上，他领衔提交了《关于制定生态环境建设法的议案》（第 241 号），该议案较早关注到了当时的环境法过分注重污染防治的弊端，提出通过制定生态建设法突出生态系统的治理以及确保环境资源的可持续利用。开会回来后，他跟我说，第一次参加这么重大的会议自己太紧张啦，议案虽然立案了，但写得太简单，很不满意，以后要继续加强这方面的研究，会前一定要做好充分准备，写好议案，更多地为国家的环境保护事业，特别是西部地区的环境治理献计献策。

在之后的几年里，我和黄河教授偏重于把外部性理论运用于实证研究，先后共同撰写并发表了《我国西部地区农业外部经济性的简略分析》《西部农业外部经济性的剪刀差效应》《西部生态农业的外部性损害与国家补偿法律制度片论》《外部性损害与国家补偿法律制度研究——兼论西部开发的法律对策》《关于国家补偿法律制度研究的几个问题》《退耕还林还草可持续性推进问题的几点思考》《西部开发法律需求的经济学分析》《外部性补偿与西部开发》《西部开发的法律对策》《西部大开发的制度对策》《西部大开发十年环境法治建设的成果与经验》等十余篇论文。这些论文紧密结合外部性原理，多角度论证西部地区产业发展、环境污染以及生态破坏的外部性原因，探寻市场、政府和法律制度的契合点，并得出了一些有价值的结论。这些研究成果，为我们承担的国家课题的最终完成做了大量学术上的铺垫，构筑了理论和观点体系，也为黄河教授作为人大代表依法履职作了比较充分的理论准备。此后，他在第十届及第十一届两次会议上，又提交了关于修改森林法、农业法、环境保护法、土地管理法及制定低碳经济促进法等与生态环境建设相关的议案。从这个时候开始，我们的理论研究成果开始向法律制度的构建和完善，以及立法建议等方面倾斜。

直到 2010 年，在经历了近 7 年的理论探究，在我与黄河教授以及其他课题参加人持续和反复的讨论下，由我执笔，黄河教授多次修改，终于完成了《生态补偿的法学含义及其法律制度完善——以经济学的分析为视角》一文。

在这篇论文中形成了我们承担的国家课题的基础理论框架。有了这个框架，在历经曲折之后，到了2010年10月中旬，终于完成了课题任务。课题成果报送陕西省规划办后，陕西省规划办认为课题成果观点有一定借鉴意义。遂要求我们就课题成果为陕西省领导撰写了2010年第13期（总第37期）《成果要报》，《成果要报》的题目为：建立和完善生态补偿制度，促进西部经济社会又好又快发展。陕西省规划办《成果要报》同时报送给国家社科规划办。2011年3月，国家规划办联系了我本人，要求就课题成果为国家规划办再撰写一份《成果要报》。在国家规划办直接指导下，几经易稿，并接受了《法律科学》主编韩松教授的修改意见，到4月份，我和黄河教授共同执笔完成的"完善生态补偿制度，全面促进西部大发展"的《要报》初稿，经国家规划办及中宣部领导修改、审定，获得通过，并作为国家规划办2011年第30期（总第721期）《成果要报》，正式报送国家领导人和国家相关部门。在国家规划办《成果要报》中，我们主要提了生态补偿的具体对象认定、扩大生态补偿试点、把生态补偿作为新一轮西部开发的重要手段、强化生态移民、建立生态补偿基金以及简化补偿程序、做好与《退耕还林条例》的衔接、通过生态补偿推动形成新的产业等七项对策建议。这些对策建议得到了相关部门的认可，也对生态补偿研究和政策及立法实践产生了一定程度的影响。该项《成果要报》还填补了陕西省法学界国家规划办《成果要报》的空白，为陕西省法学界和西北政法大学赢得了荣誉。两份《成果要报》在本书中分别作为代序一和代序二，也是我和黄河教授对西部开发法律问题基本看法的一个浓缩。

2010年之后，我对西部发展法律问题的探讨主要集中在地方环境资源立法和南水北调有关问题上。这一时期，参与的立法咨询、政策咨询，包括媒体采访基本上都集中在这些方面。本书的第六部分、第七部分收录了这些内容。

在整个研究期间，导师李佩成院士给我提供了许多机会，早在2005年，他就带领我去新疆调研。调研期间，常常是日行近千里，老人家不顾已经70岁的高龄，事必躬亲，这种求实态度深深地感染了我。他还利用调研的闲暇时间，给我讲述了西部地区自然和生态的特点、演变的规律，保护生态的科学方法等，不仅给我传授环境和生态的科学知识，还帮助我形成了一定的科学思维。他还多次带我去安康、汉中考察，考察旬阳县的生态补偿实践，还对南水北调中线工程进行多次现场考察、科学论证，并提供了大量咨询建议，对我启发很大。我在西北政法大学的恩师杨文汉教授、郭志琦教授和王振河教授，他们现在都已经超过了80岁高龄，还常常在我疲惫和懈怠的时候给我以鼓励，并在基本理论问题上指点我，提醒、敲打我不要偏离研究的轨道。西北政法大学科研处原副处长姜建兴同志、陕西理工大学经法学院原院长关嵩山教授，他们在科研工作上给了我许多帮助，还以各种方式鞭策我永不停歇地追求学术上的进步。我的同辈学者李启家教授、李集合教授、刘水林教授、秦鹏教授、杨士龙教授和易秀教授，他们既是我的挚友，也是我研究道路上的同行人，他们时常提醒和修正我的某些观点，并帮助我不断成长和完善自己。李军波、王波和李亚菲博士帮助我做了许多基础性工作。西北政法大学服务国家急需人才博士项目给我提供了一个平台，帮助并督促我时常牢记自己的责任和义务。中国政法大学出版社的编辑同志对书稿中收录的部分粗糙的稿件，给予了极大的耐心，进行了大量专业性的修改，让书稿有了焕然一新的感觉。在此，对他们给予我的所有帮助，表示诚挚的谢意。

李永宁

2018年4月6日

于西北政法大学雁塔校区